AF327134

Bastion: Occupied Bruges
in the First World War

Sophie
De Schaepdrijver

Bastion

Occupied
Bruges
in the
First
World
War

HANNIBAL

Author: Sophie De Schaepdrijver
Copy-editing: Paul van Calster

Picture research: Sophie De Schaepdrijver,
with Jan D'hondt and Peter Bultinck
(Stadsarchief Brugge)

Cover design: Dooreman
Book design: Gert Verbelen & Dooreman
Printed by die Keure, Bruges
Bound by Brepols, Turnhout

ISBN 978 94 9208 105 6
D/2014/11922/32
NUR: 689

HANNIBAL

Printed and bound in Belgium

Dear Reader,

This book was written by Professor Sophie De Schaepdrijver for the City of Bruges. The monograph *Bastion: Occupied Bruges in the First World War* complements the historical exhibition 'Bruges at War 14–18'. This exhibition in turn is one of two facets of the exhibition project '14–18 Bruges in Pictures | Bruges at War'. In organizing this project, Bruges aimed to bring a contemporary and artistic dimension to a local and historical commemoration of the First World War.

From a historical perspective, we very much wanted to put the events that took place in our city in a national and international context. Due to the special position that our city held within occupied Belgium, and the role of its harbour as a base for the German war at sea, the case of Bruges throws the dynamics of the Great War into sharp relief.

Born in Ypres, a child of the front line territory, I must admit that my knowledge of Bruges' wartime history was, until recently, very limited. While most people are acquainted with the tragic events that unfolded on the Western Front, the general public is much less familiar with the specific role Bruges played during the First World War, and the conditions within the occupied city. This story, which is of paramount importance to our understanding of the phenomenon of war as such, has been brought to light by local research.

As burgomaster, I was struck by the crucial role played by the city council in terms of preserving the social fabric during the occupation. Thanks to the city government, Bruges was spared an outbreak of violence during the invasion. Nevertheless, the war years took a heavy toll on the city, and both soldiers and civilians suffered in equal measure. This, then, is an appropriate moment to remember the many casualties on both sides of the conflict.

Dr De Schaepdrijver's academic approach was invaluable when it came to positioning Bruges' wartime history within a wider context. The clarity with which she articulates her research will enable anyone with an interest in the subject to understand more about this seminal period in our history.

The appointment of Professor De Schaepdrijver as curator of the historical section of the memorial project was a crucial decision. Together with the entire city council, I am immensely proud of this collaboration, the result of which is an exceptional interpretation of Bruges' commemoration of the First World War.

Renaat Landuyt
Burgomaster of Bruges

Acknowledgements

Working with the City of Bruges was a great honour and a true pleasure. Deepest thanks to the Bruges inner circle: City Archivist Noël Geirnaert for his inspiring confidence and presence, archivist Jan D'hondt for his expertise and research, and Patrick Verbeke for his deep knowledge of the subject, which he generously shared with all, as he did his source material.

At Bruges City Archives, Isabelle Debie, co-author of a lucid and solid teaching manual on First World War Bruges,[1] offered crucial support with research. Thanks, too, to Jan Anseeuw, who helped bring the Visart archive "home" (see below). Wholehearted thanks to Véronique De Schepper, creator of an exceptionally inspiring work environment, to Peter Bultinck for the photo research, and to Bram Vanaelst.

I would also like to express my gratitude to those historians who contribute to our knowledge and understanding of Bruges' Great War experience in essential ways: Valentin Degrande, Johan Ryheul and Jan Van der Fraenen. Thanks to Leo Loosveld and Kurt Priem at the Episcopal Archives, Bruges. Thanks to Étienne Visart de Bocarmé and to Pierre Gehot and Anne Visart de Bocarmé for the generous donation of the family archive – a great gift to Bruges. Thanks to Claude de Moreau de Gerbehaye at the Royal Palace Archives, Brussels; to Dominiek Dendooven at the In Flanders Fields Museum and Documentation Centre, Ypres; to Emmanuel Debruyne at the Université Catholique de Louvain, and, especially, to Rob Troubleyn at the Royal Army Museum, Brussels, for providing us with documentation. Thanks to Marius Hirschfeld for sending us his master's thesis on the young marine volunteer Rudolf Schröder, and to Jan de Witt of the Deutsche Marinebund for allowing us the use of Schröder's letters. Thanks to Stephanie Wozniak at the Bundesarchiv-Militärarchiv Freiburg, and to Martin Baker (York) for sending family letters and sharing his family's remarkable history. I am also grateful to Martine Mensaert,

Paul Saelens and Andries Van den Abeele for opening up valuable ego documents.

In Bruges, thanks to Ina Verrept of the Patrimony Department (Erfgoedcel), the wittiest and most enthusiastic cultural coordinator in the West. Gratitude to Manfred Sellink for his insightful take on our work. Further thanks to Aleid Hemeryck, Kristel Van Audenaeren and Nadia Vangampelaere at BruggeMuseum and to Sophie Anseeuw and Katelijne Vertongen.

My husband and fellow historian Ronnie Hsia offered his support and company with research at Freiburg, and moral and tangible help later on, for which I am very, very grateful indeed.

About this book

Bruges' First World War experience has been well studied in a series of monographs, from the still-cited 1955 work by state archivist Jos De Smet (who lived through the war as a child), through the magisterial comparative study *Brugge bezet 1914/1918 – 1940/1944* by Luc Schepens, to the recent, deeply documented work *Leven in een bezette stad: Brugge 1914–1918* by Patrick Verbeke. Then there is Valentin Degrande's study of the industrial borough of Assebroek, revised by the author and republished in 2014. These books constitute a solid body of scholarship to which the present work is deeply indebted, as it is to Martin Karau's important monograph on the *Marinekorps Flandern*, to the work of Johan Ryheul, and to Tomas Termote's recent, wonderfully documented and illustrated study of the *Unterseeboots-Flottille Flandern*. The present book is based on this historiography and on my further research in the Bruges City Archives and Episcopal Archives, in the German military archives at Freiburg, and elsewhere, including private collections. The book does not just aim to tell the story of wartime Bruges, but to place it in the context of the First World War overall. It paints the war experiences of ordinary denizens of the city against the background of the plans of the German Navy, it compares the fate of the *Marinegebiet* to that of all of occupied Belgium, and describes the expectations of the *Brugeois* against the backdrop of 'war cultures' throughout belligerent Europe. Broaching these issues will, I hope, inspire further research.[2] Our documentation grows ever richer; and every generation asks slightly different questions. May this book be a link in a chain.

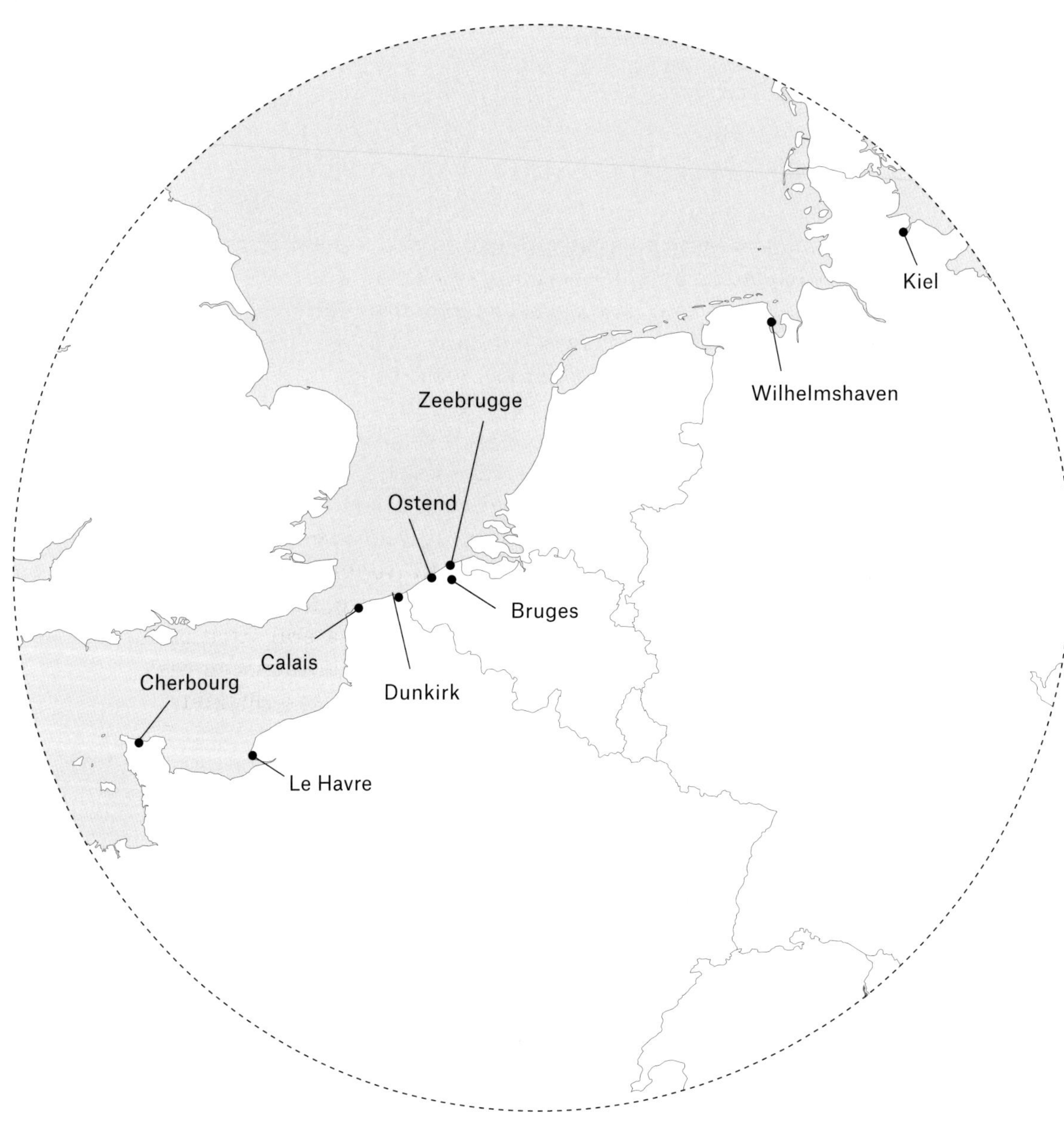

1 German, Belgian and
French harbours on the
North Sea coast.

Introduction

A major element of prewar international tension was the naval race between Great Britain and the German Empire. In Bismarck's time, the German Navy had been minuscule; by the summer of 1914, even if it did not quite match its British rival, it had grown into a formidable power. Yet when war broke out it played no role at all. As the German land armies marched on – according to a plan that no one at the General Staff had ever bothered to share with the Navy – the imperial *Hochseeflotte* lay at anchor. And so the British Navy closed off the North Sea and blockaded German commercial routes unopposed.

But the German Navy did claim a role for itself a few weeks into the war. This was not to take the shape of a full-frontal clash between warships on the high seas – the so-called *Grosskrieg*, long idealized as the ultimate type of naval warfare – but that of a lateral attritional assault against the vulnerable British commercial routes in the North Sea, the so-called *Kleinkrieg*. This was to be fought with lighter ships: destroyers and minelayers, supported by submarines. On the 23rd of August 1914 – Brussels had been taken, the Belgian and allied armies were in retreat – Admiral Von Tirpitz telephoned German General Headquarters and demanded marine troops to deploy on the conquered coasts in the West. As far as he was concerned, it was the ideal moment. He considered the French to be all but vanquished and the time ripe for naval war against Britain. This was the start of what would become the *Marinekorps Flandern*. Not an actual army corps at first, it consisted of a single marine division of some 17,000 reservists and regular troops, taken from the naval bases of Kiel and Wilhelmshaven. In November 1914, however, a second division of 20,000 made the unit a corps. On 24 August 1914, Von Tirpitz called back from retirement an old acquaintance of his, Admiral Ludwig von Schröder, aged 60, an expert planner of *Kleinkrieg* against Britain. Von Schröder was given command over the German marine troops [2] sent west.

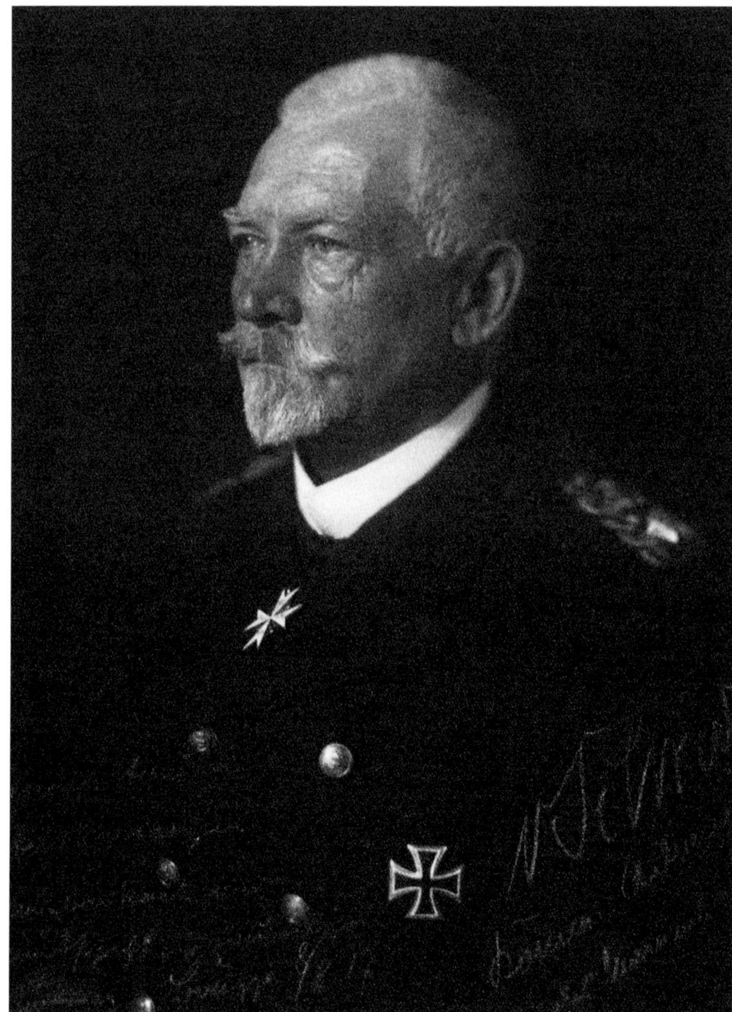

2 Admiral Ludwig Von Schröder as commander of the *Marinekorps*. Stadsarchief Brugge.

3 1906 panorama of Bruges. Beeldbank Brugge.

Which harbours should serve as bases for such a *Kleinkrieg*? In October 1914 still, the German naval staff had set its eye on the easily defensible French harbours of Le Havre and Cherbourg. But the end of the imperial armies' westward advance put paid to that: even Dunkirk and Calais were out of reach. That only left the Flemish coast with the Bruges–Zeebrugge–Ostend triangle. These were not ideal bases. Both sea harbours, Ostend and Zeebrugge, were shallow and hard to defend; and neither Zeebrugge nor Bruges possessed adequate naval repair facilities. But Zeebrugge did feature a long mole and it was linked to Bruges via canals deep enough to accommodate destroyers, submarines, and even light cruisers. As to Von Schröder, he wasted no time in informing Von Tirpitz as early as 14 October – the day Bruges was taken by reserve troops of the German Fourth Army – that he wanted the city for his marine base.[3]

And so Bruges it was. Bruges, once one of the most important harbours in the Western world, had seen a decline since the fifteenth century. It was now a city of middling size, slowly but surely recovering from the great economic depression by which it had been hit a quarter-century earlier. That city, whose recovery was aided by great public works, such as the construction of the seaport of Zeebrugge, was to become a stronghold of the German Empire's naval warfare.

This was an essentially defensive type of warfare. The Flemish triangle Bruges–Zeebrugge–Ostend was not a position from which to launch an all-out attack against Britain so much as a support station for attritional warfare against British provisioning. It was also a point of defence of the conquered Flemish coast: a bastion in the advanced line of defence of the German homeland.

The story of Bruges in the First World War is the story of how a modern army – in this case, a modern navy – constructed such a bastion by all the means it had at its disposal. These included means of a military

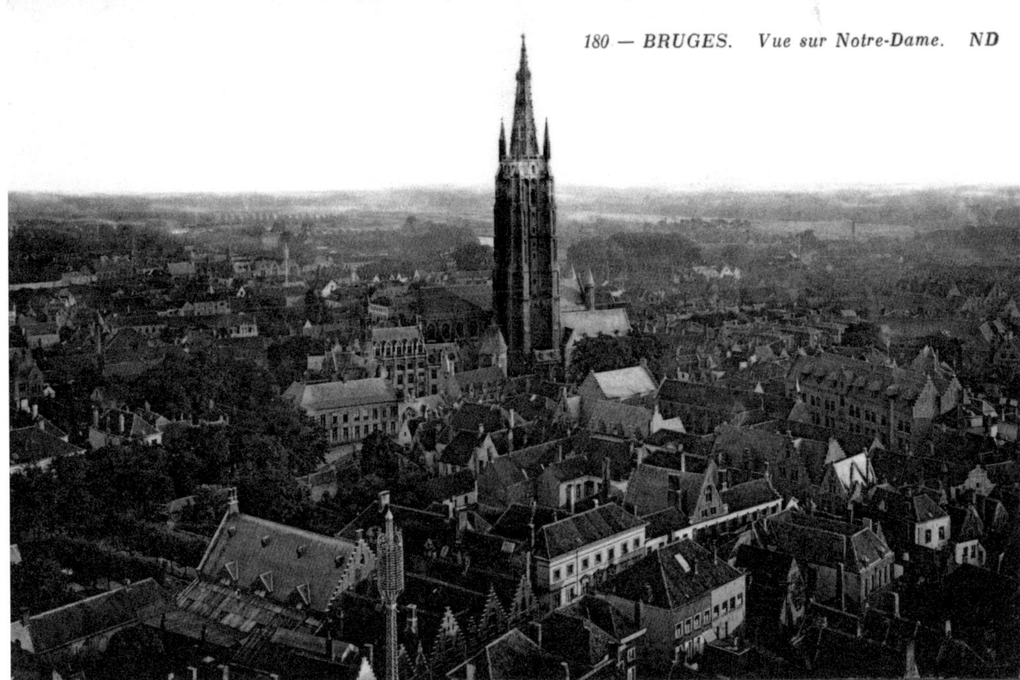

nature: troops, observation posts, long-range artillery, anti-aircraft artillery, barbed wire strung along the beaches and dunes, an electric fence along the Dutch border, bunkers, wireless transmission, submarine mining, and so on. Other means belonged to the realm of governance: the *Marinekorps* built its bulwark via a peremptory, indeed dictatorial system of commands, restrictions and requisitions. In addition, it sought to establish itself as a legitimate authority over the long term, and used political and cultural means to do so.

The story of Bruges in the First World War is also the story of a population whose city and environs were taken over and built up as a bastion – a bastion then attacked from the air. For Bruges (like Zeebrugge and Ostend) became the target for British air attacks. In 1917 and 1918, especially, the *Brugeois* found themselves between two forms of violence. The bombings, it is true, bore no relation to what the bombers of the Second World War would visit on other cities. But they did constitute a new and extremely traumatic form of violence that shifted the boundaries of humans' vulnerability in warfare. In addition, civilians fell under a military regime much harsher than in most other parts of occupied Belgium. In the *Marinegebiet*, as it was now called, war taxes, the requisitioning of foodstuffs, raw materials, equipment and utensils, and the restrictions on mobility stifled ordinary life even more than they did elsewhere. And working people were mobilized for the German war effort more than anywhere else – some voluntarily (if this term means anything in the face of desperate hardship), some under violent coercion.

But even though the *Brugeois* suffered violence from different directions, they were not passive victims; they possessed a margin of agency. The actions they took, the choices they made, their outlook on matters – all of this too shaped the face of war.

4 Logo of the *Marinekorps* magazine *An Flanderns Küste*. Stadsarchief Brugge.

5 Sunset in Ostend, 1900. Beeldbank Brugge.

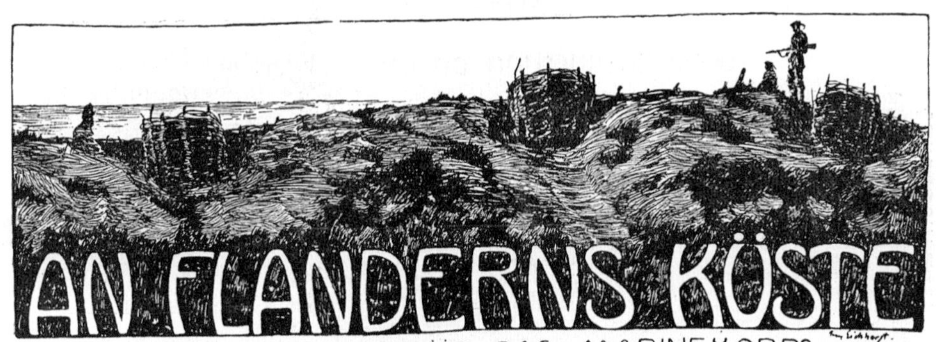

AN FLANDERNS KÜSTE
KRIEGSZEITUNG FÜR DAS MARINEKORPS
Nummer 32
Reinertrag für Wohlfahrtszwecke
1. Juli 1917

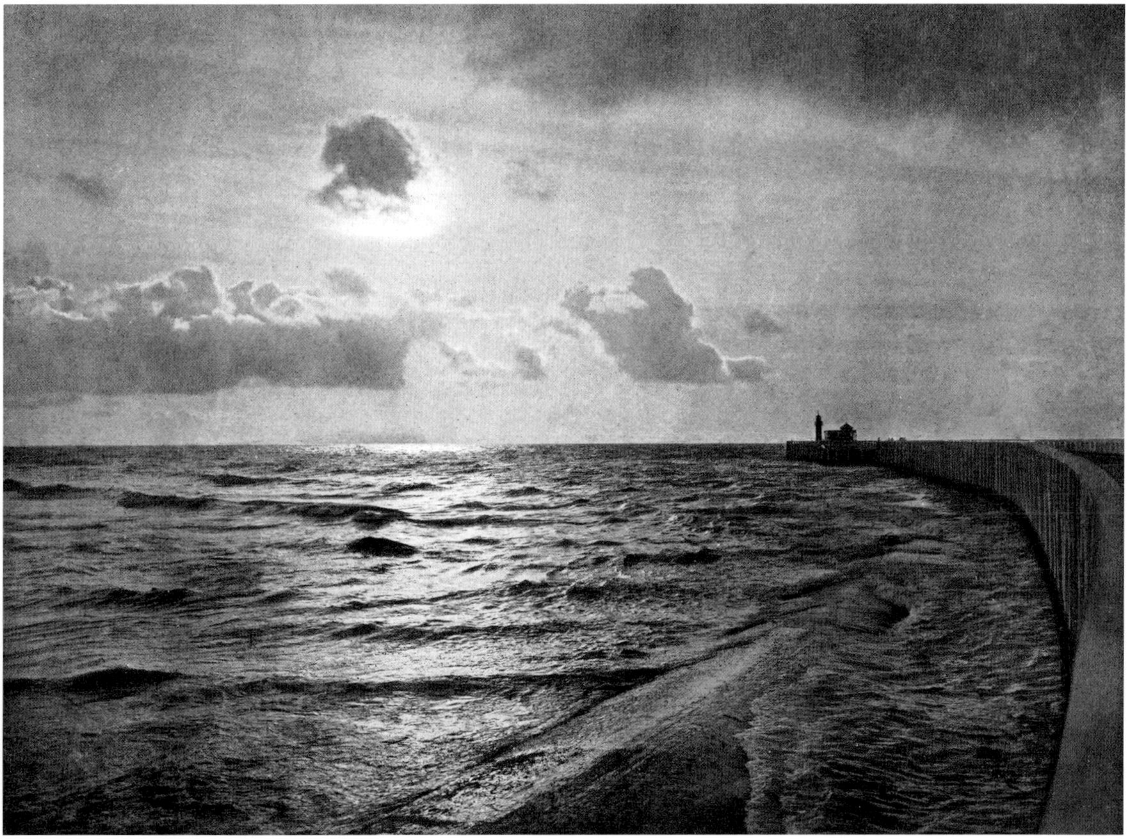

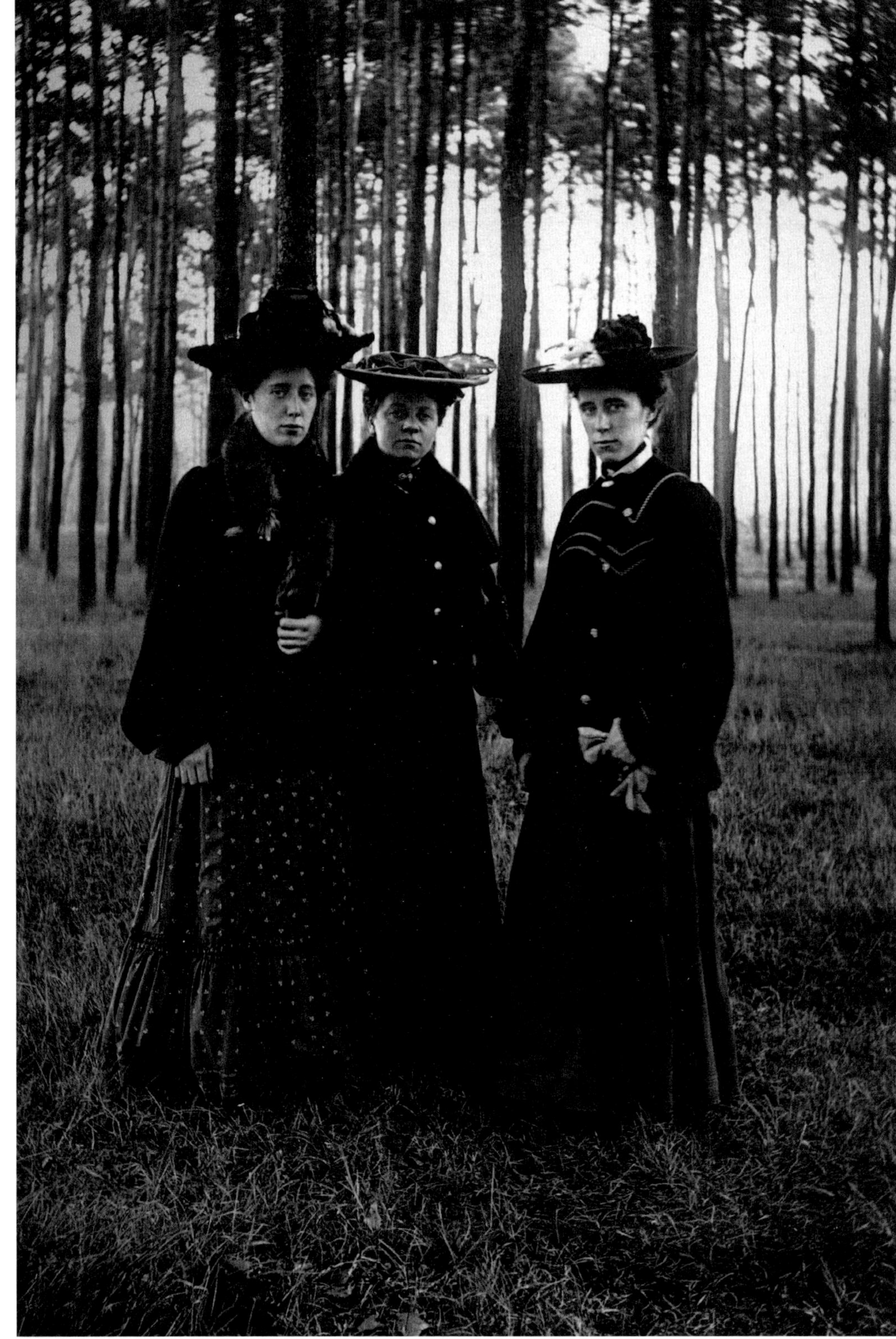

1

Before the War

In 1914, Bruges was a slowly growing, medium-sized city with 54,000 inhabitants *intra muros*, plus another 23,500 in the surrounding boroughs. *Intra muros*, of course, was a mere expression by then: the walls had become boulevards planted with English-style gardens, and the territory of Bruges proper (excluding the surrounding boroughs, which were separate municipalities) had expanded from 430 to 2,900 hectares. From 1899 onwards, it encompassed the entire port structure of Zeebrugge, as well as the linkage canal and its shores.[4]

The nineteenth century had not been an era of growth. The 'hungry forties' had hit the city very hard, and the crisis of the 1870s had further stifled development. Most industry was small-scale; the labour market was often slack. Bruges was the only Flemish city where thousands of women – an estimated four thousand in 1914 – still earned a living making lace: elsewhere in Flanders, this low-paid trade had retreated to the countryside. Bruges lace, it is true, was a prestige product in tune with the city's international fame as a centre of traditional arts and crafts – gold embroidery, elaborate furniture – set in a cityscape that seemed timeless. In 1902, a spectacularly successful exhibition of paintings by the late-medieval Flemish Primitives – Van Eyck, Van der Goes, Memling – further enhanced this aura.

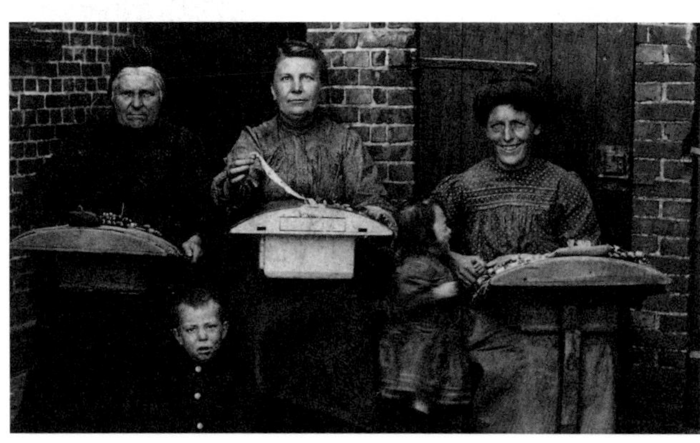

6 Three young women of the Bruges bourgeoisie, 1905. Beeldbank Brugge.

7 Lace-workers at Koolkerke, 1900. Beeldbank Brugge.

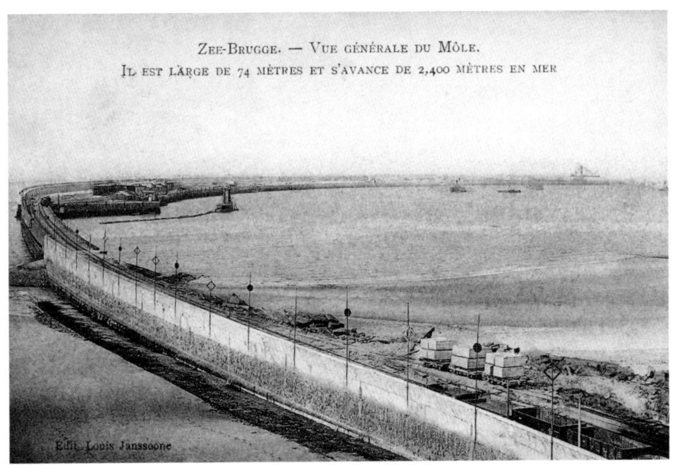

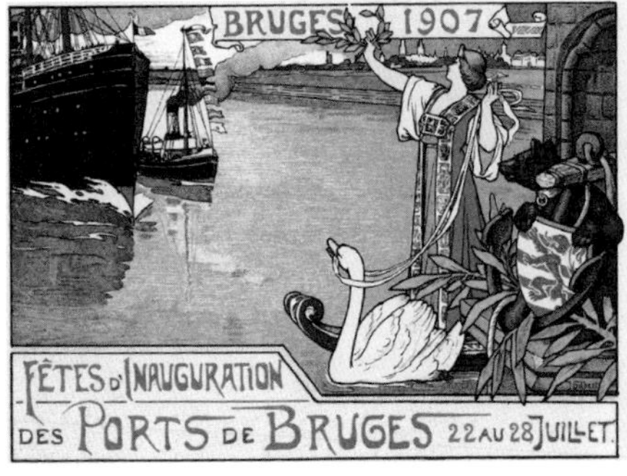

9 Poster announcing the 1907 inauguration of the Bruges and Zeebrugge harbours. Beeldbank Brugge.

8 The Zeebrugge mole, 1907. Beeldbank Brugge.

For all that, the dynamism of the Age of Empire had touched Bruges, too. As the historian Jan D'hondt has pointed out, the Second Industrial Revolution had an impact on Bruges' economic landscape. Expectations were high for Zeebrugge (or, to call it by its other name, Bruges Seaport). This gigantic harbour project was finished in just ten years (1895–1905). A canal linked the city to a seaport equipped with a 2.5 kilometre-long curved mole – the mole that would become so famous, or infamous, during the war. In 1907, the harbour had opened with great pomp: the public festivities included a medieval-style tournament to emphasize the city's hopes for a return to its golden age. Yet so far harbour business had proved disappointing. In other fields, however, growth had been more of an undiluted success. An iron-smelting works established in the centre of town in 1851 had developed into the city's largest firm, La Brugeoise.[5] In 1904–05, it took possession of a vast factory complex in the borough of Sint-Michiels, between the railroad and the canal. Workers were housed in a new development in the borough of Assebroek complete with a new parish, Sint-Katharina, from 1910; the company then employed 1,500 people. Between 1903 and 1912, profits had grown by two and a half times (to a little under half a million francs). La Brugeoise made bridges, structural steelwork and railway rolling stock – Belgium's prime industrial export product. The metalworks exported tramway cars to Athens and Buenos Aires; in 1913–14, it sold nine million francs' worth of goods (almost two-thirds of its total output) abroad – to Serbia, Brazil and China among other places. A textbook example of high capitalism, La Brugeoise's business model featured capital concentration, mergers and global trade. As well as wages that were, even by the

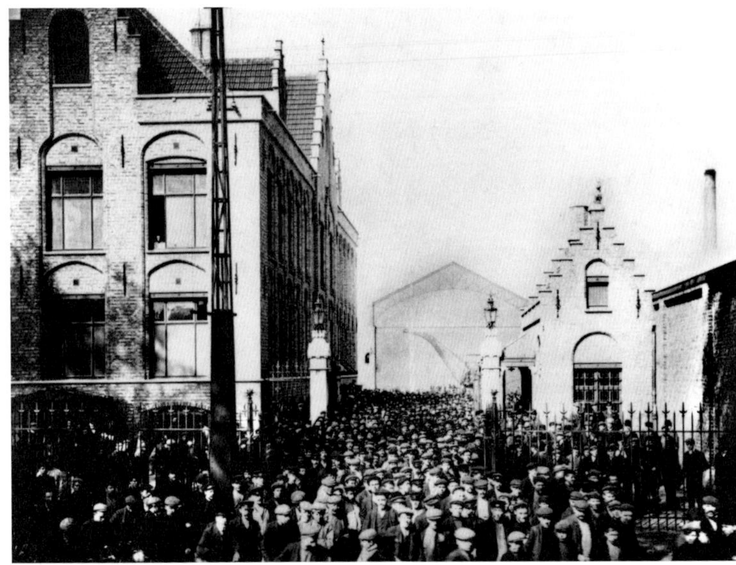

10 La Brugeoise &
Nivelles factory plant,
1908. Beeldbank
Brugge.

standards of the time, shockingly low. One indignant worker informed
the Socialist daily *Vooruit* on 9 August 1904 that 'at the metalworks La
Brugeoise in this city, wages are incredibly low.... Yet the shareholders are, to a man, the most eminent Catholics of Bruges. Their workers' sweat nets them vast profits.'[6] Worker turnover was accordingly
high. In the winter of 1907–08 things came to a bitter clash with the
ever-growing Socialist union of metalworkers. The ensuing great
strike was broken when the strike fund ran out. Many workers lost
their livelihoods and left for Wallonia. Thus was labour 'peace' restored at La Brugeoise.

In a more general sense, capital – in the form of real estate, industrial assets, shares – completely dominated labour in Bruges. This
was no different, of course, elsewhere in Belgium or in the entire industrial world of that era. Yet in Bruges the disproportion between
property and wages was extreme. Work was precarious, the workhouse ever near; life was short and infant mortality high. Education [11]
remained miserably deficient: as late as 1913, one out of ten army
draftees from Bruges was completely illiterate. It was a class society
where all were expected to know their place. The status of the leading
families was unassailable. The aristocracy and patriciate governed
the city and represented it in Parliament. The elderly burgomaster,
Amédée Visart de Bocarmé, energetic champion of both Bruges'
Gothic Revival and its modern seaport, had been in office since 1876.
Language emphasized social status: the elites spoke French. Ever

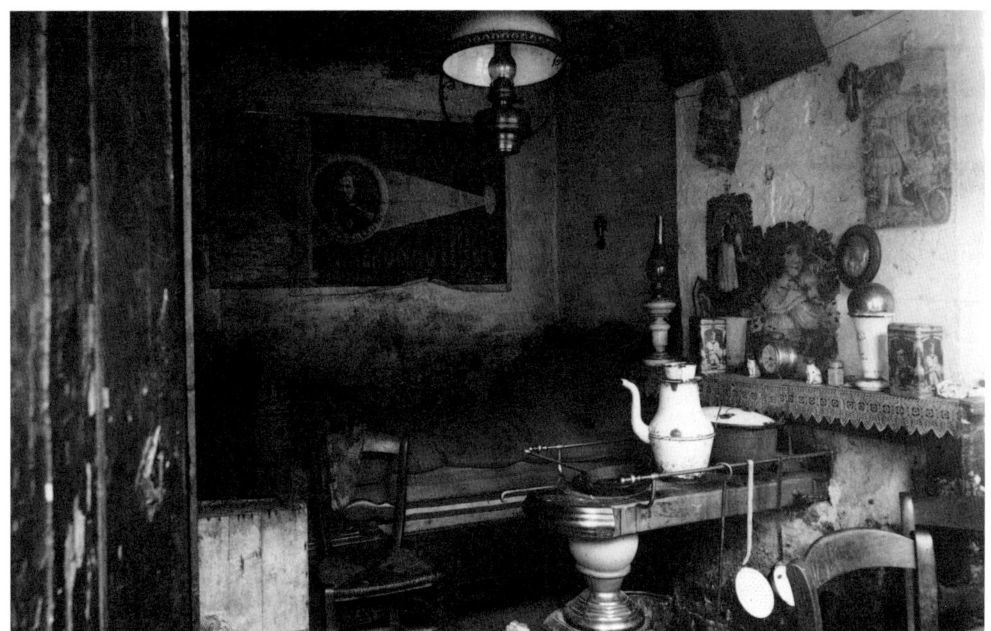

since the turn of the century, Dutch (Flemish) had been making head-
way in municipal politics, yet 'knowing one's French' remained a necessary – and, as a rule, unquestioningly accepted – condition for belonging to even the most modest segments of the middle classes. At
the same time, the French-speaking elites identified wholeheartedly
with local – hence Flemish – pride.

Those elites were, for the most part, Catholic. The Roman Catholic
Church was a dominant presence – in politics, in the cityscape, in
education. Within Catholicism, the Christian Democratic movement
gained some ground. Yet the bishop of Bruges, Gustave Waffelaert,
was a strict conservative who advocated absolute acceptance of a
social order defined as God-given.

The turn of the century had marked the apex of conservative Bruges.
The fate of two 'immoral' authors, Georges Eekhoud and Georges
Rodenbach, may serve as an example. Both were French-speaking
Flemings and writers of repute among the educated public. Eekhoud,
an Antwerp novelist living in Brussels, was put on trial in Bruges in
1900 for indecent publications: his 1899 novel *Escal-Vigor* was a paean
to homosexual love. (The plot: a young aristocrat and a young shep-
herd fall in love. Theirs is a forbidden bond; their story ends tragically: they die in each other's arms. As he expires, the young noble-
man cries: 'I will remain true to myself!'[7]) Conservative minds felt

11 Interior of one of the workers' homes in a 'fort' (slum court)
called 'de Pruttelinge' in Ropeerdstraat, 1912. Beeldbank Brugge.

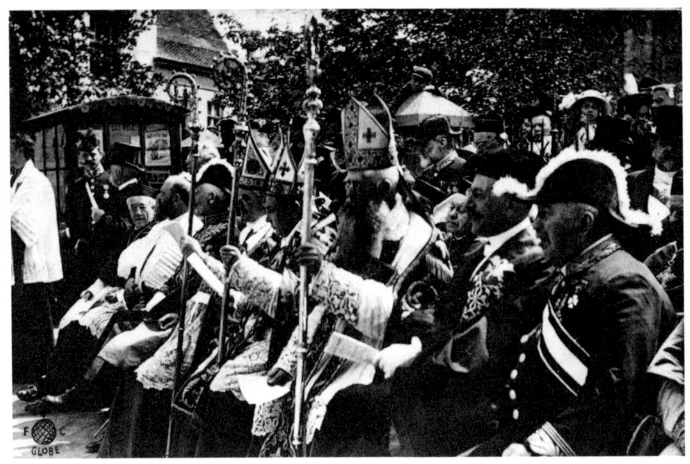

12 Tribune of honour at the Procession of the Holy Blood, 1907. Beeldbank Brugge.

prodded to action against Eekhoud's book, as against other 'immoral' publications such as the (heterosexual) novel *Un homme en amour* by the Brussels writer Camille Lemonnier. They knew that it was useless to take these authors to court before the Liberal-leaning Brabant Assizes in Brussels, and so chose Bruges, a city where the prosecution 'at least took this nation's moral hygiene to heart', in the approving words of the conservative *Vingtième Siècle*. In order to be able to take the matter to Bruges, the moral crusaders resorted to a trick: in the summer of 1899, they placed an order for Eekhoud's and Lemonnier's books with a bookstore in the seaside resort of Heist-aan-Zee. Upon arrival the books were duly confiscated and, before long, both writers were sued for infringement of the press laws – in other words, for indecency. In October 1900, the trial started in Bruges, at the Assizes of the Province of West Flanders. Public prosecutor Léon Janssens de Bisthoven (who would go on to become Governor of West Flanders) accused Eekhoud of corrupting Flemish culture by singing the praise of infamy. Flanders, Janssens de Bisthoven declared, had to remain closed to 'appalling customs'. In response, the star lawyer Edmond Picard ridiculed the indictment, and, one after another, a series of influential intellectuals took the stand to defend Eekhoud. Jules Hoste senior, editor of the mass-market Flemish newspaper *Het Laatste Nieuws,* stated that he would gladly have serialized *Escal-Vigor* if the book had been written for a larger audience. The Christian Democratic editor and journalist Léonce du Castillon seized the opportunity to annoy Bruges' conservative Catholics and went out of his way to praise Eekhoud. In the Socialist newspaper *Le Peuple*, the poet Émile Verhaeren, then at the height of his European fame,

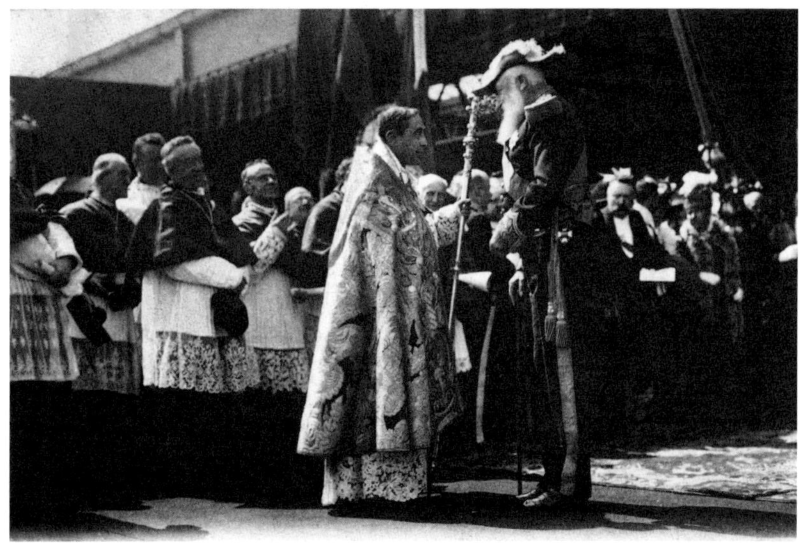

13 The upper ranks of the Bruges clergy and King Leopold II at the harbour inauguration festivities, 23 July 1907. Beeldbank Brugge.

eloquently lambasted the term 'unnatural passions': did not passions by definition spring from 'the depths of human nature'? The defence won the day. Eekhoud was acquitted. (So was Lemonnier.)[8] Years on, Eekhoud would still lay into what he called hypocritical Bruges – a city where, as a friend had told him, many an upstanding bourgeoise made some money on the side through discreet prostitution and no one objected. 'I knew it,' Eekhoud wrote. 'I could sense that underhand depravity.' The real Bruges, he declared, was utterly unlike the serene city depicted in Georges Rodenbach's 1892 novella *Bruges-la-Morte*. Rodenbach's portrayal of Bruges was 'a false idyll', scoffed Eekhoud.[9]

That was not altogether fair, for *Bruges-la-Morte* is not an idyll. Rodenbach portrayed Bruges as a prudish place where nothing went unobserved, where the 'countless' cloisters breathed harsh condemnation of 'the secret roses of the flesh', and where Madonnas on every street corner embodied chastity.[10] Close reading shows that his novella did not paint a charming picture of the city at all. But it did paint a compelling picture: *Bruges-la-Morte* made Bruges famous. The novella tells the story of a grieving widower, old at forty, who chooses Bruges for his last residence, for the city too is bereft: 'From Bruges too a great happiness has ebbed – the sea.' Its departure left a city frozen in rigor mortis, 'wrapped in its canals as in a shroud'. The book was a spectacular success. Rilke, Proust, and other *fin de siècle* authors complimented Rodenbach for his subtle portrayal of the city as a character in its own right. (He preceded Joyce's Dublin by a quarter-century, as a critic in *The Guardian* recently observed.[11] And Thomas Mann's *Death in Venice*, too, might well owe some debt to Rodenbach, stated the Belgian author Tom Lanoye in 2009.[12]) The French poet Stéphane Mallarmé wrote to Rodenbach to express his admiration for those passages in the novel where the human characters fade and the city itself takes over: 'You do this magisterially. Bruges in fact has nothing to do with it.'[13] What Mallarmé meant was that *Bruges-la-Morte* would stand as a literary *tour de force* even stripped of the picturesque Flemish touches that made the book so popular in Paris. But, of course, it was that very picturesque quality that awakened well-heeled tourists' interest in Bruges, all the more so as Rodenbach's book was illustrated with a series of atmospheric photographs of the city. *Fin de siècle* audiences yearned for places where time seemed to have stood still. Rodenbach's novella could serve as the perfect tour manual to a place where the Gothic Revival of the nineteenth century had created a cityscape that seemed untouched by the modern age.

In spite of this – or precisely because of this – *Bruges-la-Morte* was not universally appreciated in Bruges. Those denizens who wanted to see their city join the brave modern age did not exactly relish seeing it portrayed as 'buried inside its stone quays' with 'the sea no longer pulsating inside the frozen arteries of its canals'. Plans for Bruges' sea harbour received final approval in the same year – 1892 – of the book's publication. Rodenbach himself disapproved of the harbour

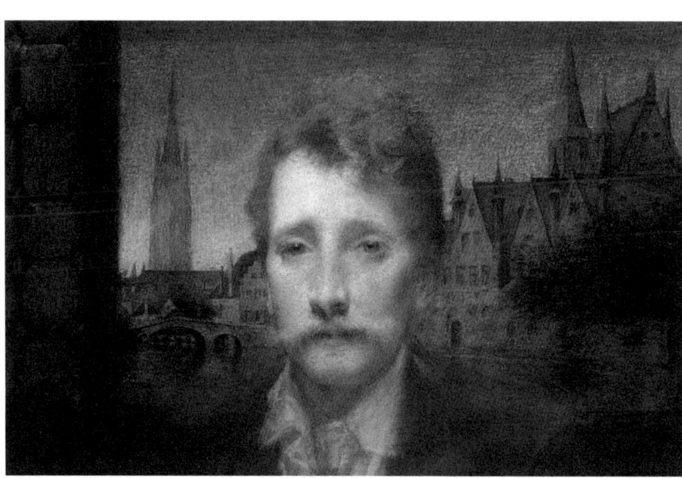

14 Portrait of Georges Rodenbach against a stylized Bruges background, by Lucien Levy-Dhurmer, 1896. Paris, Musée d'Orsay.

project and dismissed it, in his 1897 novel *Le Carillonneur* (The Caril-
lon Player), as an overly ambitious venture born of an inability to
mourn that would destroy the Bruges mystique and put nothing of
value in its place. This statement quite ruined Rodenbach's reputation in Bruges, for all that he had helped place the city on the map.
The extent of his discredit would soon be revealed. Rodenbach died,
aged 43, in 1898. In homage, no less an artist than Auguste Rodin
made a medallion portrait free of charge. (Rodenbach had been Rodin's first and most eloquent defender against sceptical official pa-
trons and the two men had become friends.[14]) In April 1899 the *Times*
announced that Rodin's portrait would be included in a commemorative Rodenbach monument in Bruges, which would take the form of
an obelisk near the Minnewater lake.[15] But nothing came of it.[16] An
indignant chorus composed mainly of Flemish Catholics rejected the
memory of a writer who (as the Catholic Burghers' Guild put it) had
dismissed 'industrious, prosperous Bruges'; who (according to the
Bruges branch of the League of Louvain University Students) '[slan-
dered] our honour and our glory by presenting our Bruges and Flemish nation to the outside world as on a par with the depraved folk that
loiters on Parisian boulevards'; and who (in the words of the Bruges
art magazine *Kunst*) had described the city in decadent terms whereas 'the Gothic style of our public buildings [and] the Flemish style of
our burghers' houses' constituted precisely 'the most wholesome
form of art that ever existed'. The cleric Adolf Duclos wrote that the
book's portrayal of his city – which he described as morbidly puritan-
ical and depraved all at once – had angered him so much that he had
torn his copy to shreds, for Rodenbach completely denied 'that traditional, pious Christian virtue so typical of Bruges' people'.

This chorus of protest prompted the Rodenbach Committee – a
group of Belgian and international intellectuals – to withdraw their
plan for a monument.[17] In short, although Rodenbach's novella had
greatly contributed to establishing, so to speak, the Bruges brand,
many demanded a rebranding of the city as virtuous, industrious and
wholesome, and were convinced that an author who wrote in French
and lived in Paris had no business writing about Bruges.

And yet Rodenbach was not the only turn-of-the-century author to
conjure up the feeling of an irreplaceable loss against the backdrop
of Bruges. One of the most poignant portrayals of inconsolable men

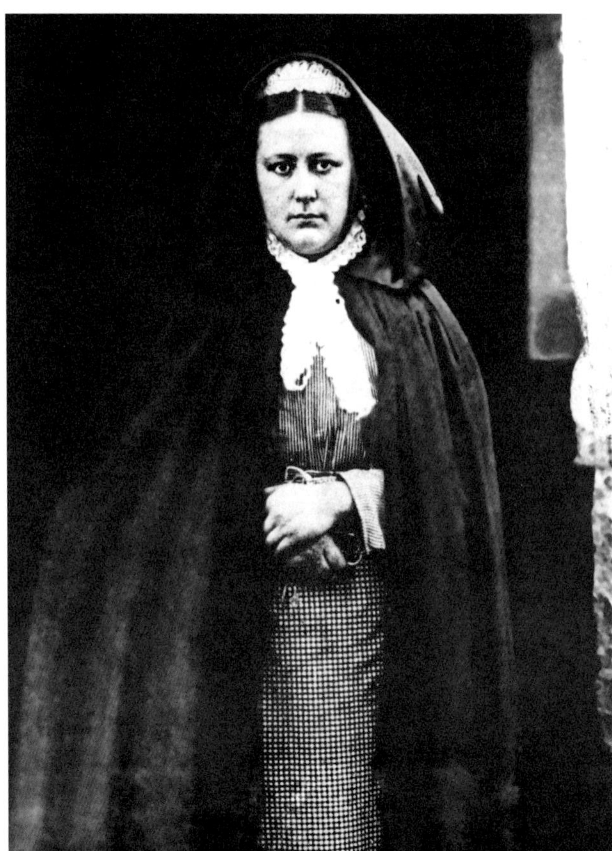

15 A Bruges woman of the people, 1900. Beeldbank Brugge.

in all of European literature is the 1912 novel *De nood der Bariseele's* (The Sorrow of the Bariseele Family) by the Bruges novelist Maurits Sabbe. Unlike *Bruges-la-Morte*, this book does not depict a stylized Bruges, but offers a straightforwardly realistic description of the working-class neighbourhood of Sint-Anna; and Sabbe did not just portray a grieving widower, but also a doomed motherless boy. His is a different kind of book altogether – and yet, here, too, women of the people wear heavy black capes, church bells evoke death, swans die 15 on canals, and the water offers the final solace of oblivion.[18]

For all that, Sabbe painted a city that, by 1912, had largely ceased to exist; and even at the turn of the century, the controversies over the 'immoral' authors Eekhoud and Rodenbach evinced an intensity of public debate – a debate joined by ever-expanding circles of civil society – that was one of the components of modernity. Before long, industrial warfare would add another component.

Zaterdag 1 Augustus 1914   8 Bladzijden 10 centiemen   64e Jaar Nr 89

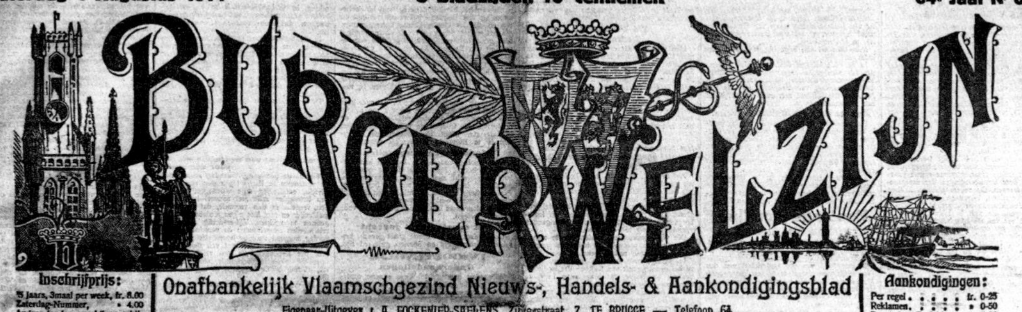

BURGERWELZIJN

Onafhankelijk Vlaamschgezind Nieuws-, Handels- & Aankondigingsblad

Inschrijfprijs:
's Jaars, 3maal per week, fr. 8.00
Zaterdag-Nummer, • 4.00
Andere landen, vrachtloon erbij.

Eigenaar-Uitgever : A. FOCKENIER-SAELENS, Zilverstraat, 7, TE BRUGGE — Telefoon 64

Aankondigingen:
Per regel . . . . . fr. 0-25
Reklamen . . . . . • 0-50
Begravings-Berichten . • 5-00

De OORLOG tusschen OOSTENRIJK en SERVIE

De ontsteltenis in Europa. — Pogingen voor eene overeenkomst. — De strijdzucht van Oostenrijk. — De rol van Rusland.
Het begin der vijandelijkheden.
De moeilijkheden tusschen Rusland en Duitschland. — De Keizer van Duitschland heeft den staat van Oorlog verklaard. De Koningin van Holland heeft de algemeene mobilisatie bevolen. — De onderhandelingen tusschen Berlijn en S. Petersburg zijn nogtans niet onderbroken. — De vrees voor eenen algemeenen Oorlog.

OVERZICHT VAN DEN TOESTAND

De gevaarlijke twist tusschen Oostenrijk en Servië blijft de grootste bekommernis van den dag in alle landen van ons werelddeel. Iedereen is nieuwsgierig om te weten hoe de zaken keeren en met opgerechten angst volgt men de lotbare pogingen van de groote natiën om op vredelievende wijze dit geschil te vereffenen.

De oorsprong van de tegenwoordige vijandschap is gekend. Sedert lang was Oostenrijk op Servië verbitterd uit hoofde van de weinig gunstige genoodstemming der Serviërs, die tegen Oostenrijk ook grieven hebben, vooral sedert het de twee provinciën van Servischen oorsprong Bosnië en Herzegowina heeft ingepalmd. Maar het is meest sedert den laatsten oorlog der Balkanstaten, en bijzonderlijk sedert de dubbele moord onlangs gepleegd op den aartshertog Ferdinand en zijne vrouw, dat Oostenrijk het voornemen had opgevat het opkomende Servië te onderdrukken.

Het heeft dus als voorwendsel genomen — geproud of ongeproud, het onderzoek moet het nog uitmaken, — de beweging vijandelijk aan Oostenrijk, die in Servië zeer levendig is en die door de regeering zelve in het geheim zou ondersteund worden. Volgens Oostenrijk zou het onderzoek over de moord op erfprins Ferdinand daarvan de bewijzen gegeven hebben.

Over eenige dagen heeft de Oostenrijksche regeering dus aan Servië eene reeks eischen gesteld om aan de beweging een einde te maken en om de plichtigen te straffen; doch die eischen waren van zulken aard dat Servië onmogelijk er aan kon toegeven zonder afstand te doen van een deel zijner zelfstandigheid; het zou gehandeld hebben als een onderlioorige van Oostenrijk.

Daarbij was de tijd, door Oostenrijk gegeven voor het nemen van een besluit zoodanig kort dat alle overweging of onderhandeling onmogelijk waren. Servië heeft nogtans in den meest toegevenden geest geantwoord, doch het voornemen van Oostenrijk moest vast staan, vermits het dit antwoord als ongeldig heeft beschouwd en dinsdag *den oorlog heeft verklaard.*

De tusschenkomst der Mogendheden

Zulk een oorlog van het machtige Oostenrijk tegen eene dappere doch kleine natie zoo als Servië is reeds een gruwel; doch wat het ergste is, dat zijn de verwikkelingen die er uit kunnen spruiten en dit geheel Europa kunnen medesleepen in eenen oorlog. Men kan oordeelen welke daarvan de gevolgen zouden zijn.

Hier was het de plicht der groote mogendheden tusschen te komen om dien oorlog te vermijden en om die verwikkelingen onmogelijk te maken. Duitschland, dat de gezagvolle bondgenoot is van Oostenrijk, schijnt zich in die tusschenkomst te willen onthouden; men zou zeggen dat het dood een soort van onverschilligheid de oorlogsverklaring wilt goedkeuren. In alle geval heeft het met zichtbare koelheid de voetstappen onthaald van de andere regeeringen om met de groote mogendheden, Engeland, Italië, Duitschland en Frankrijk, die in de zaak niet betrokken zijn.

De rol van Rusland

Rusland bevindt zich hier in bijzondere omstandigheden. Altijd is dit groot land opgetreden als de beschermer van de volkeren uit de Balkanstaten, die van den zelfden aard en oorsprong zijn als het russische volk, en die door hunne onafhankelijkheid te danken hebben. Het is trouwens met de hulp van Rusland dat zij zich een voor een van Turkye hebben kunnen afschuren.

Rusland moet dus met misnoegen zien dat Oostenrijk aanlegt om Servië te overrompelen en tot onder te brengen. Het moet dien aanval aanzien als eene rechtstreeksche beleediging, en grooten last gevoelen op het Oostenrijksche geweld met het russisch geweld te antwoorden.

De vrees is daaromtrent erbouwen. Ten anderen het schijnt dat Czar Nicolaas zich persoonlijk gekrenkt heeft gevoeld door de handelwijze van Oostenrijk en dat hij zeer dreigende woorden heeft uitgesproken.

Het ware dus niet wonderlijk, kwame Rusland gewapenderhand op tegen de eischen en tegen de krijgsmacht van Oostenrijk. Woensdag kwam daarvan de verzekering toe; maar wij willen nog hopen dat het bericht niet geheel gegrond was. Men seinde trouwens dat Rusland aan Oostenrijk vier en twintig uren tijd gaf om zijne troepen terug te trekken die reeds Servië waren binnengedrongen. Achttien russische legerafdeelingen zouden gemobiliseerd worden.

De verwikkelingen

Het is die waarschijnlijke tusschenkomst van Rusland, die de gesteltenis zoo dreigend zou maken voor geheel ons werelddeel.

Men weet dat Rusland een verbond heeft aangegaan met Frankrijk, en dat dit laatste land ook met Engeland zekere verbintenissen heeft onderteekend, zoodanig dat die drie zouden te samen spannen, moest een van hen bedreigd worden.

Aldus zou men er zich mogen aan verwachten dat, zoodra Rusland tegen Oostenrijk zou zijn opgetreden, Duitschland en Italië naar dit laatste land in de bres zouden springen, en dat Frankrijk en Engeland insgelijks te velde zouden trekken om Rusland bij te staan. Men kan zich maar flauw inbeelden welke gruwelijke slachting zulk een algemeene oorlog zou in 't werk onherstelbaar kwaad bij zou te weeg brengen. De volkeren en de regeeringen der groote natiën geven zich daarvan eene juiste rekening, want algemeen is de ontroering, en ieverig wordt door de staatsmannen gewerkt om de zaak in der minne af te handelen.

Maar de kansen daarvoor schijnen nog zeer licht. Wel hebben de drie natiën Italië, Frankrijk en Engeland daarin den besten wil getoond; wel doen hunne gezanten iederen dag voetstappen. Zij doen veel moeite, door de moeilijkheid van Oostenrijk en door de koelheid van Duitschland, dat schijnt den oorlog niet te willen tegenwerken. Zoekt het misschien eene gelegenheid om zijne macht te doen voelen, en zou het met gruwelijke machtgebruik te maken. Tegen alle mogelijke gebeurtenissen namen ontze misdedelijke gebeuren alle de noodige maatregelen. President Poincarré, die op bezoek was bij de vorsten van Zweden en Denemarken, is spoedig naar Dunkerken weergekeerd, en is naar Parijs gereisd om met zijne ministers te beraadslagen. Het ware te hopen dat Frankrijk verstonde hoe gevaarlijk zijne tusschenkomst zou zijn, niet dat men zijne nederlaag wilt voorspellen, maar uit oorzaak van de schrikkelijke uitwerkselen van zulk een oorlog, die millioenen menschen tegen malkanderen zou opjagen.

In de andere landen maakt men zich den, en een veroveringstocht worden van den, de vraag wat de waarschijnlijkheden gereed zijn. De bevelen liggen zeneeld voor de mobilisatie der verschillige legers. De oorlogsvloten zijn bemand en bevoorraad.

Wat is er te verwachten?

Wat zal er spruiten uit dien toestand? Dat is de vraag die iedereen stelt, en waarop het niet gemakkelijk is te antwoorden.

Zal Servië, zwichtend voor de overmacht zich willen vernederen en ten vollen toegeven aan de eischen van Oostenrijk? Zal Oostenrijk zich te vreden stellen met het innemen van een gedeelte van het servisch grondgebied, dat als waarborg zal moeten dienen voor het uitvoeren der op te leggen verplichtingen? Zal de oorlog verder doorgedreven worden, en een veroveringstocht worden van Oostenrijk, om Servië in te palmen, en zal Rusland dat lijdzaam kunnen aanschouwen? Zullen Frankrijk en Engeland hunne hulp verleenen aan Rusland in het geval dat...

---

het tegen Oostenrijk opkome en aangevallen wordt door dezes bondgenooten?

Dat zijn al raadsels voor den oogenblik. Uit de berichten die van alle kanten toekomen, weten wij reeds dat Engeland verklaard heeft in geval van nood zich langs den kant van zijne vrienden te bevinden. Wat Servië zelf aangaat, het schijnt vastgeraden om zijn recht te verdedigen. De kroomprins Alexander zelf zou aan een dagbladschrijver verzekerd hebben dat de Serviërs van niets bevreesd zijn; Dat is heel schoon; maar dat mag niet beletten op tijd en stond verstandig en voorzichtig te werk te gaan.

WHM.

De tekst der oorlogsverklaring

Weenen, 28 juli: Het Staatsblad kondigt heden namiddag in eene bijzondere uitgaaf den tekst af der oorlogsverklaring, die als volgt luidt:

De koninklijke regeering van Servië niet op bevredigende wijze geantwoord hebbend op de nota, die haar door den minister van Oostenrijk-Hongarië te Belgrado was overhandigd geworden in dato 24 juli 1914, zoo bevindt de keizerlijke en koninklijke regeering zich in de noodzakelijkheid zelf te voorzien in het behoud harer rechten en belangen en te dien einde de macht der wapens te gebruiken.

Oostenrijk aanziet zich dus van af dit oogenblik als in staat van oorlog met Servië.

Het tooneel der vijandelijkheden

Op den oogenblik dat de oorlog begint, is het noodig eenige aanduidingen te geven over de plaats waar de vijandelijkheden zullen plaats grijpen, en waar de eerste botsing zal gebeuren, indien het geschil anders niet vereffend wordt.

Oostenrijk-Hongarië ligt tegen Servië ten noorden en ten westen van dit klein koningrijk. Ten noorden vormer de Donau en de Save de grens; ten westen loopt de scheidslinie tusschen Servië en Bosnië waarvan het noorden naar het zuiden, Herzegowina ligt tegen Montenegro.

In geval van eenen aanval van Oostenrijk, bevindt Servië zich in eenen moeielijken toestand, want het kan langs twee kanten te gelijk aangevallen worden. Voor den oorlog der Balkanstaten was Montenegro niet zoo gemakkelijk te bereiken. Het was een echt aardenest. Het grondgebied, veroverd langs den kant van Novi-Bazar, is eene gemakkelijker prooi voor een aanvaller.

Het eerste aanvalspunt voor het oostenrijksch leger te natuurlijk Belgrado, de hoofdstad van het koningrijk, die, ongelukkiglijk, aan de uiterste grens is gelegen, aan den samenloop van den Donau en de Save, dus tegen het hongaarsch grondgebied. De Serviers hebben zoo wel begrepen dat de stelling onverdedigbaar is, dat zij de stad ontruimd hebben bij het verbreken der diplomatische betrekkingen.

Het bezetten van Belgrado door de Oostenrijkers zal veel ophef baren; het redelijk uitwerksel zal aanzienlijk zijn; maar daarmede is het al. Willen zij de Serviers gevoelig treffen, dan moeten de Oostenrijkers verder gaan. Een eerste weg voor den inval is de vallei van de Morava, de levensader is van onder het land Servië. Eene tweede linie voor de krijgsbewerkingen is de oude zandvak van Novi-Bazar, die eene smalle strook grond vormt tusschen Servië en Montenegro. Het is die strook grond van Novi-Bazar, waarin zij hoopten lang er een deel van den weg naar Salonica van te maken. Dit plan viel in duigen ten gevolge van den oorlog der Balkanstaten en der vergrooting van Servië.

De sterkte der twee legers

Bij het vernemen van het uitbreken der vijandelijkheden, zal iedereen geroesd willen zijn over het groot verschil in de legermacht van Oostenrijk en Servië. Inderdaad, het leger, waarover Oostenrijk kan beschikken in tijd van oorlog is bijna zes maal zoo talrijk als dit van Servië. Wij geven hieronder de cijfers van hunne wederzijdsche samenstelling.

Oostenrijk-Hongariën	
Staande leger :	398.943 man
Reserven	501.057
Landweer 1°	330.000
Landweer 2°	500.000
Laatste reserven	600.000
	2.330.000

Servië	
Staande leger	29.505 man
1° Ban	189.095
2° Ban	102.898
3° Ban	81.844
	403.342

Bovendien heeft Servië nog geen geregelde luchtvaartafdeeling in het leger; voorloopig zijn er 20 vliegmachienen beschikbaar, van de typen Farman, Blériot en Deperdussin.

Oostenrijk daarentegen beschikt over een groot materieel, onder leiding van 120 bestuurders en 25 militaire vliegers.

Er zijn een vijftal bestuurbare ballons. Er zijn verder beschikbaar 100 vliegmachienen en 160 gebreveteerde vliegers, over een vijftal eskadrilles verdeeld.

Het slot van de rekening

De zeer bevoegde fransche geleerde Delavigne heeft onlangs met officieele gegevens uitgerekend wat een oorlog tusschen de landen van het Driebond (Duitschland, Oostenrijk en Italië) en den Tweebond (Frankrijk en Rusland) kosten zou.

Voor zijne rekening ging de geleerde uit van de uitgaven die gedaan werden door Frankrijk voor den oorlog van '70 die de minstens op-half-milliard moeten gesteld worden — aa afrekening der schadevergoeding aan Duitschland.

Neemt men nu een leger van 1.200.000 soldaten, dat gedurende acht maanden moest onderhouden worden, dan komt men tot omtrent 12,00 fr. per dag en per man, maar met de prijsvermeerdering op alles moet men meer dan minstens 16.00 frank per man en per dag aannemen.

Als Frankrijk nu zijne 2.400.000 soldaten en zijne 600.000 territorialen op oorlogsvoet zou moeten onderhouden, zou hem dat op niet minder dan **acht-en-veertig millioen per dag** en voor den tijd van acht maanden op meer dan elf **milliard** komen.

Op dezelfde bazis uitgerekend zou Duitschland voor zijne 5.000.000 soldaten op oorlogsvoet niet toekomen met **zestig millioen** per dag en voor den tijd van acht maanden meer dan **veertien milliard**.

Met zijne 2.500.000 soldaten zou Oostenrijk voor eene uitgave staan van meer dan **acht milliard**, terwijl Italië voor 3.500.000 soldaten meer dan **elf milliard** zou noodig hebben, en Rusland voor zijn leger van 3.500.000 soldaten omtrent **zeven milliard** zou moeten verkwisten.

Een algemeene europeesche oorlog, waarmede wij meer en meer bedreigd worden, die volgens eenkelen onvermijdelijk is geworden, zou dus aan de vijf genoemde landen meer dan **vijftig milliard** kosten — plus de remachtige uitgaven die door Engeland en voor de vloot der genoemde landen zouden moeten gedaan worden, zoodat men gerust mag schatten op eene algemeene uitgave van tachtig milliard.

De burgers doet bij dat alles opmerken dat het overal en altijd de groote der menschen zijn die voor den oorlog gezonden worden. In Frankrijk neemt men thans meer dan 80 % der mannelijke bevolking en daar zouden zeker en vast spoedig ook al de nijverheidsinrichtingen moeten stilvallen, zoodat de heele arbeidersbevolking werkeloos zou zijn, zoodat er geene belastingen zouden kunnen betaald worden.

Rekent daarbij de onafzienbare schade die berekend worden aan alterhande eigendommen, op het land zoowel als in de steden, en gij zult u misschien een gedacht kunnen geven van de schrikkelijke verwoestingen die zouden aangericht, van de schade die zou veroorzaakt worden.

Zoowel de overwinnaars als de overwonnelingen zullen er schrikkelijke puinhoop staan en daar de oorlog gezonden mededingers, de Engelschen en de Amerikanen, van de gelegenheid zouden profiteeren om den internationalen handel in handen te nemen is het zeker dat de tijd van een menschenleven onvoldoende zou zijn om alles te herstellen.

Officieele mededeeling.

Mobilisatie van het leger
IN BELGIE

De mobilisatie van het leger is bevolen.

Eerste dag der mobilisatie : Zaterdag eersten augustus.

De militairen met klein verlof, met bepaald verlof of met onbepaald verlof, inbegrepen de miliciens van dienst ontslagen in vredestijd, ingeschreven in de registers van mobilisatie, zijn weder onder de wapens geroepen. Zonder hun wederoproepingsbevel af te wachten, moeten zij zich **onmiddellijk**, langs den snelsten en den kortsten weg begeven naar de depots, korpsen of forten waar hunne wapenen en hunne kleedingstukken bewaard zijn.

Zullen worden aangehouden door de gendarmerie, degene die zich bij de korpsen waarvan zij deel uitmaken niet zouden vervoegd hebben, uiterlijk vóór twaalf ure, daags na dezen waarop het bevel van mobilisatie aangeplakt werd in de gemeente.

Geen enkel voorwendsel van onwetendheid zal aangenomen worden.

De wederopgeroepen manschappen zijn verwittigd dat zij geen voedsel zullen ontvangen vóór hunne aankomst in het depot of bij het korps en dat zij zich moeten voorzien van eenige levensmiddelen.

DE ZADEL- en TREKPAARDEN op te vorderen voor den dienst van het leger, moeten door de zorgen der eigenaars aan de remonte-commissies geleverd worden op den dag, het uur en de plaats aangewezen op de vorderingsbevelen modellen nrs 23bis en 23ter die door de gemeente bedienden ten woonhuize der eigenaars zullen afgeleverd worden.

De bedienden der regeering, der provinciën en der gemeenten, zijn gehouden behulpzaam te wezen aan de district- en de kantonscommandanten alsmede aan de burgemeesters, voor de snelle en goede uitvoering der maatregelen betreffende de mobilisatie van het leger. Zullen gestraft worden volgens de wetten, de ambtenaars of de bedienden die de uitvoering dezer maatregelen mochten belemmeren of vertragen.

Den 31 juli 1914,
De Commandant van het gendarmerie-district,
CAROEN.

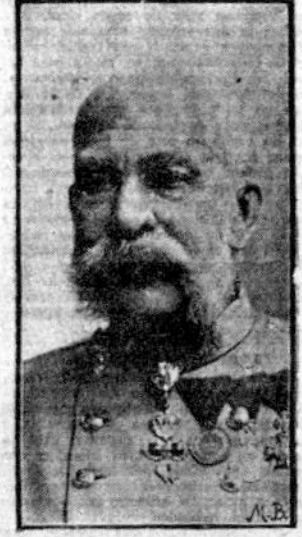

Keizer FRANS-JOZEF

Nieuws van woensdag
Brief van Keizer Frans-Jozef.

De keizer heeft het volgend manifest gericht aan de bevolking:

« Aan mijne volkeren,

» Het was mijne vurigste wensch, de jaren die nog door Gods genade voorbestemd zijn, te wijden aan werken des vredes en aan mijne volkeren de opofferingen en lasten van eenen oorlog te sparen.

» De Voorzienigheid heeft er anders over beschikt. De handelingen van eenen door haat bezielden tegenstrever dwingen mij, na lange reeks van jaren, den degen te trekken om de eer van mijn rijk te vrijwaren, voor de belangen van mijne volkeren en voor de veiligheid van mijn groot erfgoed.

» Door ondank gedreven en het raadsgeven van het koninkrijk Servië, dat van meet af de oudste en trouwste vriendschap met mijn huis vergeten, zijn ik mij genoopt gezien te weg door mijn vroeger voorbeeld; ik zal vertrouwen in mijne volkeren, in de trouw en eendracht zijn schatten trouw mijn leger, steeds bereid tot alle opoffering voor de eer, de grootheid en de macht van het vaderland.

» Ik heb betrouwen in het dappere leger, dat met geestdrift is gevuld en vol toewijding; ik heb betrouwen in den Almachtige, die mijne wapens den zege zal schenken. »

» Wanneer, ik, na 30 jaren voorspoedig en vredelievend werk in Bosnië-Herzegowina mij in souvereine rechten tot de streek uitstrekte, heeft dezen maatregel in Servië, wiens rechten ten geensinis geschonden werden, eene uitbarsting van grootste haat en wilden hartstocht voor gevolg gehad.

» Mijne regeering maakte toen gebruik van het schoone voorrecht van de sterkte en, bereid door eene uiterste toegevendheid en door medelioogen, bepaalde het zich bij de vrijwaring der voornaamste twistbelangen van de monarchie wanneer drie jaren Servië in oorlog was tegen Turkije.

» Dank aan die houding kon Servië het doel van den krijg bereiken. De hoop dat Servië het gedrag en de vredelievendheid mijner regeering zou inzien en woord zou houden, is niet verwezenlijkt. Overal ontwaart men den haat tegen mij en mijn huis en het streven om ons geweld onafscheidbare stukken van de monarchie los te scheuren.

» Misdadige handelingen overschrijden de grens en in het Zuid-Oosten der monarchie de Staatsinstellingen te ondermijnen, ten mijne volkeren afkeerig te maken van hun vorstenhuis en vaderland, om de opkomende jeugd op een dwaalspoor te brengen en haar naar te zetten tot onzinnige schelmstukken en hoogverraad.

» Eene reeks aanslagen, eene methodisch aangelegde en uitgevoerde samenzwering, wier gruwelijke welslagen mij en mijne getrouwe volkeren in volle hart getroffen hebben, vormen het bloedig en zichtbaar spoor dezer gevolgen te kennen; moet door Servië in het werk worden gesteld en geleid.

» Er moet een einde komen aan deze onhoudbare handelingen; er moet eene gestadig worden aan die voortdurende uitdagingen van Servië, willen de eer en de weerdigheid mijner monarchie ongeschonden blijven.

» Vruchteloos heeft mijne regeering eene laatste poging gewaagd om door vreedzame middelen dit doel te bereiken en Servië te bewegen door eene ernstige vermaning tot betere gevoelens te komen. Servië heeft de rechtmatige en gerechtvaardigde eischen mijner regeering verworpen en weigerde plichten te vervullen, wier vervulling de grondslagen van het bestaan van Staten en volkeren, ...

» Ik moet dus met wapengeweld de waarborgen zoeken die onontbeerlijk zijn voor de rust van mijn land binnenlandsche rust en duurzamen vrede.

» Op dit ernstig uur is het mij ten volle besef van de gansche draagwijdte van mijne verantwoordelijkheid tegenover den Alderhoogsten, met een gerust geweten betreedt ik den weg door mijn plicht aangeduid; ik stel vertrouwen in mijne volkeren, in de trouw en eendracht tót steun van den troon, ...

» Door den geest der waarheid en der gerechtigheid, steeds bereid tot alle opoffering voor de eer, de grootheid en de macht van het vaderland. »

2

From Menace to Invasion 28 June — 14 October 1914

In a striking comparison, the Bruges historian Luc Schepens has contrasted the coming of war in 1914 with that of 1940. The second conflict came as no surprise to the Belgians, but still they were shocked by the sudden appearance of the *Luftwaffe* deep inside Belgium. In 1914, the rhythm of events had been completely different. The advent of war was a shock, but, once war had broken out, it spread across the country at a slow pace. The German armies invaded Belgium on the 4th of August near Liège and did not reach Bruges until 14 October.[19]

The shock of invasion followed upon a month of increasing unease. The Sarajevo murders of 28 June had not unduly worried the Bruges public. But one month later anxiety was rife; and by the first of August, all newspaper-reading *Brugeois* knew that a European war was afoot. Not that neutral Belgium had to be involved. The Belgian army mobilized to be sure, but strictly to stand guard at the borders: 'not to march into war,' as the newspaper *Burgerwelzijn* reassured its readers, 'but as a measure of precaution'.[20] To boot, only a minority of men were mobilized: by continental European standards, Belgium had minimal military service. The lottery-and-replacement system in operation until late 1909 had allowed young men of means to pay substitutes to fulfil their military obligations for them, thus keeping most middle-class and educated men out of the army.[21] (The urban bourgeoisie was not the only social stratum escaping military service in this manner: in 1914, a farmer from the village of Varsenare near Bruges told *Marinekorps* inspectors that in 1905, at the age of twenty, he had paid a substitute the very sizeable sum of 1,600 francs.[22]) Personal military service had been introduced in 1910. But

16

it featured many a loophole. Belgium had one draftee per 400 inhabitants, as against one out of 170 in France, one out of 245 in the German lands, and one out of 262 even in the neutral Netherlands.[23] Moreover, the generalized service introduced in August 1913 retained many exemptions. Of 4,295 Bruges men technically eligible for military service, only 479 actually served; the others were exempt, benefited from deferrals, or were rejected on the grounds of ill-health.[24]

17, 18

On the 1st of August, the mood surrounding the departure of the mobilized men was relatively confident. But two days on, everything had changed. On 2 August, Germany had sent Belgium an ultimatum: grant free passage to its armies en route to France on pain of war. During the tense night that followed, King Albert and his government had decided that rejection was the only possible answer. This was partly a matter of principle: the German demand was an abuse of power. At the same time, the Belgian government's decision had a pragmatic side: Belgian independence hinged on a complex of international agreements of which the country's neutrality was an element. For a small, wealthy nation not armed to the teeth, the international rule of law was the sole guarantee of independence; but this rule of law required it to defend its own neutrality *manu militari*, side by side with the great powers that guaranteed this independence. In other words, for Belgium, self-preservation in the long run

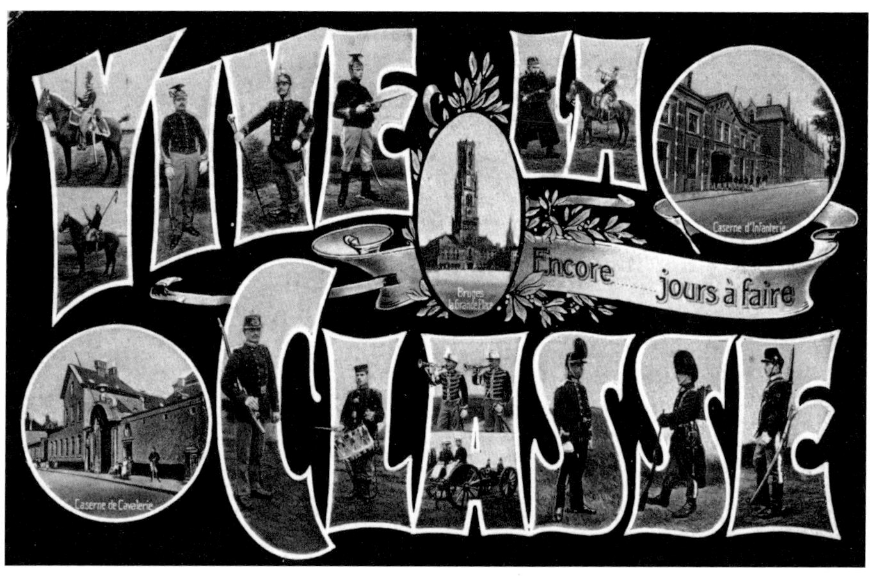

 17 Bruges barracks life imagined, 1914. Beeldbank Brugge.

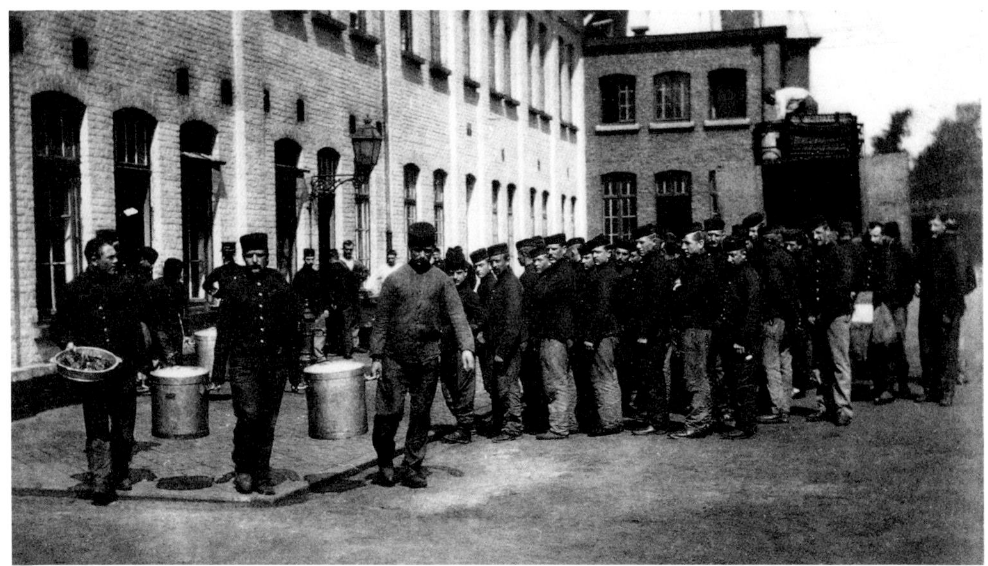

entailed, paradoxically, the taking of an enormous risk in the short run. And so, with a heavy heart and few illusions, the government decided to reject the German ultimatum. The news reached Bruges in the afternoon of 3 August. From eleven in the evening until five the next morning, the troops marched, cheered on by crowds. People thronged the square in front of the railway station and the streets leading up to it. As elsewhere in Europe, the passage from peace to war created an urgent need for collective emotions. Indignation over Germany's aggression mixed with terror; dread blended with excitement. Though fearful, many were exhilarated at the thought that all stood together. A very patriotic inhabitant of Bruges wrote in his diary that he had never before witnessed quite such a feeling of unity: '[It was] the most consoling spectacle ever.... A night to remember!'[25] The newspaper *Burgerwelzijn* wrote on 5 August that 'never before have there been such enthusiastically patriotic manifestations as the one we witnessed from Monday afternoon [3 August] until yesterday at five in the morning.... Truly all of Bruges was present and all hearts felt united....'[26]

Some of this intoxicating sense of unity was due to actual intoxication. Liquor flowed freely in those alcoholic times; only after the war would Belgium enact strict anti-liquor laws. This, as Luc Schepens has observed, certainly deepened the mood of solidarity and overconfidence. Yet it would not be completely fair to dismiss the mood as a mere frenzy. These were not dazed crowds lacking any sense of war's

18 Men of the Fourth Line Regiment in the courtyard
of their barracks, 'De Poermolen', 1901. Beeldbank Brugge.

CARTE DU FEU
VUURKAART
1914 - 1918

délivrée à / afgeleverd aan : *Haenebrouck Raymond*
né à / geboren te : *Sint Michiels*, le / den *5-10-1892*
Soldaat
a servi pendant la campagne 1914-1918 :
Heeft tijdens den veldtocht 1914-1918 gediend :
du / van *4-8-1914* au / tot *24-10-1917*
au / bij het *3de* Régiment *Lansiers*
du / van ____ au / tot ____
au / bij het Régiment ____

N° d'ordre / Volgnummer : *141/40*
Signature du titulaire :
Handteekening van den houder :

Le Ministre de la Défense Nationale,
De Minister van Landsverdediging,
P. O. : – B. B. :

Nombre de chevrons de front : *acht*
Getal frontstrepen :
Blessures : *een*
Kwetsuren :
Distinctions honorifiques de guerre :
Eervolle oorlogsonderscheidingen :
Ridder in de Leopold II Orde
met palm
Oorlogskruis met 2 palmen
Yzermedaille
Zege en Herinneringsmedaille
Fransche Militaire Medaille

horrors. The determining feeling was not one of euphoria so much as resolve mixed with dread. After all, in the villages and small towns around Bruges, the mobilized men marched too, though they were not driven by a groundswell of excitement: the mood in the countryside was considerably more sober. ('The soldiers left Damme calmly,' wrote a local priest.[27]) The obligation to defend the country seemed self-evident. Throughout Europe, the war was felt to be a defensive one, as historians have pointed out.[28] But Belgians were especially justified in seeing it thus. And many were shocked by the violation of neutrality. Although the West Flemish novelist Stijn Streuvels was no chauvinist – he derided the wave of new-found national pride and refused to vilify Germany – he did reproach Germany's 'arrogant attack on a small nation that happens to be in its way'.[29] Indignation ran highest precisely in those conservative Catholic circles that had long considered the Wilhelmine Empire to be Europe's trustworthiest great power. In her diary, Burgomaster Visart's wife recorded her husband's bewilderment at finding out that Germany, of all nations, was the aggressor.[30]

Meanwhile, in town, all routine was upended. Work had ceased; many were in the streets night and day. To check the overly exhilarated mood, the city government imposed ever-stricter pub closing hours. The paper *Burgerwelzijn*, clearly nervous at the sight of proletarian crowds milling about free of work discipline – and with the

19 Front-line service card (*Vuurkaart/Carte du Feu*) of Raymond Haesebrouck of Bruges. Stadsarchief Brugge.

troops garrisoned in Bruges gone, to boot – warned of German *provocateurs* fomenting 'a revolution' as they had done in France in 1870.[31] Anti-German riots erupted: a crowd smashed in the shop-windows of the department store Tietz in Kuipersstraat, and booed German prisoners of war. The first ones, Hanover infantrymen, arrived on 7 August; 'They look wretched,' the papers wrote.[32] In those days of feverish anxiety, many *Brugeois* implored divine providence: a flock of faithful followed the route of the Procession of the Holy Blood, evening after evening, to pray for mercy and courage. They recited verse referring to the 1798 Peasant's War against French rule: 'All the world knows the heroic struggle / Our forefathers fought for the faith in these lands / We want to be worthy of their glory / And will die free men, with the true faith in our hearts.'[33]

Men volunteered for service. There is no tally of Bruges volunteers. But according to one source fifty young men enrolled from Bruges' elite families alone. Even in the countryside, where, as parish reports imply, volunteering was much rarer, men joined up. (One example is a brother of the farmer from Varsenare mentioned above.) So did *Brugeois* who had moved abroad: one young man, Oscar Peeters, wrote from Paris to ask the municipal services for the address of his uncle and sole remaining relative, to let him know he had volunteered.[34]

There were other types of volunteering apart from the military. One burgher of Zeebrugge named August Wildemeersch, a member of a prominent local cultural society (the Conscience Committee, named after the popular nineteenth-century Flemish novelist Hendrik Conscience), informed the Bruges municipality on 7 August that given Zeebrugge's remote yet strategically crucial location, vigilance was of the essence, and his committee would therefore be happy to take over certain tasks of governance. He described these tasks as 'encouraging the population to calmly endure the inevitable hardships of wartime and to behave courageously in all circumstances', as well as 'stopping or refuting all false or fanciful rumours to keep the calm among the populace', and 'reassuring inhabitants in case of naval battles along our shore or in case of an enemy landing'. In a word – '[we wish to offer] assistance wherever needed in a spirit of utter patriotism. Our Committee has arrived at this idea because the inhabitants of this part of Bruges feel very isolated from any and all authorities that might offer counsel and help; and also because of the exceptional position of Zeebrugge.' In a second message, Wildemeersch announced

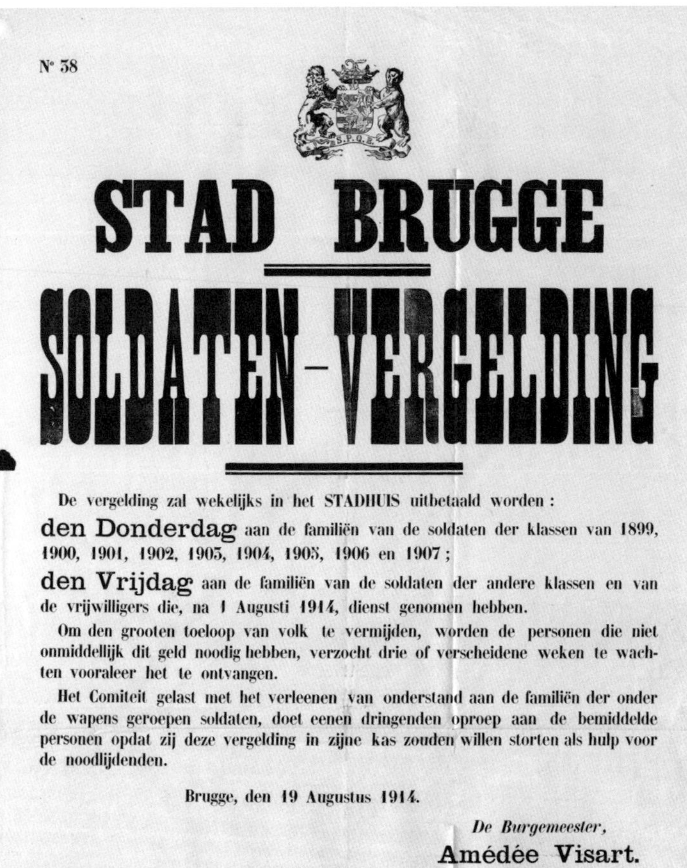

20 Poster announcing separation allowances for soldiers' families, 19 August 1914. Stadsarchief Brugge.

that his committee had already made itself useful by 'handing over German nationals' to the Bruges Civil Guard. (As elsewhere in Europe, 'enemy' nationals were treated as potential spies – in the vast majority of cases, unjustly so.) Wildemeersch added that Bruges could count on him until he himself – class of 1898 – would be drafted; clearly, he considered his efforts in the harbour settlement to be more urgently needed for the time being.[35] The Conscience Committee of Zeebrugge is one example of what the historian John Horne has called self-mobilization. All across belligerent Europe, civil society – friendly societies, labour unions, *zemstva* – mobilized to aid the national war effort and complement the state's work.

This entailed charitable efforts as well. They were sorely needed. Work had stopped, consumers and shopkeepers hoarded and stockpiled, prices soared, and misery rose. Parishes and charities opened soup kitchens and distributed loaves of bread. These ad-hoc efforts were soon followed by more systematic forms of relief. On 19 August, the city government informed the population how the allowances for the families of the mobilized men were to be distributed. In order to 'avoid crowds', people who were not in immediate need were asked to wait 'three or more weeks' for their allowance.[36]   20

Volunteers also registered for military action outside of the army – i.e., for service in the Civil Guard. But this entailed terrible risks for their fellow citizens. The invading armies reacted with extreme violence to the alleged presence of armed civilians. No sooner had the German armies invaded Belgium than they started massacring unarmed civilians as suspected snipers (*franc tireurs*). On the day of the invasion, in the town of Visé on the Meuse, German troops shot several inhabitants and exhibited the corpses in the street with their faces deliberately left uncovered; neighbours were forced to come and watch. All the next week, wrote a witness, traumatized people sat on chairs outside their houses, seeking solace in each other's company, unable to move. (No one was to know as yet that barely one week later Visé would be burned to the ground and more people would be killed.)[37] Referring to the events at Visé, *Burgerwelzijn* wrote on 8 August that 'In wartime, THE MILITARY ONLY are allowed to fight. Any civilian shooting at the enemy would cause his town to be burned down and its people to be massacred.'[38] On 11 August, the Ministry of the Interior banned all volunteering for the Civil Guard, and in the next week dissolved the force completely. For good measure, on 20 August the Bruges municipality reminded inhabitants that only soldiers could carry arms and that, if enemy troops entered town, civilians had to stay indoors with doors and windows closed 'so that no one can be accused of provocation'.[39]

Meanwhile, the imperial armies marched on. The resistance of the forts of Liège was broken. Fort Loncin on the road to Brussels, commanded by Victor Naessens – a one-time stable boy at the château of   21 Baron Van Caloen in the village of Loppem near Bruges – suffered a days-long shelling by Krupp cannon before exploding on 15 August: some 350 soldiers died in the rubble. On 20 August, the German armies took Brussels. In Bruges, René-Herman de Brassinne, a retired officer of the Belgian army, called it 'a bad day, very bad'.[40] Hundreds of refugees flocked to the city from the conquered areas. On 19 August in

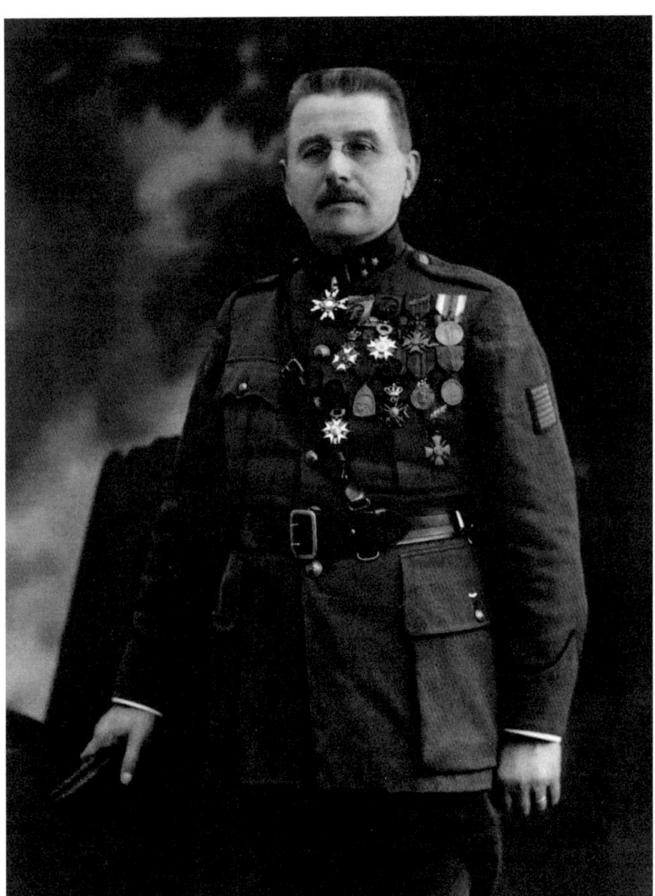

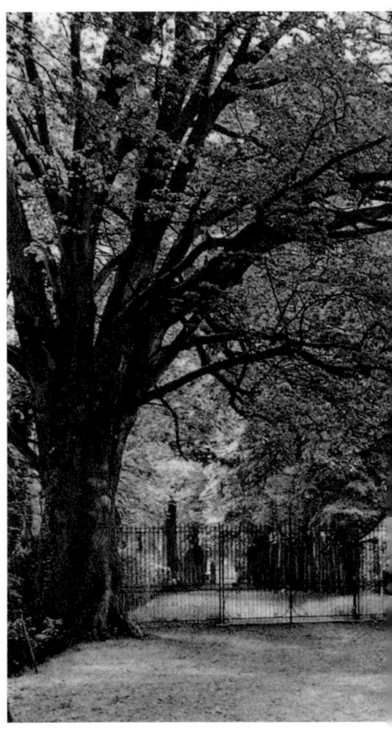

21 Victor Naessens, the commander of Fort Loncin, 1922. Loncin, Musée du Fort.

the hospice of deaf, mute and blind children alone, one hundred people arrived from Leuven (Louvain).[41] A week later, Leuven was in flames and the invading troops killed over two hundred people. None of the Bruges papers carried the news, but it reached the city via other channels. From a monastery in the Leuven area, Fritz Roderburg, a stained-glass artist, wrote to his sister Maria in Bruges, whose husband was the English harbour-master William Robinson, that the town of Aarschot was in ruins ('it looks like Pompeii') and that 'our beloved Leuven [was] burning'. Three days on, his brother wrote also, adding details about the massacre.[42] Fear spread. In 1919 the priest of Sint-Andries parish recalled that 'the population was terrorized when they heard of the cruelties committed by the Germans'. Many fled to the Netherlands or France. The Germans were rumoured to use young men as living shields. (This was correct: people were forced to march ahead of the troops all through the invasion, even as late as October

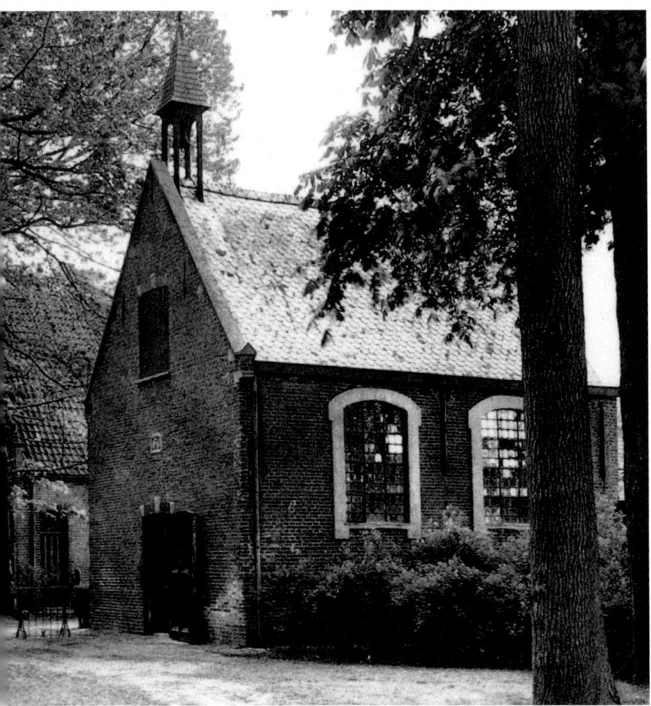

22 Chapel of Our Lady of the Little Tree (Onze-Lieve-Vrouw van 't Boompje), Sint-Andries, 1920. Beeldbank Brugge.

23 Letter concerning the Leuven massacre written by Maria Robinson (née Roderburg), Bruges, 2 September 1914. Collection Martin Baker, York.

in the Roeselare area.[43]) Many young men of the parish escaped to France; they would, later on, be drafted into the Belgian army, or work in the munitions factories. The priest of Sint-Andries added that, in the months August–October 1914, 'many prayed for the salvation of the Fatherland'. The centuries-old cult of the Virgin Mary at the chapel of Our Lady of the Little Tree revived: 'Every Sunday there was a great procession to do penance and implore providence.'[44]   22

No one had a clear sense of where military matters stood. Where were the different armies? German observers roamed behind the lines, close to Bruges, creating a panic: could they be the vanguard of the invasion of the city? 'Of the great drama we know nothing,' wrote De Brassinne on 4 September, 'we live on bits and pieces of news.' Refugees kept arriving; they were housed wherever space could be found, including the Halls on the Markt (the central square) and the hothouses of a horticulturalist in Scheepsdale. 'Public charity is vast but so is misery.'[45] Meanwhile, the Germans had penetrated into France. They were halted on the Marne. Echoes reached Bruges: 'THE GREAT BATTLE IS RAGING!' *Burgerwelzijn* headlined on 13 September.[46] It was to be the end of the German advance, though nobody knew this yet. Both camps then attempted to outflank each other, and so the battle shifted ever further north-west. In the meantime, the Belgian army had retreated to the 'national redoubt' of Antwerp. From there, it effected sorties to cut the German communication lines. The first week of October brought a great wave of hope to the *Brugeois*: British troops had landed. The Gordon Highlanders told people that they had been transferred from Cairo, which reassured many, for it seemed to mean that Belgium was now protected by the full force of a global empire.[47] 'How valiant they all look, how swift of step they are,' wrote the 17-year-old high school student Herman Bossier. 'In the evening, at the railway station, people cheer them on fervently.' To thunderous applause, a woman sang *God save the King*, and the locals bellowed *Tipperary*.[48] Canon Adolf Duclos wrote on 8 October that '[the British troops] are greeted with hoorays everywhere, and showered with treats – apples, cigars – by all, even by the poor'.[49]

Yet a few days later, news came that Antwerp had fallen – refugees reported the terrible shelling of the city – and that the Belgian army was retreating. Although the news was not quite confirmed, there was no doubt that Ghent had been taken on 12 October. Mass flight ensued: 'Wild panic reigns,' De Brassinne wrote that day, and the next day he reported that the tramways to Dutch Zeeland and the cargo boats to Zeebrugge were overflowing with people.[50] Things got even worse after a German *Taube* monoplane targeting the Belgian troops that were leaving Bruges to march northwards, dropped a bomb on the working-class alleys behind the garrison.[51]

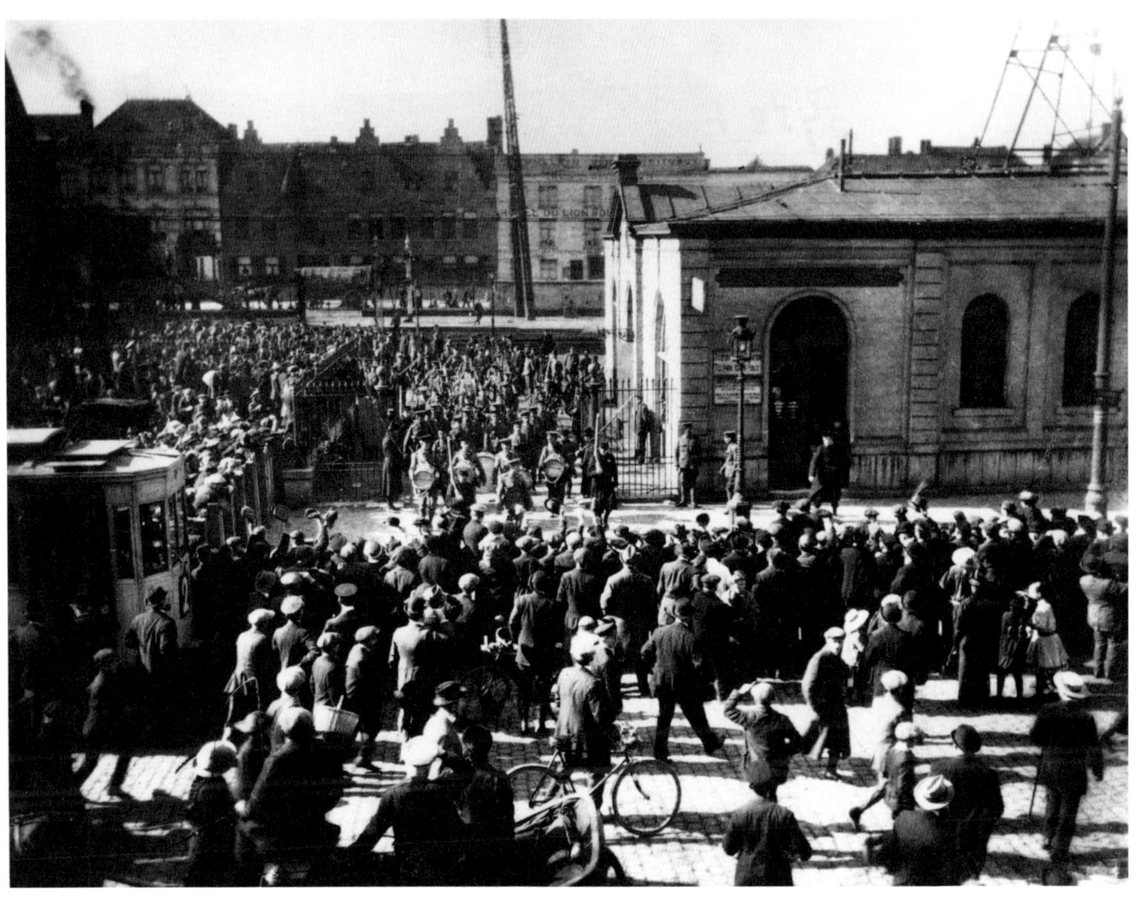

24 The Second Scots Guards arrive
at Bruges station, 7 October 1914.
Bruges, Provinciale Bibliotheek Tolhuis.

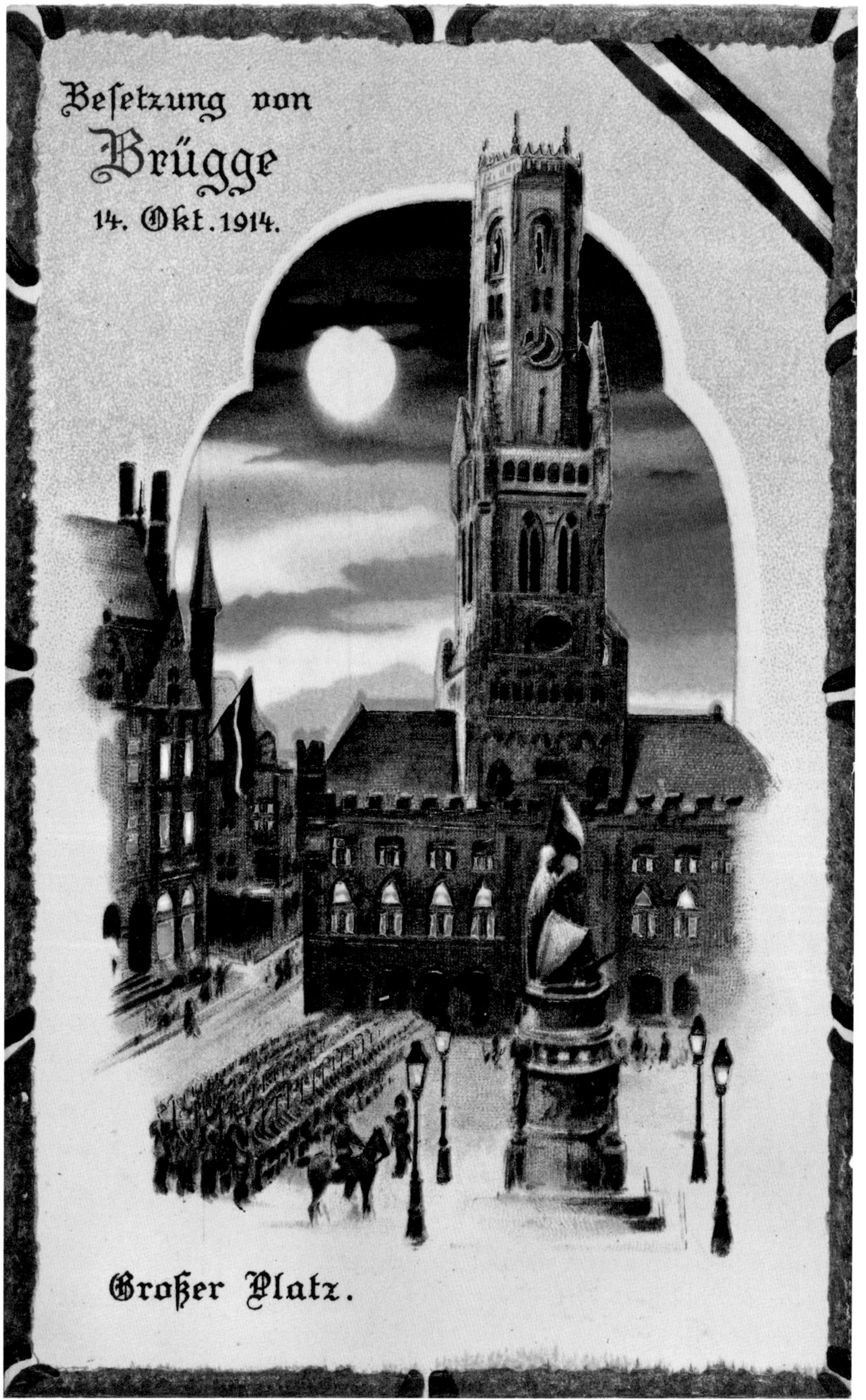

Besetzung von
Brügge
14. Okt. 1914.
Großer Platz.

3

———

The Taking
of Bruges

Crushed, the city awaited invasion.[52] 'We stand at the edge of an abyss,' wrote De Brassinne on 13 October. 'There is a general sense of collapsed morale and indistinct fear.' (Nine months on, the collapse of morale in October 1914 would translate into an exceptionally low birth rate. By contrast, one generation later, the taking of Bruges in 1940 had no impact on *Brugeois'* private choices, as the demographics show.[53]) At least six thousand people – one in ten inhabitants – had fled. It is true that many returned soon afterwards and that some had not gone very far at all. Herman Bossier, the *collégien*, poked fun at one of his parents' manservants, who lived near Gentpoort (Ghent gate) and had taken refuge at his brother-in-law's – a mere couple of blocks further into town. But Bossier's ridicule was misplaced. The man's choice was a wise one, since he lived right on the route of the German advance into town, which – as stories from Aarschot, Dinant, Leuven, Aalst and other badly mauled towns had by then made clear – tended to be the locus of the worst violence against civilians. It made sense to hide closer to the town centre, as people had done in former centuries.

The city was eerily quiet. The last volunteers had left. Shops and houses were shuttered. It was the feast day of Saint Donatian, the city's patron saint. Canon Duclos wrote: 'During High Mass, around ten-thirty, we hear the cannon. It is the Germans, at Assebroek, announcing their arrival in Bruges.' De Brassinne, too, reported a cannon shot at ten-thirty, 'as brutal as a punch in the face', and then another one, and another – six in all. Then, nothing. 'The city is deathly quiet.' In Assebroek, the invading troops shot dead the tramdriver

Hendrik Blondelle, because they took him for a Belgian soldier. Near Gentpoort, a Belgian rear-guard shot a German military scout. Panic washed over the neighbourhood, for the massacres in several other towns had started in precisely this manner. (Those rear-guard troops – who may have been drinking: De Brassinne noted that they came out of a pub – were disobeying command, for the Belgian General Staff had clearly announced that the Belgian army was in retreat and that Bruges was an open city.) On hearing the gunshots at Gentpoort, a small group of city fathers – Burgomaster Visart, the aldermen Ryelandt and Van Caloen, police superintendent Rommel and Municipal Secretary Debandt, plus two police officers – made their way towards the invading troops, bearing a white flag – a tablecloth hastily tied to a stick by the City Hall janitor. It was one-fifteen in the afternoon.

En route, they encountered a German patrol. The men were in the company of the well-known Bruges physician Emiel Dumon and his young son. Dumon introduced both parties to each other. In this manner, Dumon and son played a crucial role in averting an explosion, as Patrick Verbeke has observed. The doctor's wife was German and he put his 'transnational' position to use as a mediator. (In like manner, during the invasion of Braine-le-Château, south of Brussels, an intervention by Robert Graeffe, the 16-year-old son of a wealthy German-Belgian-British family, successfully took the sting out of a potentially lethal situation.[54]) In an atmosphere of sickening dread, the group walked through the deserted streets – where pickets of German guards had already taken their place – to Gentpoort. There, the unit's commanding officer awaited them, in a rage, accusing the locals of having shot at his troops from their cellars. As had happened elsewhere in the invaded country, the accusation of sniping was upheld by a commanding officer (who may or may not have known it was false); and, as had happened elsewhere, it was up to the municipal government to refute the accusation as best it could. At Burgomaster Visart's vigorous defence, the *Hauptmann* did not pursue the matter. He led the group towards his superior, *Generalleutnant* Albert Hugo von Werder, 62, in charge of the Fourth *Ersatz* Division of the Prussian army. The group awaited him in an opulent drawing room at the Assebroek mansion of the Della Faille family (now Assebroek Town Hall). Von Werder arrived a quarter of an hour later, sat down at table together with the burgomaster, and took out his notebook. The conversation started in French and then shifted to German, in which Visart was fluent. The *franc tireur* accusation emerged once more, but it was clear that the moment of danger had passed. Visart reiterated his points: no civilian had fired a shot; all weapons had been handed in. Von Werder threatened the city with 'severe punishment' if another member of the German military were harmed, and promised peace and quiet if civilians behaved in an orderly manner. He demanded the names of five hostages to guarantee order; the city fathers presented themselves. Thus was some breathing space restored. The rest was logistics. The Della Faille drawing room briefly became a tourism bureau as the general requested information about the main Bruges hotels; he opted for the Hôtel de Flandre. Visart then had to guarantee the troops' lodgings. Their entry was scheduled for three o'clock to give the city administration some time to prepare matters. The city officials were handed a packet of posters in French, Dutch and German, to be placarded on the city walls immediately: an edict by General Hans Hartwig von Beseler, commander of the army group that took Bruges (and that had taken Antwerp a few days earlier, after heavy shelling). 'INHABITANTS! Today, German troops enter your city,' the poster read. 'None of your fellow citizens will be harmed and your property will be respected if you refrain from all hostile acts. Any act of resistance and any attempt to harm the German troops will be mercilessly punished according to the laws of war.... If, now or in the future, German troops were to be attacked in your city, the occupation troops will pull out [*so wird die Besatzung herausgezogen*] and the city will be ruthlessly set on fire. You are warned!'[55]   26

And so burgomaster and aldermen returned to the centre of the city. At three o'clock, the bulk of the troops entered Bruges. Some immediately marched on to Ostend, others stayed in Bruges. They were   25
Ersatz troops – men who had never done military service, as prewar Germany had had more than enough recruits, but who had been called up once the war's gigantic expenditure of men was revealed, were given hasty instruction and then sent out to plug the gaps.[56] One US war correspondent described them as 'not the arrogant type of Teuton soldiers I had seen in other fields', but 'older, more settled men'.[57] Not that men like this were impervious to murderous paranoia, as events elsewhere had demonstrated. But in Bruges, the worst danger was by now warded off; the spectre of a massacre waned. The first signs of a wary *modus vivendi* emerged: Von Beseler decreed that City Hall was not allowed to fly the Belgian tricolour, but would

not be forced to hoist the German flag either. That evening, a nun at the Dames de L'Instruction Chrétienne on Sint-Jansplein recorded in the school's diary: 'The city surrenders. Very quiet night.'[58]

Why go into detail about one single day, in the course of which one wattman and one German soldier lost their lives – against the backdrop of the world war's hecatomb? Because the events in Bruges on 14 October 1914 illuminate the dynamics of the invasion era's violence – and its interstices. Luc Schepens has highlighted how the taking of Bruges in 1914 proceeded 'in a formal and courteous manner. In 1940 [when the *Wehrmacht* took Bruges without further ado —*SdS*] there was no time for this.'[59] But it was not just a matter of time; the formalities of 1914 served a function. The taking of Bruges proceeded against a background of extreme violence against civilians that did not obtain in 1940; and the highly ritualized transference of power on 14 October was a ceremonial that hinged completely on this violence – the menace thereof, the avoidance thereof. The invading army emphasized its capacity for inflicting violence even against open cities and unarmed civilians, and claimed the right to unleash such violence.

As to the city fathers, they claimed their unarmed civilians' right to safety. Theirs was a crucial role: they were the 'vanguard' of civilian society, the first ones to face the invader. This was a dangerous position to be in, indeed, as events elsewhere had demonstrated. All along the invasion route, burgomasters had been menaced, injured, even killed. Violence against local authorities was enacted violence: in their person, all of civilian society was humiliated and intimidated. In Visé, the burgomaster and his son were made to fill the Belgian army's trenches with their bare hands and to dance, at gunpoint, in front of the assembled townsfolk.[60] In the Liège area, burgomasters had been tied to German heavy guns as human shields, or forced to witness the shooting of their fellow citizens.[61] In one Brabant village, the German troops exhibited the burgomaster on the village square at gunpoint, in order to – as the parish priest wrote – 'impress on the inhabitants the sheer degree of helplessness to which their authorities were reduced'.[62] During the massacre in the town of Aarschot, the burgomaster and his son had been killed along with many others; by late August, all of Bruges had heard. Nor was the violence over by October. A few days after the taking of Bruges, on the advance route between Ghent and Diksmuide (Dixmude), on 18 and 19 October alone

EINWOHNER!

Deutsche Truppen betreten heute Eure Stadt. Keinem Eurer Mitbürger wird ein Leid geschehen, und Euer Eigentum wird geschont werden, wenn Ich Euch jeder Feindseligkeit enthaltet.

Jede Widersetzlichkeit dagegen, sowie jeder Versuch den deutschen Truppen zu schaden, wird unnachsichtlich nach dem Kriegsrecht bestraft.

Alle in der Stadt vorhandenen Waffen sind sofort auf dem Bürgermeisteramte abzuliefern und dort meinem Bevollmächtigten zu übergeben; wer hinterher noch im Besitz von Waffen getroffen wird oder in wessen Hause Waffen versteckt sind, wird nach Kriegsrecht erschossen. Ausgenommen sind nur die Polizeibeamten (nicht garde civique) und die Personen, die einen von einer deutschen Militärbehörde ausgestellten Erlaubnisschein haben.

Werden in Eurer Stadt deutsche Truppen jetzt oder in Zukunft angegriffen, so wird die Besatzung herausgezogen und die Stadt rücksichtslos in Brand geschossen.

Ich warne Euch!

Der Oberbefehlshaber
v. Beseler
General der Infanterie.

AUX HABITANTS!

Les troupes allemandes sont entrées aujourd'hui dans votre ville. On ne fera de mal à aucun de vos concitoyens et on respectera vos biens si vous vous abstenez de tout acte d'hostilité.

Par contre toute résistance, de même que toute tentative de nuire aux troupes allemandes, sera sévèrement punie conformément à la loi martiale.

Toutes les armes qui se trouvent en ville doivent être déposées immédiatement à l'hôtel de ville où elles sont à délivrer à mon mandataire. Ceux qui, plus tard, seront trouvés en possession d'une arme ou qui en cacheront chez eux seront fusillés selon la loi martiale. Sont exceptés les agents de police et les personnes munies d'un permis délivré par l'autorité allemande. Toutefois cette exception ne s'applique pas à la garde civique.

Si des troupes allemandes devaient être attaquées dans votre ville maintenant ou à l'avenir la garnison sera retirée et la ville sera bombardée sans merci.

Je tiens à vous en avertir.

Le Commandant en chef
v. Beseler
Général de l'infanterie.

14 oct. 1914.

INWONERS!

Duitsche troepen treden heden in Uwe stad binnen. Aan geen enkel van uwe medeburgers zal kwaad gedaan en uwe goederen zullen geëerbiedigd worden, indien gij u onthoudt van alle vijandelijkheid.

Ieder tegenstand zooals iedere poging de duitsche troepen te schaden, zal onmeedoogend gestraft worden volgens de wetten van den oorlog.

Alle wapens, die in de stad voorhanden zijn, zijn dadelijk op het stadhuis af te leveren en aldaar aan mijnen gemachtigden over te geven. Wie nadien nog in bezit van wapens gevonden wordt of in wiens woning wapens verborgen zijn, wordt doodgeschoten volgens de wetten van den oorlog. Uitgezonderd zijn enkel de politieagenten (niet de burgerwacht) en de personen, die een bewijs van verlof hebben, uitgesteld door eene duitsche militaire overheid.

Indien nu of in toekomende in uwe stad duitsche troepen aangegrepen worden, wordt de bezetting er uit getrokken en de stad zal zonder genade in brand geschoten worden.

Ik waarschuw u!

De opperbevelhebber
v. Beseler
general der infanterie.

14 oct 1914

26 Menacing poster signed Von Beseler, n.d. [14 October 1914]. Stadsarchief Brugge.

three burgomasters were severely mistreated and two others were killed (along with dozens of other victims).[63]

In spite of this danger, many local authorities remained in place, in contrast to what would happen in 1940. As the historian Michaël Amara has observed, in many cases, 'the willingness to uphold local government overcame fear'.[64] Protecting civilian society required the presence of municipal administration. It was their task to puncture the atmosphere of terror. And that is exactly what happened during that conversation, held in German amidst the lavish appointments of a bourgeois salon, in a courteous ambience that averted the danger of an explosion of violence.

And so the German troops shifted from an invasion modus to one of occupation. This entailed staggering demands – quarters, food, wine, fuel. The Bruges city fathers had helped spare their city a nightmare. But their worries were far from over.

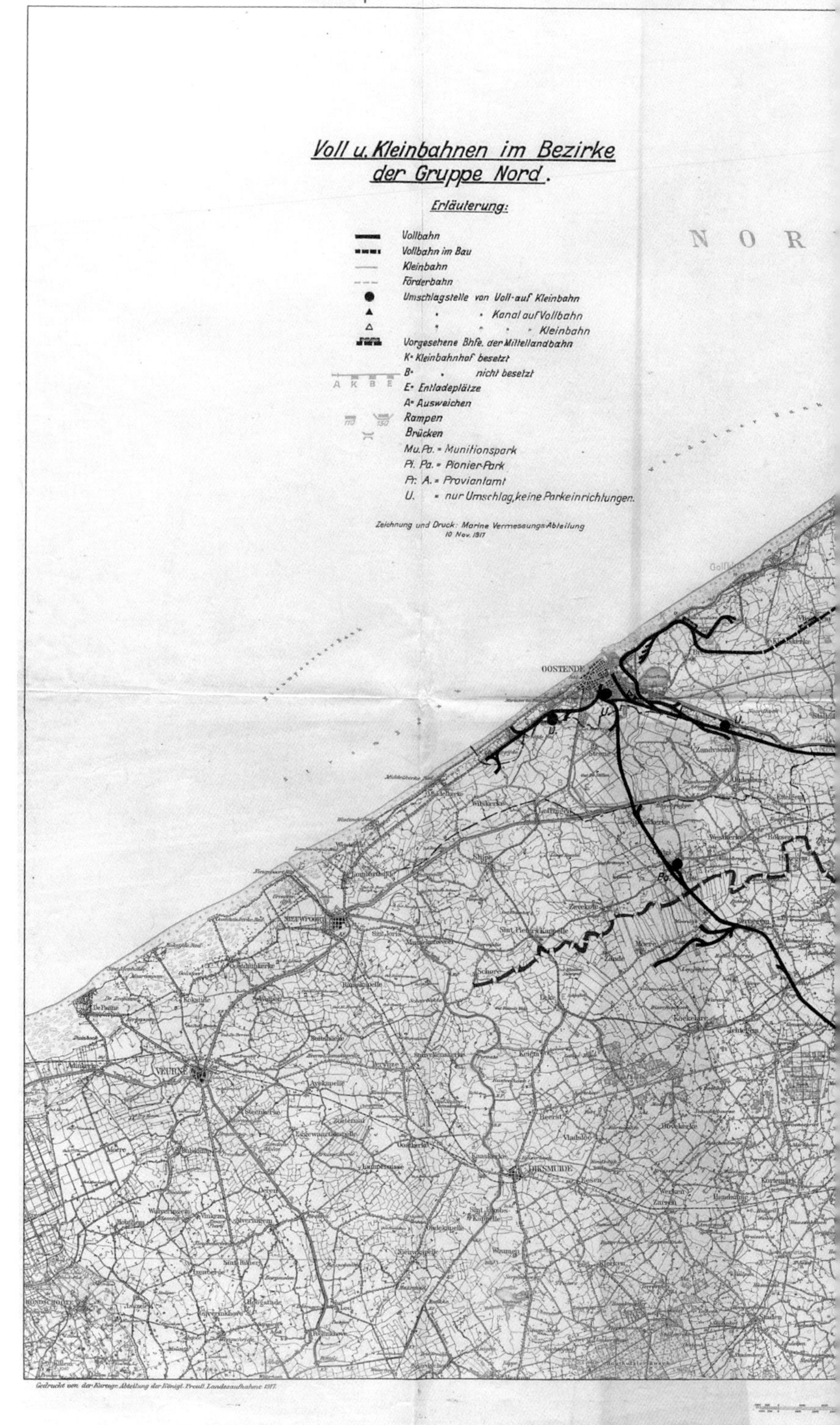
Voll u. Kleinbahnen im Bezirke
der Gruppe Nord.
Erläuterung:
Vollbahn
Vollbahn im Bau
Kleinbahn
Förderbahn
Umschlagstelle von Voll·auf Kleinbahn
"   "   Kanal auf Vollbahn
"   "   "   " Kleinbahn
Vorgesehene Bhfe. der Mittellandbahn
K· Kleinbahnhof besetzt
B·   "   nicht besetzt
E· Entladeplätze
A· Ausweichen
Rampen
Brücken
Mu.Pa. = Munitionspark
Pi. Pa. = Pionier-Park
Pr. A. = Proviantamt
U. = nur Umschlag, keine Parkeinrichtungen.
Zeichnung und Druck: Marine Vermessungs-Abteilung
10 Nov. 1917
NOR
OOSTENDE
NIEUWPOORT
VEURNE
DIXMUIDE

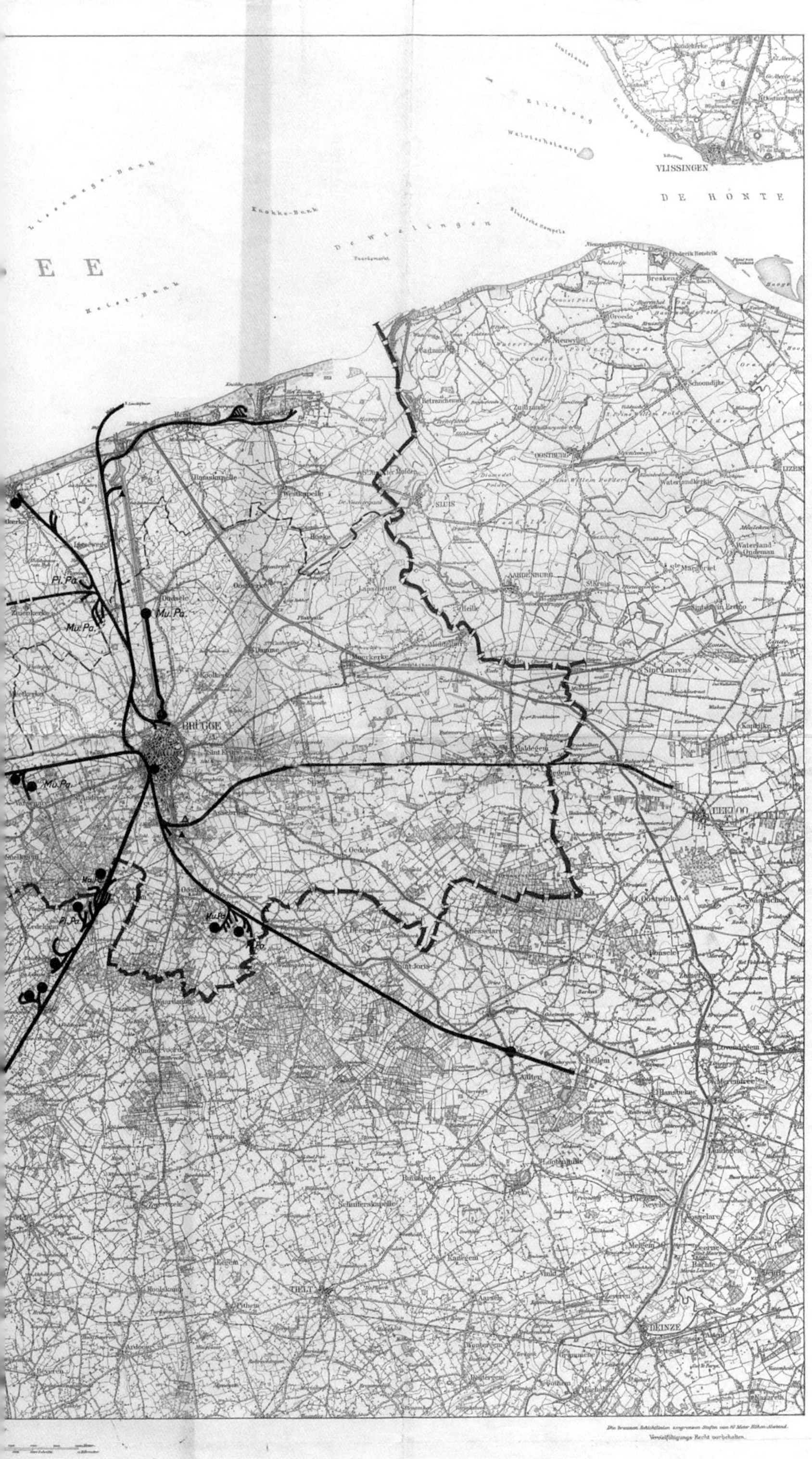

27 Railway map of
the *Marinegebiet*,
November 1917.
Freiburg im Breisgau,
Bundesarchiv-Militärarchiv.

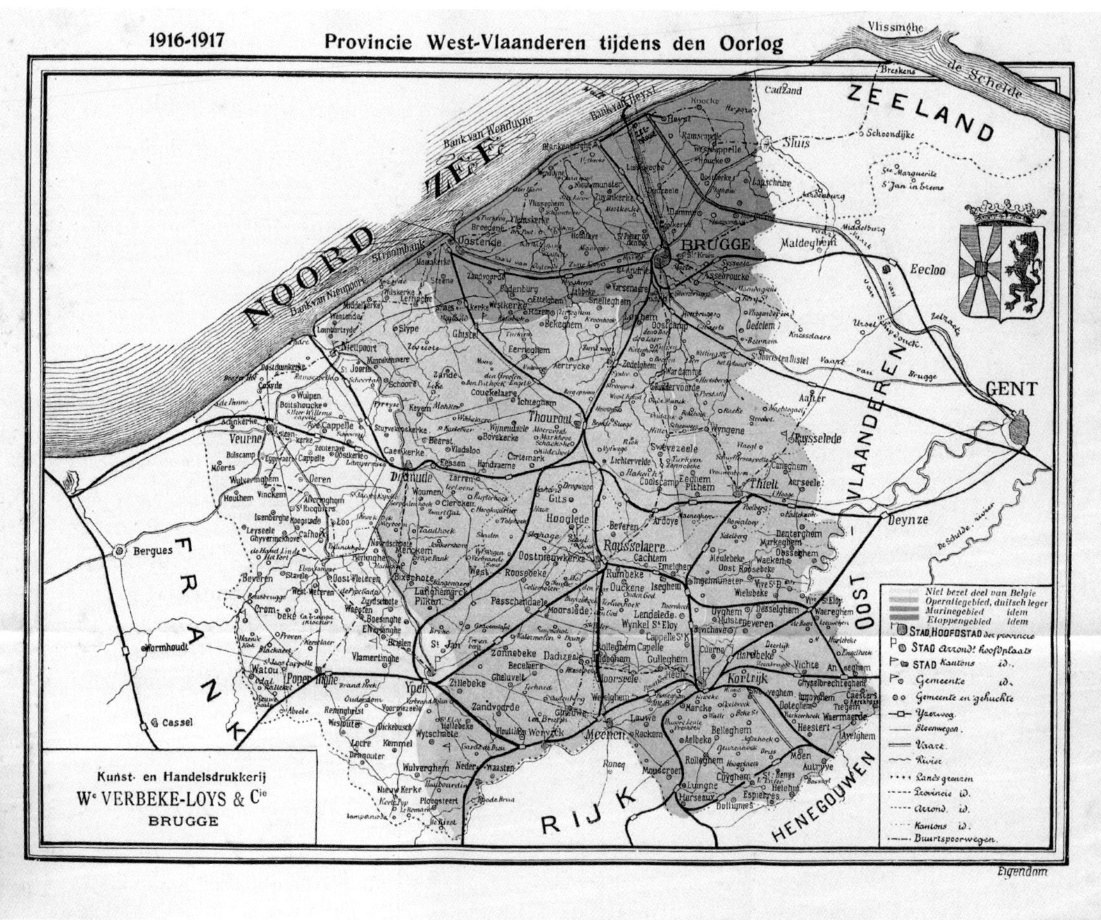

28 Postwar map of occupied and unoccupied
Western Flanders during the war.
Bruges, Provinciale Bibliotheek Tolhuis.

4

New Rulers: the 'Marinekorps'

A few days later, the Prussian *Ersatz* troops moved on. From 20 October, a new rule took over; it would administer the city and environs until the end of the war. This was the *Marinekorps Flandern* (as it came to be known by the end of 1914). The Provincial Court on the Markt became its headquarters. Its commander, Admiral Von Schröder, took up a residence in Ridderstraat around 29 October. On 14 November, a poster presented Von Schröder and the other new rulers to the *Brugeois*. Most of them were older military men from aristocratic East Elbian families – in other words, they belonged to a class that enjoyed high social prestige in Wilhelmine Germany. Lieutenant General Leo von Kramsta, a 60-year-old former riding champion from a wealthy industrial family in Silesia, became military governor of West Flanders. His right-hand man was a scion of the Rogalla von Bieberstein family. The local military commander, who would soon make himself widely hated, was the young *Freiherr* (Baron) Horst Julius Treusch von Buttlar-Brandenfels.[65] Before long, the German occupation administration branched out and grew in personnel. This points to a clear contrast in dynamics between the two German occupations. During the Second World War, the occupation authorities were determined to seek out German-friendly local administrators – or appoint friendly locals as administrators – and work with them as much as possible; in 1914–18, the lines were much more sharply drawn and the German administration largely worked with a German staff.

Bruges became the capital of a separate occupation area, the *Marinegebiet*. Its boundaries were defined on 1 November. They ran from the Dutch border along the villages of Lapscheure, Moerkerke and Sijsele, the outer Bruges boroughs of Assebroek and Sint-Michiels, then cut through the village of Loppem and ran along the villages of Varsenare, Jabbeke, Roksem, Westkerke and Snaaskerke to the coast (Stene and Mariakerke). In November and December, the boundaries were further drawn when the villages now on the front line – Klerken, Slijpe and Leffinge – were evacuated; the displaced inhabitants had to move to Bruges, where they stayed until the end of the war.[66] The actual front zone lay to the west and south-west of Bruges. The rest of occupied West Flanders, as well as most of East Flanders and a part of the Tournai area, was now classified as *Etappengebiet*, i.e. the area behind the front, ruled exclusively by the military (as was the *Marine-gebiet*). The rest of occupied Belgium – the provinces of Antwerp, Brabant, Limburg, Liège, Namur, Luxemburg and most of Hainaut – was placed under a hybrid military-civilian administration ruled by a governor-general; this Government General constituted a harsh enough occupation regime, but it was temperate compared to the areas under complete military rule.

In other words, Bruges now found itself under a particularly unforgiving occupation regime. Von Schröder wasted no time decreeing that the Governor-General's instructions were void in his domain unless he explicitly endorsed them.[67] Shortly after, he demanded and obtained complete control over civilian administration in the *Marine-gebiet*. This offered him very broad powers over the local population: his corps could now use force to recruit manpower for the construction of marine bases and coastal defences without interference from civilians in Brussels or Berlin who might be (as he saw it) overly concerned with international law.[68]

What was the ultimate goal of this massive endeavour? The German Empire had had to revise its war plans completely. During the diplomatic crisis of July, Berlin had effectively taken the initiative by promising Vienna full support in the coming conflict in the Balkans in hopes of decisive advantages.[69] The war, which was seen by many Germans (and, for that matter, many people all over Europe) as inevitable in any event, would, it was hoped, place the Wilhelmine Empire's global power position definitively on a par with that of the British Empire – ideally, without implicating Britain. But things had turned out differently. The Entente had been dealt heavy blows but still stood; and Britain had entered the war, to the indignation of the German leadership and of many German civilians and soldiers. The

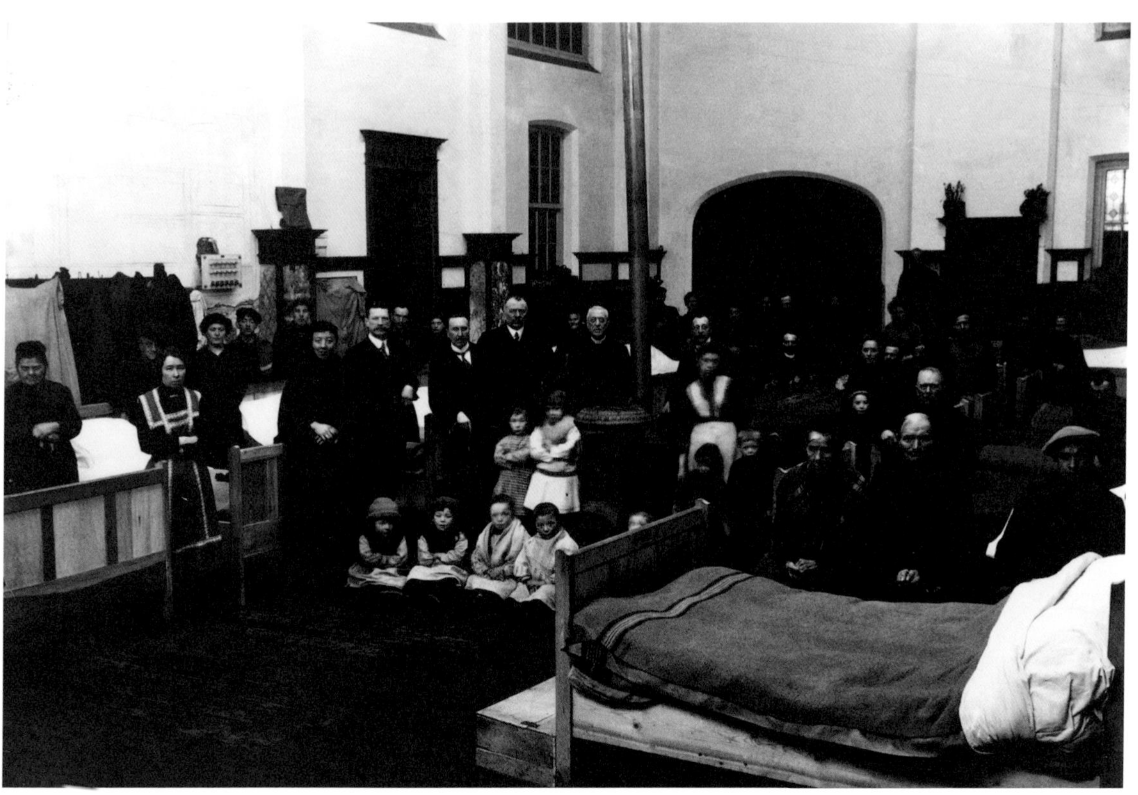

German westward march had been halted in September–November 1914 after appalling losses on both sides, giving rise to stalemate warfare. On the 18th of November 1914, German Chief of Staff Erich von Falkenhayn took stock of the situation for the benefit of Chancellor Theobald von Bethmann Hollweg. His perspective on things was strikingly lucid. Germany, he stated, was no longer able to vanquish the Entente; it had lost too many irreplaceable officers, it had lost the initiative, and was running out of ammunition. Falkenhayn suggested striking a separate peace with Russia. France might even align itself with this, provided the Germans relinquished all territorial conquest (though they could temporarily hold on to Belgium as collateral in the negotiations). In that case Germany might be able to concentrate on war with Britain. But the Chancellor could not countenance such an outcome: the German people, he declared, would never accept it if the loss of life were not rewarded with territorial gain. Bethmann Hollweg was anything but an extreme militarist. But he shared in a general feeling – and he was under great pressure from the growing war aims movement to his right.

29 A group of war refugees in the dormitory of the
Crafts Guild (Gilde der Ambachten). Beeldbank Brugge.

In other words – the war had to go on precisely because of the staggering losses. The endless lists of dead of 1914 did not serve as an argument to stop the war, but as an argument to hold on to the year's conquests and finally establish unassailable borders around Germany. Symptomatic of this perspective is the myth generated around the young German volunteers so massively mown down in the first Battle of Ypres. They were commemorated as 'Germany's Youth at Langemark'. They had, as one young veteran wrote after the war, 'despised all protection' and built a rampart 'in front of the frontiers of the Fatherland' with nothing but their bodies.[70] The 'frontiers of the Fatherland': the terminology demonstrates that the conquered territories were now seen as an advanced line of defence. (It is no coincidence at all that the hecatomb in question, which in fact happened near the hamlet of Bikschote, was named after Langemark village, for 'Langemark' sounded more Germanic, and the suffix '-mark', i.e. frontier, made the place sound like an advanced guard-post for the homeland.)[71]

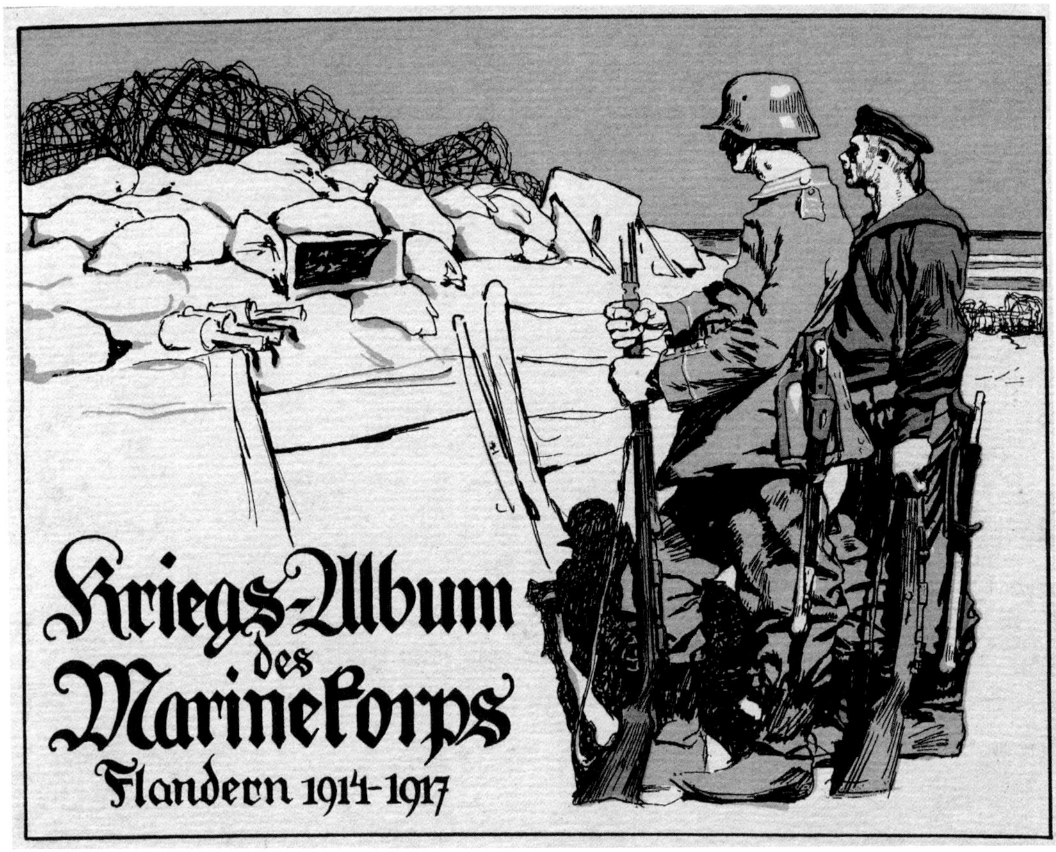

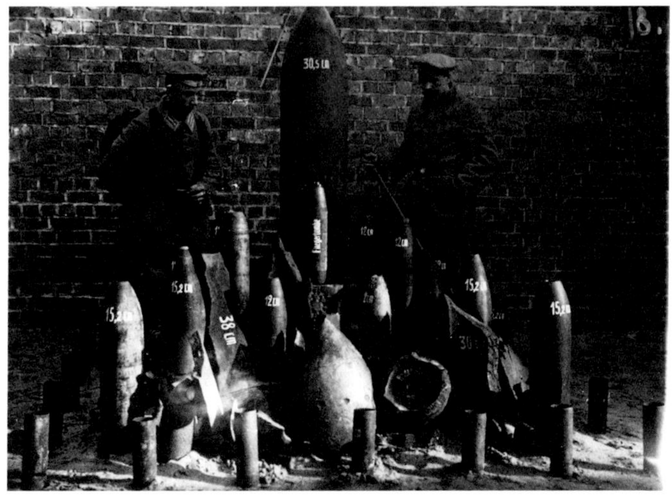

30 Front page of the commemorative volume *Kriegs-Album des Marinekorps Flandern, 1914–1917*, Koene and Frins (eds.), Bruges: Marine-Bücherei des Marinekorps, n.d.

31 Munitions stockpiled at the chicory factory on Sint-Annarei, 1916. Beeldbank Brugge.

For Germany's decision-makers, the conquests in Belgium and northern France had not been the reason to go to war; rather, they were a by-product of the westward march. But once that march was stopped, the gaze of the army command and civilian authorities shifted from the offensive to the defensive and from advance to occupation. The occupation became a goal in its own right. As the front froze and the war of attrition started, the conquered territories became seen as bastions; forward lines of defence to guarantee Germany's security. And so, from the winter of 1914–15 onwards, a monstrous line, tens of kilometres thick, grew across Flemish and French landscapes: trenches, barbed wire defences, bunkers, artillery emplacements, and, further back, air fields, barracks, exercise-fields, and so on. With chilling regularity, the Belgian railways (now in the hands of the German army) transported vast amounts of troops, guns, horses, explosives, ammunition, helmets and boots and socks, German beer, and numerous other supplies.

On the Flemish coast and its hinterland, a similar shift towards the defensive happened. For the reserve troops of the German Fourth Army, Bruges had been part of the advance route. But now it became part of a line of defence and, at the same time, an operating base for a kind of counter-siege by way of small-scale attacks on British shipping routes. These actions fit a strategy that remained essentially defensive in character. Attacking British shipping was a kind of sortie, the type of action resorted to by a besieged party to cut through the besieger's supply routes; and Germany-at-war did feel besieged. And so the occupied coast was built up into a bastion – a kind of early

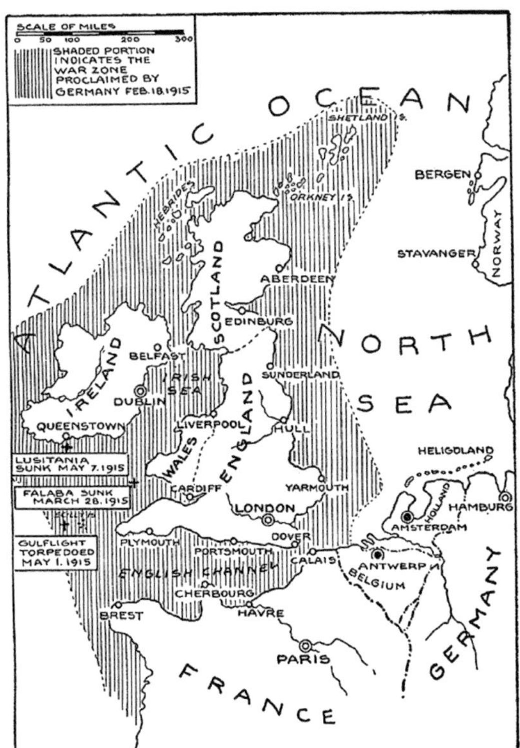

32 'German Submarine Zone 1915', Francis J. Reynolds et al. (eds.), *The Story of the Great War*, part V, New York: John A. Collier & Son, 1919.

Atlantikwall on the North Sea. As to Bruges, it became, together with Zeebrugge, a base of operation for those naval sorties. For Germany was now encircled at sea: the British had closed off the Dover Straits, and, in the north, the line that ran from the Hebrides over the Faroe Islands to Iceland. The North Sea had become a kind of naval prison. The blockade had gone into effect on the heels of the German invasion of Belgium; on 4 August 1914, German commercial shipping (except for the Baltic) was paralysed. From November, controls extended to neutral shipping. From early 1916, the Ministry of Blockade further extended limitations on shipping, thus quite closing off all exits and entries.[72] From the German side, it was imperative to break this stranglehold. Not by means of *Grosskrieg* (a major clash between the war fleets), let alone by invading the British Isles (which had been a source of major concern for the British in the 1900s, and remained so for some, such as Admiral Jellicoe – though no one in a position of power in Germany even remotely entertained such a plan). The strategy was that of *Kleinkrieg*, especially against the British merchant fleet, with flexible destroyers and other medium-sized and small craft, and with submarines. Proximity to the British Isles was crucial here – precisely what the Flemish harbours offered.[73]

This was where the *Marinekorps* came in. To their relief the Germans had found the harbours of Ostend and Zeebrugge intact. The British army had insisted – against the wishes of the Royal Navy – in keeping them in operating order, expecting as it did to be able soon to expel the German forces from Belgium. On 23 October, all of the Flemish coast was placed under the command of Von Schröder. By the end of the year, he commanded two divisions – in other words, an entire corps. He answered to no one but the Emperor – not the Admiralty, not the General Staff, let alone the Chancellor – an enviable position known as *Immediatstellung*.[74]

Von Tirpitz had known Von Schröder since 1872, when both men had been young cadets in the fledgling Imperial Marine. He had invited him out of retirement because of his expertise in *Kleinkrieg*: Von Schröder was very familiar with the lighter craft, as well as with the torpedoes and mines. And he had ample expertise instructing troops, which was an asset given the ragtag nature of the new force which consisted of sailors' battalions, naval artillery and reservists of the *Landwehr* and *Seewehr*. Moreover, Von Schröder had studied the Belgian coast for a long time.[75]

Meanwhile, enthusiasm for submarine warfare spread. That the new weapon might stretch the norms of war was not lost on the Chancellery or the Ministry of Foreign Affairs. But its early and sometimes spectacular successes – such as the sinking of three British cruisers in less than an hour's time on 22 September 1914 – encouraged dreams of breaking British naval superiority, even of a counter-blockade. The overriding notion was that Germany was fighting for its survival and was entitled to stretch the norms of war. Influential private citizens such as the shipping magnate Albert Ballin of the Hamburg–America Line (who called for the 'harshest possible' submarine blockade), the patriotic academic faculty, and others, professed their fervour. On 1 February 1915, Germany formally decided on underseas warfare.[76]   32, 33

And so was created the framework for what would be, four years running, Bruges' war.

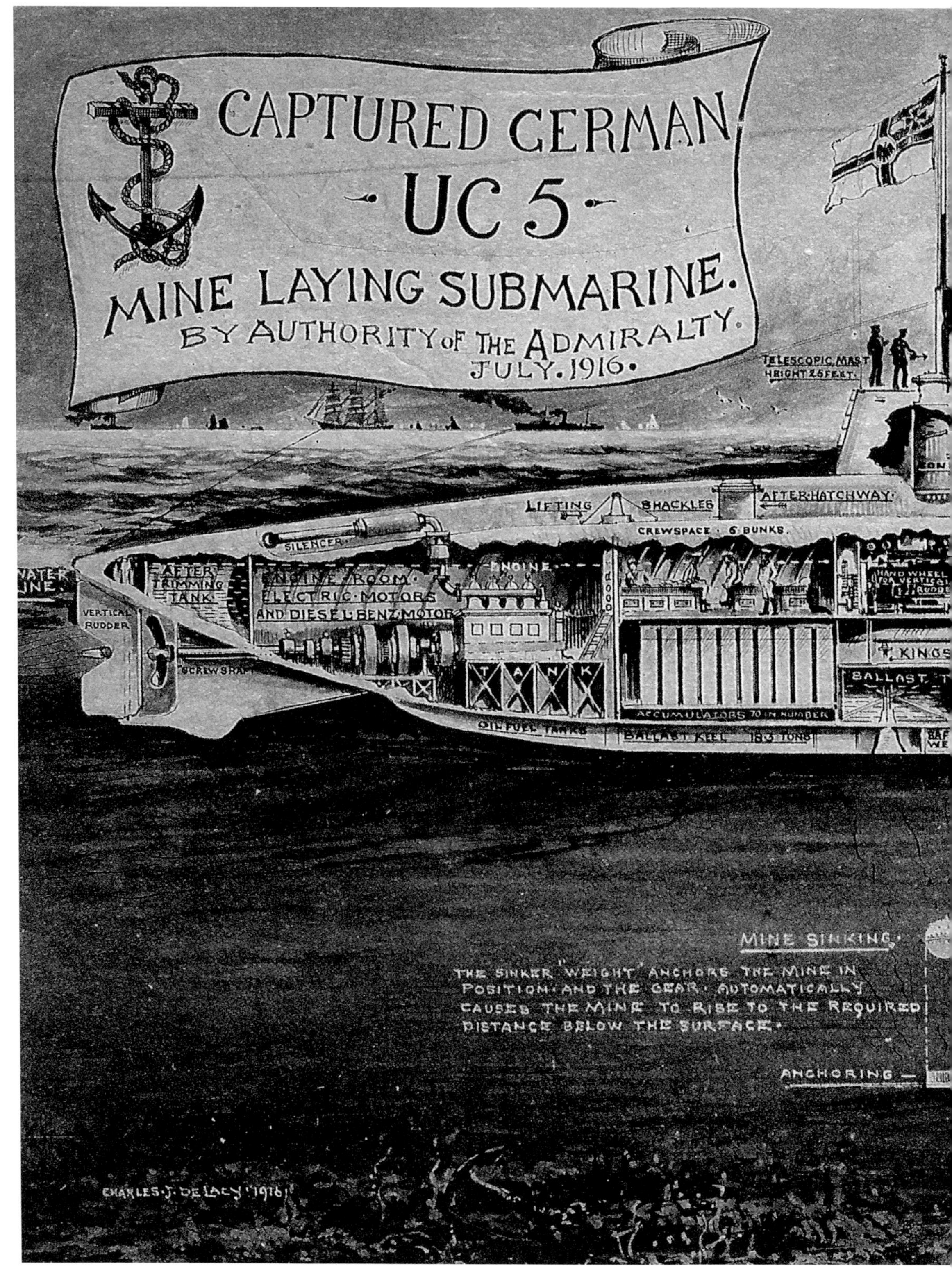

CAPTURED GERMAN
- UC 5 -
MINE LAYING SUBMARINE.
BY AUTHORITY OF THE ADMIRALTY.
JULY. 1916.
TELESCOPIC MAST HEIGHT 26 FEET.
LIFTING SHACKLES
AFTER HATCHWAY
CREWSPACE · 6 BUNKS.
SILENCER
WATER LINE
AFTER TRIMMING TANK
ENGINE ROOM · ELECTRIC · MOTORS AND DIESEL BENZ MOTOR.
ENGINE
HAND WHEEL FOR VERTICAL RUDDER
VERTICAL RUDDER
SCREW SHAFT
TANK
KINGSTON
BALLAST
ACCUMULATORS 70 IN NUMBER
OIL FUEL TANKS
BALLAST KEEL 18·3 TONS
MINE SINKING
THE SINKER "WEIGHT" ANCHORS THE MINE IN POSITION · AND THE GEAR · AUTOMATICALLY CAUSES THE MINE TO RISE TO THE REQUIRED DISTANCE BELOW THE SURFACE.
ANCHORING
CHARLES · J · DE LACY · 1916

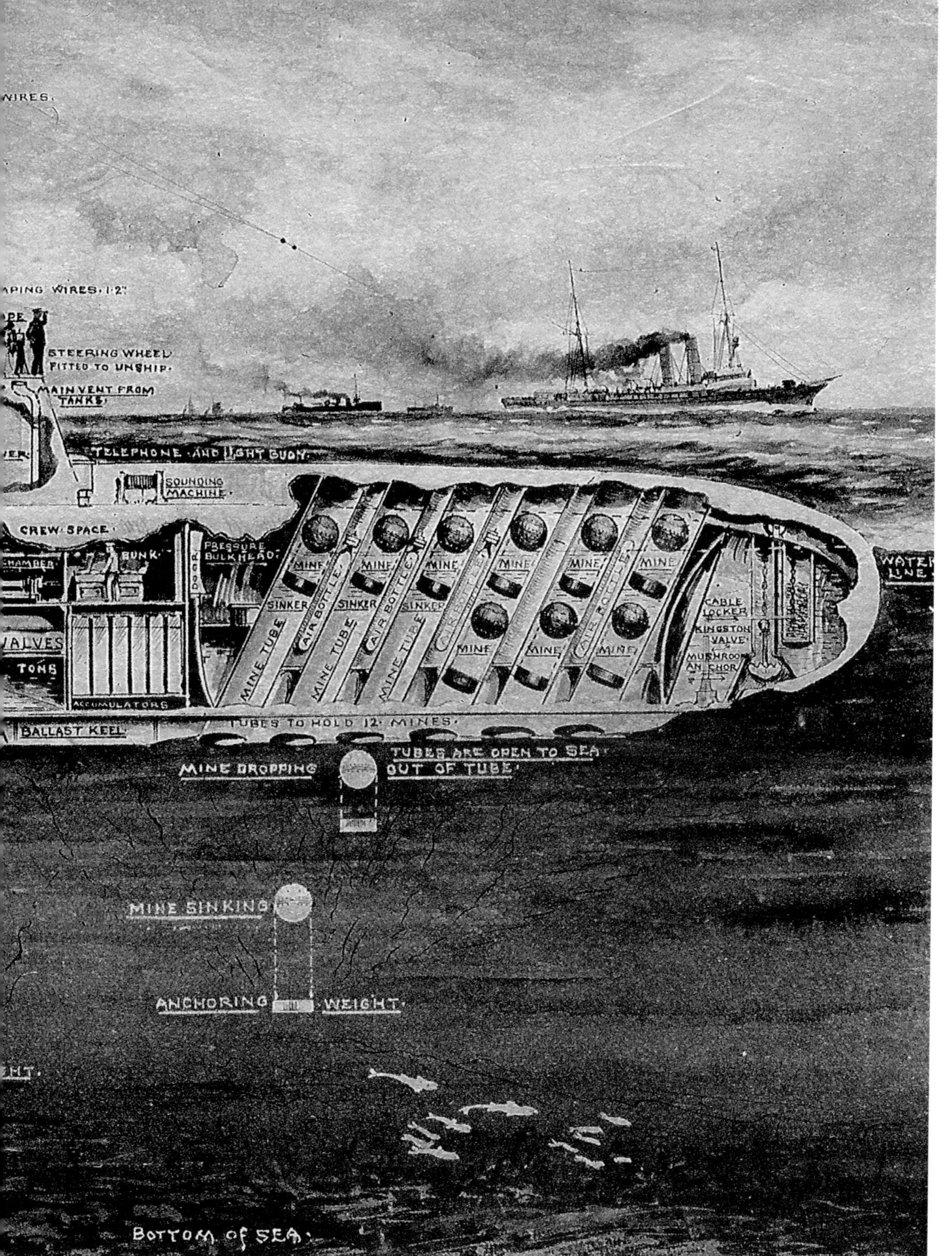
WIRES.
MPING WIRES. 1:2"
PE
STEERING WHEEL FITTED TO UNSHIP.
MAIN VENT FROM TANKS.
ER
TELEPHONE AND LIGHT BUOY.
SOUNDING MACHINE.
CREW SPACE.
BUNK
PRESSURE BULKHEAD.
DOOR
CHAMBER
MINE
MINE
MINE
MINE
MINE
MINE
SINKER
AIR BOTTLE
SINKER
AIR BOTTLE
SINKER
AIR BOTTLE
MINE TUBE
MINE TUBE
MINE TUBE
VALVES
TONS
MINE
MINE
MINE
ACCUMULATORS
CABLE LOCKER
KINGSTON VALVE
MUSHROOM ANCHOR
WATER LINE
BALLAST KEEL
TUBES TO HOLD 12 MINES.
MINE DROPPING OUT OF TUBE.
TUBES ARE OPEN TO SEA
MINE SINKING
ANCHORING WEIGHT.
HT.
BOTTOM OF SEA.

BEKANNTMACHUNG !

1.) In Wenduyne, Blankenberghe, Zeebrügge, Heyst und Knocke sind Kommandanturen errichtet.

2.) Wer sich an den Telefonleitungen zu schaffen macht, auf den wird geschossen. Der Aufenthalt von Zivilpersonen in der Nähe von militärischen Arbeiten ist verboten.

3.) Alle Deutschen und Österreich-Ungarischen Staatsangehörigen werden gebeten, sich bei der nächsten Kommandantur einzufinden und ihre Legitimationen mitzubringen.

4.) Soweit es der Kriegszustand erlaubt, hat jeder seine Arbeit wieder aufzunehmen. Das unnütze Herumstehen der arbeitsfähigen Männer auf den Strassen ist nicht gestattet. Die Bürgermeister haben die Pflicht, solche Männer zu Ernte-Arbeiten oder öffentlichen Arbeiten heranzuziehen.

5.) Alle Lichter gegen See zu sind abzublenden.

Zeebrügge, den 27. Oktober 1914.

gez. Freiher von Rössing
Kommandeur der Matrosen-Artillerie-Brigade.

Brugge, drukk. G. Barbiaux-De Gheselle.

5

______

1914–1915

CONSTRUCTION: NOVEMBER 1914–JUNE 1915

The harbours of the 'Flemish triangle' offered many advantages: they were close to England, they were tightly connected to each other, and Bruges offered a safe enough inland base. But, on the other hand, they demanded an enormous effort, for practically the entire infrastructure remained to be constructed. Nor were they easily defensible. Yet the better-equipped (and deeper) French harbours were out of reach for the time being, so there was nothing for it but to start building.[77] The *Hafenbau* section expanded the area's harbours and canals and built airfields. This was a gigantic endeavour, for which manpower was, in fact, lacking – a constant in Germany's war effort more generally. With five thousand men, *Hafenbau* was structurally understaffed, and would remain so throughout the war. The *Marine-korps* did subcontract to private firms who brought in their own workers, technicians and engineers, but never in sufficient numbers – and, especially from 1916, these crews were under permanent pressure from the army high command to transfer to the land fronts. On the other hand, Von Schröder's prescient demand for total control over the civilian population allowed the *Marinekorps* to enrol Belgians, using varying degrees of coercion, and so almost double its own manpower: an estimated 4,000 Belgians worked in the reparation workshops, on the docks and in dredging.[78] On 27 October 1914, a poster informed civilians that 'men who are capable of work' were henceforth forbidden from 'loitering uselessly' and could be forced to harvest or participate in public works – which was a covert way to conscript men into defence works under the guise of protecting public order and combating 'idleness'.[79] In addition, Von Schröder had taken command of his second marine division. After fighting at

35

34

34 Summons to labour: poster signed by the commander of the Zeebrugge
Matrosen-Artillerie-Brigade, 27 October 1914. Stadsarchief Brugge.

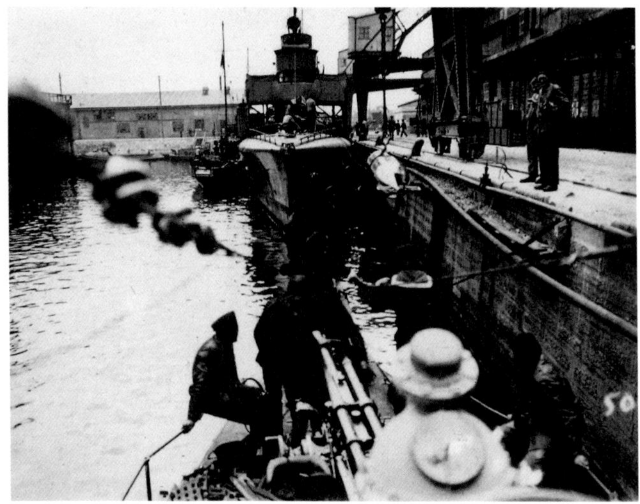

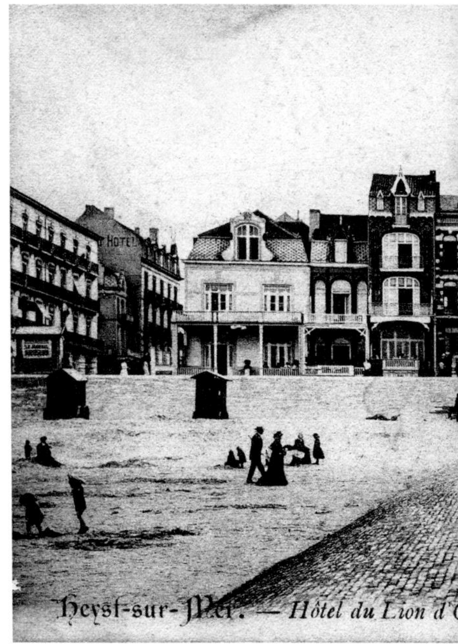

35 Docks at Bruges in wartime. Beeldbank Brugge.

36 Rudolf Schröder, postcard to his family, Heist, 23 February 1915. Laboe, Archiv Deutscher Marinebund e.V.

37 German defence works in the Zeebrugge dunes, 1915. Beeldbank Brugge.

the front in November–December 1914, this division set to work constructing coastal fortifications. (The first division, which had been deployed before Antwerp in September, now focused on the tasks of occupation and coastal defence.) One of the men in this new division was a volunteer from Wilhelmshaven named Rudolf Schröder. Barely eighteen, he endured terrible fighting at the Yser front in December. He was then sent to Bruges to work on the harbour – as well as undergo heavy drill, much to his displeasure. But he wrote home that the landlady in his quarters took good care of him. What he could not stand was the locals' pity: 'I am ready to hit any Belgian who dares to tell me that I am only a kid.' Following his Bruges stint, Schröder was transferred to the coast. On 23 February 1915, he sent his parents a postcard with the cheerful message: 'We are now at Heist[-aan-Zee], building the fortification in the dunes. [As his diary shows, he was working on the *Friedrichsortbatterie. —SdS*] 8 to 12 in the morning, then 2 to 6 in the afternoon. Hard work. Magnificent beach. The enormous mole of Zeebrugge is to our left. To our right you can see Flushing. We work together with the Krupp workers; all day including Sunday. The English will think twice before landing here. Beautiful

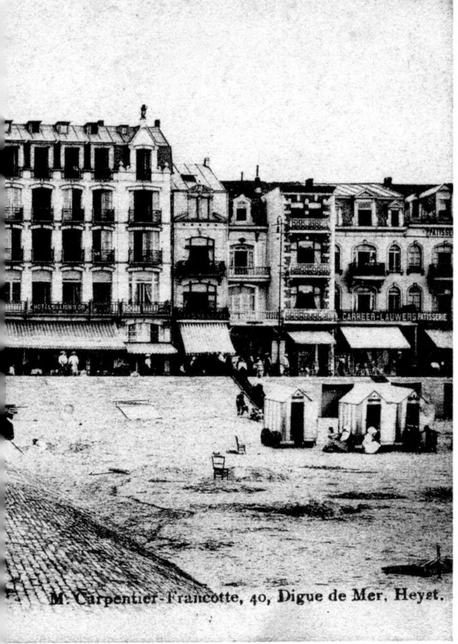

M. Carpentier-Francotte, 40, Digue de Mer, Heyst.

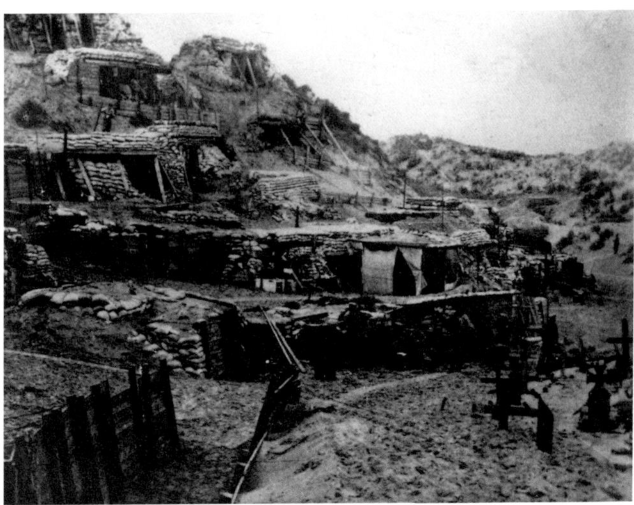

weather. Good for one's health, of course, being out in the sea air like this, and to be able to play on the beach.' Compared to the Yser trenches, his present station looked like a summer camp – and he was stationed in a resort city, to boot. His second postcard, written on the same day, showed the Heist-aan-Zee boardwalk with hotels. He wrote: 'This is my hotel [he was lodged in the Hôtel du Lion d'Or - SdS].... Sea views. Posh place. Electric light. A flushing toilet and real toilet paper. And mirrors everywhere. Everything here is just as in peacetime, the rooms are intact, you can't enter them with your boots on.... Imagine! A beach hotel!' Two weeks on, he told his parents that the fortification was finished. He kept his observations about the gruelling work to his diary; his parents were to know only that he was having an excellent time of it and had even been able to take a glorious walk to Duinbergen and Knokke. His new job also offered thrills. Mines washed ashore every day; and, in early March, a German submarine arrived in Zeebrugge to be greeted with music. 'We don't know what exactly it has accomplished.'[80]

By mid-1915, the harbours had been built into very heavily armoured bases. The coastal batteries offered extremely solid protection; there were submarine minefields along the coast, which, in addition, was patrolled by a small airforce. The Flemish coast became one of the most heavily fortified coast-lines in the world.[81]

37

BASE OR BASTION?

To what end was this position created? The answer to this question depended on what material the Fleet was willing to grant the *Marine-korps*. Although Von Schröder had no actual superiors, he had to ask the Fleet for equipment – sometimes in vain, as the historian Mark Karau has demonstrated. This reluctance was inspired by a certain fetishism. The *Hochseeflotte* had become a kind of Holy Grail, and the commanders in the bases of Heligoland were horrified at the thought of putting their ships in harm's way – not just the warships but also the lighter cruisers and destroyers requested by Von Schröder.[82] (It is perhaps instructive that no one, meanwhile, thought twice about placing hundreds of thousands of young bodies in the line of fire unarmoured. The German troops at that time were equipped with leather pin-helmets only; on the Yser front, a friend of Rudolf Schröder's was shot through the head beside him.)

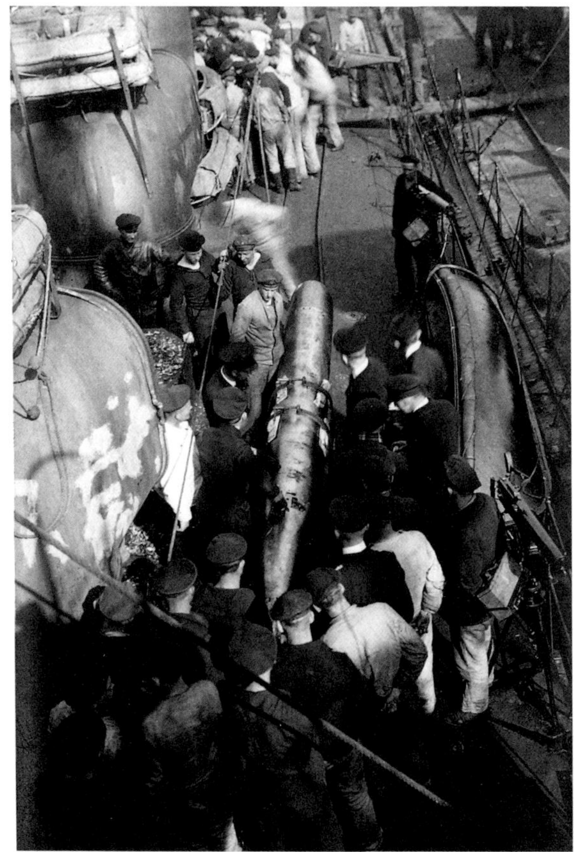

38 Destroyer in Bruges harbour. Beeldbank Brugge.

39 Two UC-I-type submarines on Klein Handelsdok in Bruges harbour. Collection Tomas Termote, Bredene.

As a result, the *Marinekorps* by and large had to make do with smaller torpedo boats. It also used lighter types of submarine (UB and UC class) because of the shallowness of the waters on the Flemish coast. When war broke out, these submarines did not exist yet. Engineers started designing them in August 1914; production started in November; and, in March 1915, the first UB-class submarine arrived. The submarines were transported, unassembled, to Antwerp by rail (eight railway cars for one craft). They were assembled in the Antwerp docks, which were taken over by the *Kaiserliche Marinewerft*. They were then towed by barge to Bruges via the canals.[83] By late March 1915, the *Korps* had two UB craft, which constituted a flotilla; it was placed under the command of the 34-year-old Karl Bartenbach, a brilliant submarine expert (who would help rebuild Germany's submarine force in the 1930s).[84] Bartenbach's flotilla eventually grew to

38, 39

40

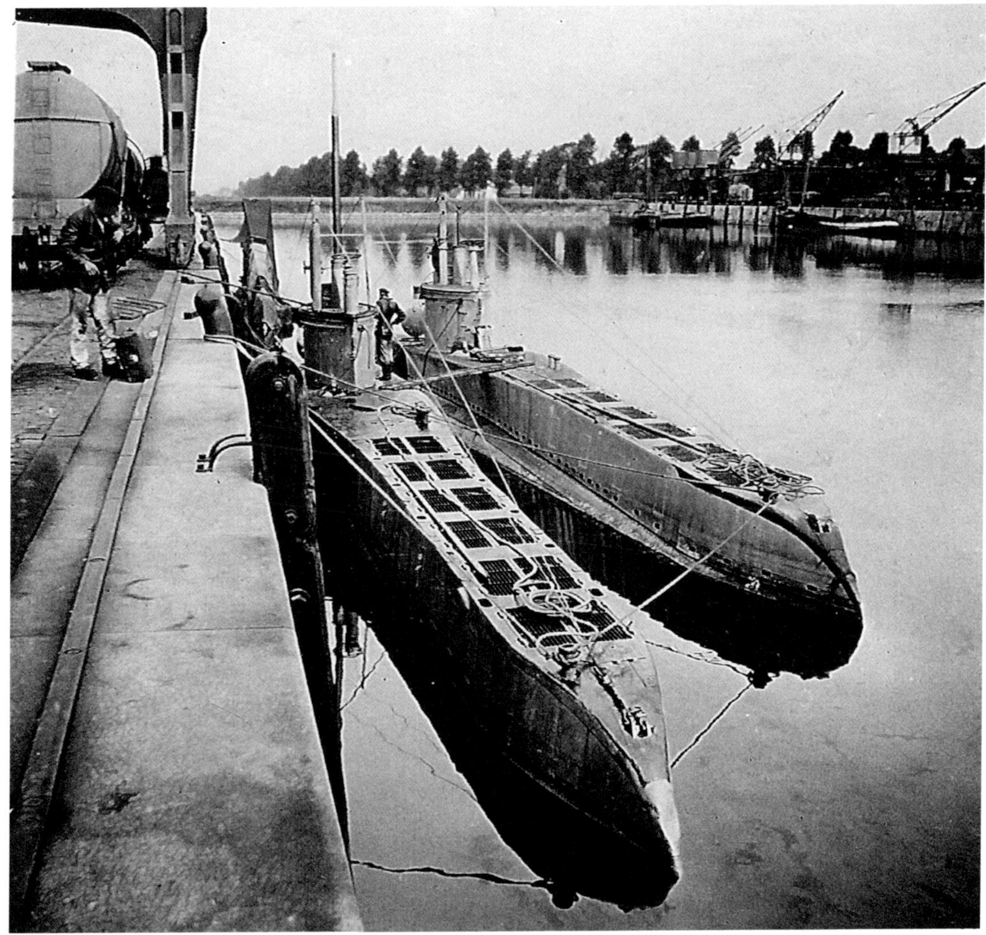

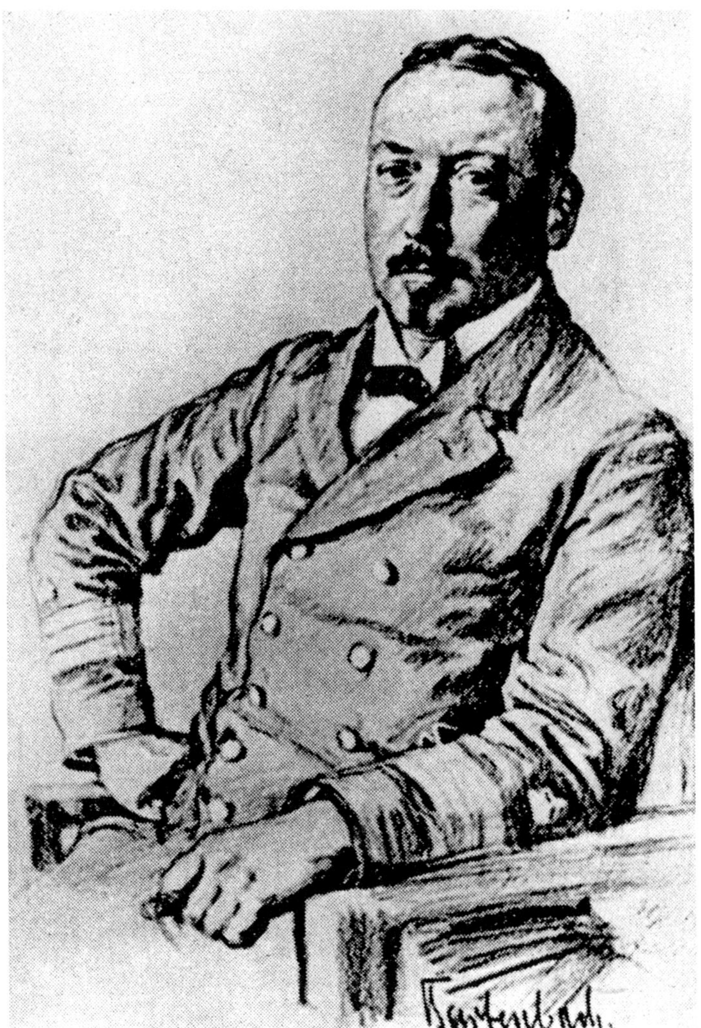

40 Portrait drawing of Karl Bartenbach, 1917. Berlin, Staatsbibliothek.

41 Sinking merchant ship torpedoed by a German submarine, 'Phase II'. Photo De Ghelder, Beeldbank Brugge.

some thirty craft, one-quarter of Germany's total submarine force. It would be responsible for about one-fourth of Entente and neutral tonnage sunk.[85] In April 1915, this Flemish flotilla started attacking commercial shipping on the lines between England and the Nether-

41 lands. One submarine managed to sink four steamers on its first journey – proof that these light craft were far more seaworthy than many imagined. It was clear that the new weapon quite exceeded expectations. Even though commercial ships occasionally struck back: on 28 March 1915, for instance, in Dutch waters, a U-boat from one of the bases in Germany attacked the *SS Brussels*, a passenger ship on

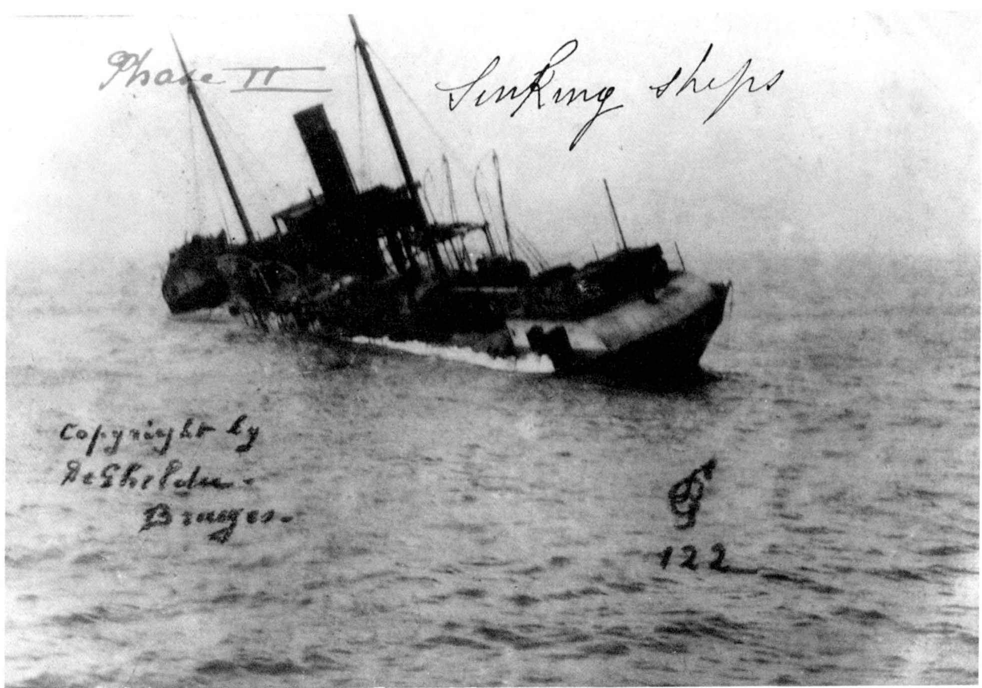

the Harwich–Hoek van Holland line. The captain, Charles Fryatt, turned his ship and made to ram the attacking submarine, which was forced to dive hastily. The British Admiralty awarded Fryatt a gold watch – but German naval power would avenge itself in 1916.[86]

The submarines promised a breakthrough. At the same time, they shifted the boundaries of violence. Not because they were technically advanced – rather the contrary. As the German historian Sebastian Haffner has written, the U-boats were 'almost comically unwieldy, more tumblers than submarines really; they were slow and myopic underwater ... and on the surface they were extremely helpless and exposed'. It was, in fact, 'precisely this defencelessness that condemned [the German submarines] to an exceedingly violent *modus operandi*'. Prize rules, developed over centuries, required the captor to fire warning shots and to rescue the shipwrecked. But the U-boats of the First World War by their very nature required unrestricted submarine warfare: they torpedoed without warning (including commercial ships and neutrals) and left crew and passengers to drown.[87] The result was an endless series of diplomatic incidents. A Dutch line ship was sunk in April 1915. The neutral Netherlands protested sharply; it was all the *Auswärtiges Amt* could do to settle matters.[88] On 7 May, the sinking of the British ocean liner *RMS Lusitania* (not by one of the Flemish flotilla's submarines) caused a gigantic scandal. Twelve hundred people drowned. (One of them was the Belgian nurse Marie Depage, the wife of the director of the famous military hospital L'Océan behind the Belgian front; she was returning home after a fund-raising trip to the United States.) There were 128 US citizens among the dead, which greatly affected American public opinion and further depleted Germany's credit among neutrals. As a result, German attacks on neutral ships ceased from the 1st of June 1915. But Bartenbach's flotilla remained active enough, especially after discovering that the lighter craft could slip through the Dover Straits to attack British ships.[89]

By late 1915, the *Marinekorps* was firmly ensconced on the Flemish coast. Its submarine flotilla inflicted well-aimed blows on Entente shipping. (And its minelayers managed to reach the mouth of the Thames.) But none of this endeavour dented the essentially stalemated nature of the war. The *Marinegebiet* was a bastion to protect the German advances rather than a base for all-out attack.

A LASTING BASTION

As a bastion, it was meant to be durable. By late 1914, German hopes for a swift victory were gone, but they had conquered great swaths of territory, which generated hopes of permanently shifting the balance of power on the continent in their favour. Holding on to these conquests required military efforts that might well ultimately exhaust Germany – but this uncomfortable thought was pushed aside. The army high command set its sights on Eastern Europe; the pan-German lobby wanted all of Belgium (preferably evacuated by the Belgians), as well as French territories as far as the Somme; and the naval command aspired to take over all of the Flemish coast.[90]

Von Schröder went even further. In a March 1915 memorandum, he set the full annexation of Belgium as a war aim. Even if Germany won this war, it would only be the first round in a series of clashes with Britain. Only a second German–British war would be decisive – and Belgium would be an absolutely indispensable base for such a second round, especially its now so solidly armoured coast. Holding on to Belgium after the first round would allow Germany to continue building its defences by, for instance, deepening the canals. And might not the advantages of annexation stretch even further? Perhaps, Von Schröder wrote, annexation would dissuade Britain from resuming the fight with Germany: facing the German bastion on the Belgian coast, the British might step aside and allow the Wilhelmine Empire to 'take the global position that it deserves'. In short – there was no end to the benefits of taking over Belgium. The Belgians themselves would not mind: they were indifferent towards matters of state, as long as their material well-being was assured.[91]

And should their equanimity towards appropriation by the German Empire leave something to be desired, there was always coercion. On 12 December 1914, Von Schröder outlawed ribbons, cockades and other insignia bearing the Belgian tricolour. Flagpoles in the colours of the Belgian flag had to be removed. Two months on, the city authorities were reprimanded and the city was heavily fined because a German flag had been soiled. Also, some people had altered the text of German posters informing the citizenry that hundreds of thousands of Russians had been captured at the Battle of the Masurian Lakes: they had changed the word 'Russians' into 'Prussians' – a joke that indicated a commitment to hope in the face of disheartening news. A fortnight later, Belgian and allied prisoners of war were marched through the streets of Bruges to the cheers of locals; in retaliation, the *Kommandantur* ordered the removal of all English and French-language inscriptions and advertisements on pain of forcible hosting of troops and of fines.[92] These coercive policies were meant to imbue the *Brugeois* with a sense that there was no alternative for their present situation. Language politics played a role: from early 1915, the city authorities were forbidden to use French in communicating with the German authorities, though they were allowed, in the interest of swift communication, to use Latin script instead of *Fraktur*.[93] These attempts at de-nationalizing the population were meant to firmly anchor the new powers and so give a firm base to the bastion.

An event in November 1915 expressed this same aspiration to permanence: the *Marinekorps* placed a monument in Bruges city cemetery to honour the German dead who lay buried there in a special plot. The monument was not a cross, nor a statue, but a monolith – symbolizing a natural, eternal order.[94]

43

42

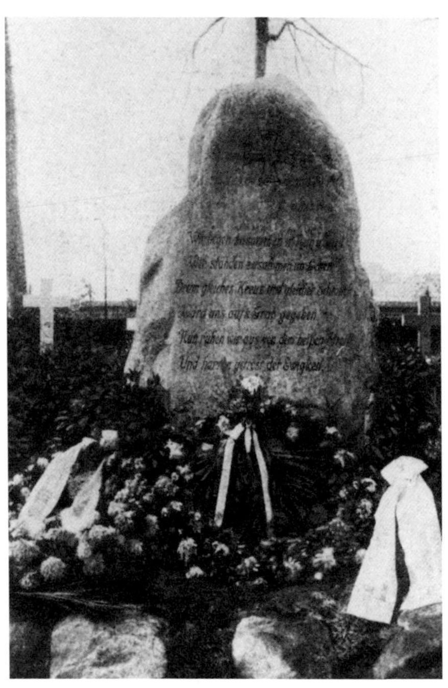

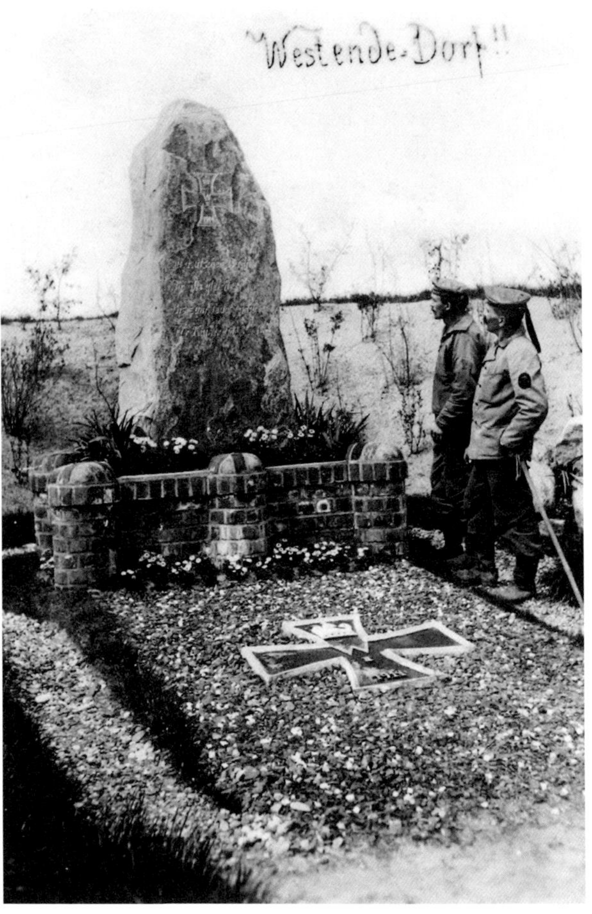

42 View of the Bruges cemetery
at Assebroek (Steenbrugge). German postcard.
Beeldbank Brugge.

43 German war monument at Westende
(Middelkerke), 1917. Beeldbank Brugge.

ORDERLY EXPLOITATION

The occupied territories had to yield resources to the German war effort. Dozens of posters announced requisitions: bicycles, trees, sheeps' wool, fire extinguishers (except for German troops' billets), photographic material, and so on. The city had to deliver straw, hay, fodder, foodstuffs and drinks for the troops and officers (such as the 300,000 bottles of wine demanded in early February 1915), and other materials, always at short notice. From 15 January 1915, occupied Belgium was levied a 'war tax' of 40 million francs a month. This was an enormous sum, but the occupation authorities let it be known that there would be no further war taxes and that all requisitioned goods would be paid for. (The costs for quartering the troops, however, remained to be borne by local governments; for a heavily occupied city such as Bruges, this was a heavy burden.) But in spite of these promises, the monthly contribution shot up to 50 million in November 1915; and, in the parts of occupied Belgium under sole military rule, such as the *Marinegebiet*, requisitioning without payment continued. It was true that the troops could not demand goods on their own initiative: they had to apply to their corps quartermasters. It was not a matter of pillage, but of orderly exploitation. Only order could create permanence.

N° 36

BEKANNTMACHUNG

Durch Befehl der deutschen Behörde sind sofort sämtliche in der Stadt vorhandenen Feuerlöschapparate (Minimax und sonstige) beim Korpsproviantamt in Güterschuppen am Bahnhof anzuliefern. Es wird Ausnahme gemacht für die Apparate in den staatlichen und städtischen Gebäuden, soweit diese für Zwecke der deutschen Militärverwaltung in Benützung genommen sind.

Vor der Lieferung sollen die *B*eteiligten zuerst im Requisitionsbüro des Rathauses einen Requirierschein abholen.

Auf Befehl der deutschen Behörde:
Der Bürgermeister,
Amédée VISART.

Brügge, den 28. Mai 1915.

BERICHT

Bij bevel der duitsche Overheid moeten onmiddellijk al de vuuruitdoovende toestellen (Minimax en andere) die in Brugge voorhanden zijn, ter uitzondering van deze zich in staats- of stadsgebouwen bevindende en welke door de duitsche militaire overheid betrokken zijn, in het Korpsproviantamt, ter goederenmagazijn der statie, geleverd worden.

Vooraleer zich daarheen te begeven, moeten de belanghebbenden een requisitiebiljet in het bureel van milicie, ten Stadhuize, afhalen.

Op bevel der duitsche Overheid:
De Burgemeester,
Amédée VISART.

Brugge, den 28 Mei 1915.

44 Requisitioning of fire extinguishers.
Poster of 28 May 1915. Stadsarchief Brugge.

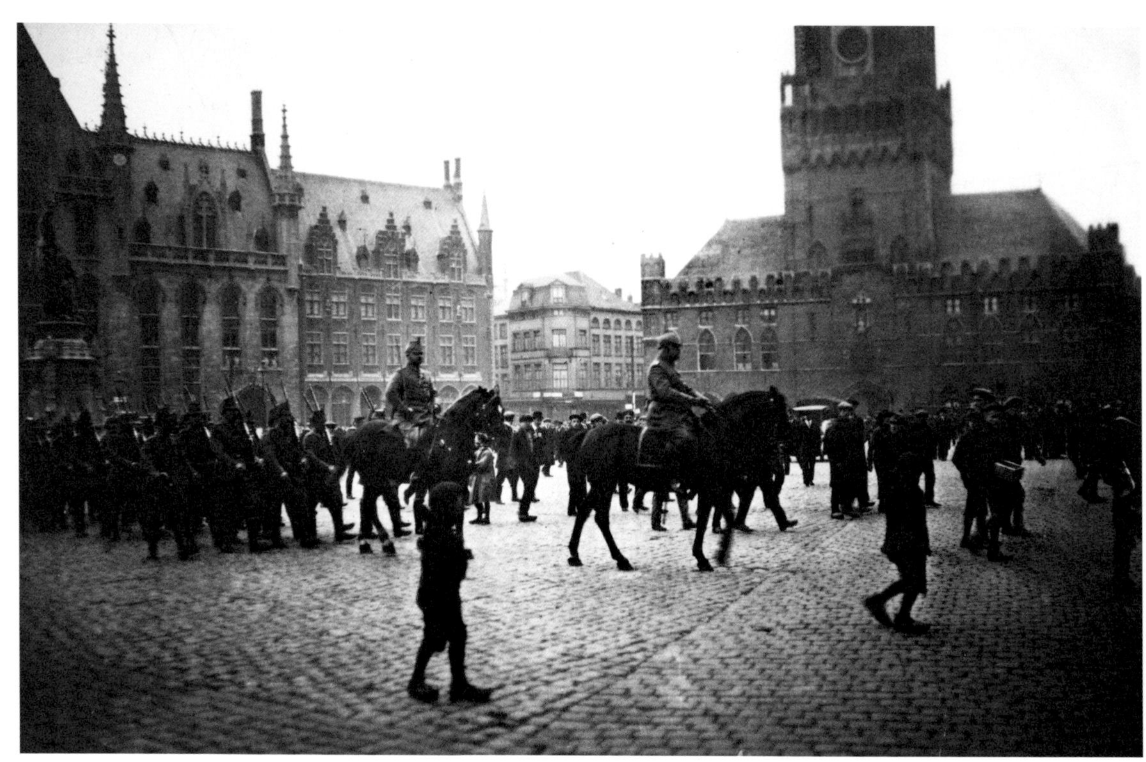

LIVING IN A BASTION

For the civilians, life meanwhile became ever harder. A spate of bans had hit the city upon the *Marinekorps'* arrival: no one was allowed to loiter in the street, let alone in the Markt, the central square (26 October 1914); free circulation was prohibited: people had to apply for permission to leave their boroughs (28 October); it was forbidden to gather in groups of over five people (29 October); all cycling permits were revoked (4 November); most newspapers were banned (4 and 6 November); homing pigeons – a valuable possession – must be registered (11 November); refusal to accept German money would be punished (11 November); and there was a 10 p.m. curfew (an oft-repeated order; on the coast, there was an 8 p.m. curfew).[95] The beaches were barred. The road to Kortrijk (Courtrai) was forbidden to civilian traffic. In 1915, the Belgian–Dutch border was closed off with an electric fence. Teachers and pupils from outside the city could no longer reach their schools because they were denied passports. In short – civilians felt the full weight of living in a restricted military area

   45 German troops on the Markt in Bruges. Stadsarchief Brugge.

(*Sperrgebiet*). There was no mail until the second half of 1915. After that, letters had to be sent in open envelopes to be controlled by the censorship office; even New Year's wishes were *geprüft*.[96]

There was no news from the front. An estimated 1,700 men from Bruges – about one-third of the men aged between 18 and 34 – were under arms.[97] In other belligerent countries, front and home front were connected by literally millions of letters a day; by contrast, occupied Belgium and its army on the Yser were harshly separated. Although the *Brugeois* could hear the sound of the heavy guns at the front, they had no idea how their loved ones there fared. Receiving correspondence was illegal. In April 1916, for instance, one railway employee was summoned to the *Kommandantur* for having, via the Dutch consul at Sas-van-Gent, received news from his son, who in the summer of 1914 had fled to England and had volunteered for army service. He had received two letters in December 1914. ('Dear parents, I hope this finds you in good health. I do not know if you will receive my letter but I will try. I have volunteered and am now in France.') The father had not received any news since. He was forced to hand over his son's precious letters. The military police assured the *Marinekorps* command that it had closed off all avenues of correspondence since the start of 1915.[98] Across occupied Belgium, an underground

Bekanntmachung

1° Allen Zivilpersonen ist verboten :

Jeder Verkehr über die holländische Grenze zwischen dem Kanal Sluis-Brügge und der Nordsee. Jedes Ueberschreiten des Leopolds-Kanals zwischen Strooibrug und der Nordsee, des Kanals Sluis-Brügge-Plasschendaele-Nieuport.

2° Ausnahmen bedürfen der schriftlichen Genehmigung der hierfür autorisierten Militär-Befehlshaber.

3° Jeden Versuche, diesem Befehl entgegen zu handeln, wird ohne Weiteres mit der Schusswaffe entgegengetreten.

4° Die mir unterstellten Truppen haben strengen Befehl, überall auf Personen, die entgegen dem von General-Gouvernement von Belgien erlassenen Befehl, mit Kraftwagen oder Rädern fahren, zu schiessen.

Brugge, den 1. November 1914.

v. Schröder
Admiral.

Bericht

1° Aan alle burgers is het verboden :

Over de hollandsche grens te gaan tusschen de vaart Brugge-Sluis en de Noordzee. Daarenboven is het overschrijden der Leopoldvaart, tusschen Strooibrug en de Noordzee, alsook der vaart Sluis-Brugge-Plasschendaele-Nieuport, verboden.

2° Uitzonderingen worden toegestaan mits de schriftelijke bemachtiging van den daartoe aangestelden Krijgsbevelhebber.

3° Iedere poging om dit bevel te overtreden, zal onverbiddelijk met de vuurwapens belet worden.

4° De troepen onder mijn bevel hebben streng bevel ontvangen, overal te schieten op alle personen die in tegenstrijd met de bevelen uitgaande van het Generaal Gouvernement van Belgie, per automobiel of per velo rijden.

Brugge, den 1 November 1914.

v. Schröder
Admiraal.

Avis

1° Il est défendu, à tous les civils :

de passer la frontière hollandaise entre le canal de l'Ecluse-Bruges et la mer du Nord. De même il est interdit de traverser le canal Leopold entre Strooibrug et la mer du Nord, ainsi que le canal de l'Ecluse-Bruges-Plasschendaele-Nieuport.

2° Il faut pour chaque exception, la permission écrite du commandant militaire délégué à cet effet.

3° Chaque tentative d'enfreindre cette ordonnance sera réprimée, sans avertissement, par les armes à feu.

4° Les troupes sous mes ordres ont reçu pour consigne de tirer impitoyablement sur toute personne qui roulerait en auto ou en vélo, malgré la défense faite par le Gouvernement Général de Belgique.

Bruges, le 1 Novembre 1914.

v. Schröder
Amiral.

46 Poster restricting mobility, 1 November 1914.
Stadsarchief Brugge.

Fécamp. den 15 December 1914.

Geliefde ouders.

Ik hoop dat gij nog allen in goede gezondheid zijt. Ik weet niet of gij
... brief zult ontvangen toch zal ik
... probeeren.
Ik ben thans in Frankrijk als
... Ik heb naar Norbert geschreven
verwacht alle dagen antwoord.
Meer kan ik niet zeggen, maar ik
... het zeer goed. De complimenten aan
... geburen en aan Julienne en Angèle.
Ik hoop een klein antwoord misschien
... ik dan meer kunnen schrijven of
... mij tante haar adres.
Zie op de andere bladzijd mijn
adres

Urbain

47 Seized letter by Urbain Puyenbroeck, 15 December 1914.
Freiburg im Breisgau, Bundesarchiv-Militärarchiv.

organization called 'Word from the Soldier' (*Het Woord van den Soldaat/Le Mot du Soldat*) smuggled letters to and from the Yser front; but it was only briefly able to penetrate heavily guarded Bruges.[99] The *Marinegebiet* was quite closed off. News was very tightly controlled. Foreign newspapers were banned and most prewar papers refused to appear under censorship. In February 1915, the *Kommandantur* ordered a local printer and publisher, Gustaaf Stock, to publish a paper. When he refused, the military police seized his entire supply of printing type.[100]

News of the harshness of the occupation regime in Bruges spread. In Brussels in October 1915, Eekhoud and a friend discussed 'the draconian regime in Bruges, which is completely at the mercy of the military commander there, an admiral, so people say'.[101] Private life in Bruges was thoroughly affected. While there had been 356 marriages in 1913, there were only 97 in 1915. The average monthly number of conceptions, 52, was half that of prewar times.[102] Life slowed down and became more cramped and more anxiety-ridden.

And it became poverty-stricken – even if the time of greatest deprivation still lay ahead. On top of requisitionings, war taxes, the costs of quartering and feeding the troops, and the multitude of fines for even the slightest infraction, food became scarce. From the summer of 1915, the *Marinekorps* seized the entire potato harvest and a large part of the grain harvest; from the autumn, it seized all of the meat. The civilians were left with next to nothing. (It is true that many farmers profited greatly from provisioning the *Marinekorps*; yet for the civilians themselves, the black market seems to have been far less extensive than it would be during the Second World War, as historian Luc Schepens has observed.[103]) The resulting scarcity deepened tensions between occupier and occupied, and also between the *Brugeois*. In December 1915, for instance, a shopkeeper in the working-class Carmersstraat had a potato-thief arrested by a military policeman; thereupon a furious crowd had attacked the *Feldgendarme*. Von Schröder issued a poster in menacing red (a colour normally used only to announce executions) proclaiming that whereas 'the main suspect is awaiting his verdict by the military tribunal, his accomplices have until now been able to escape capture'. He declared that 'the city of Bruges bears responsibility for the behaviour of its citizens' and should therefore pay a fine; moreover, curfew was temporarily set at 7 p.m.[104]

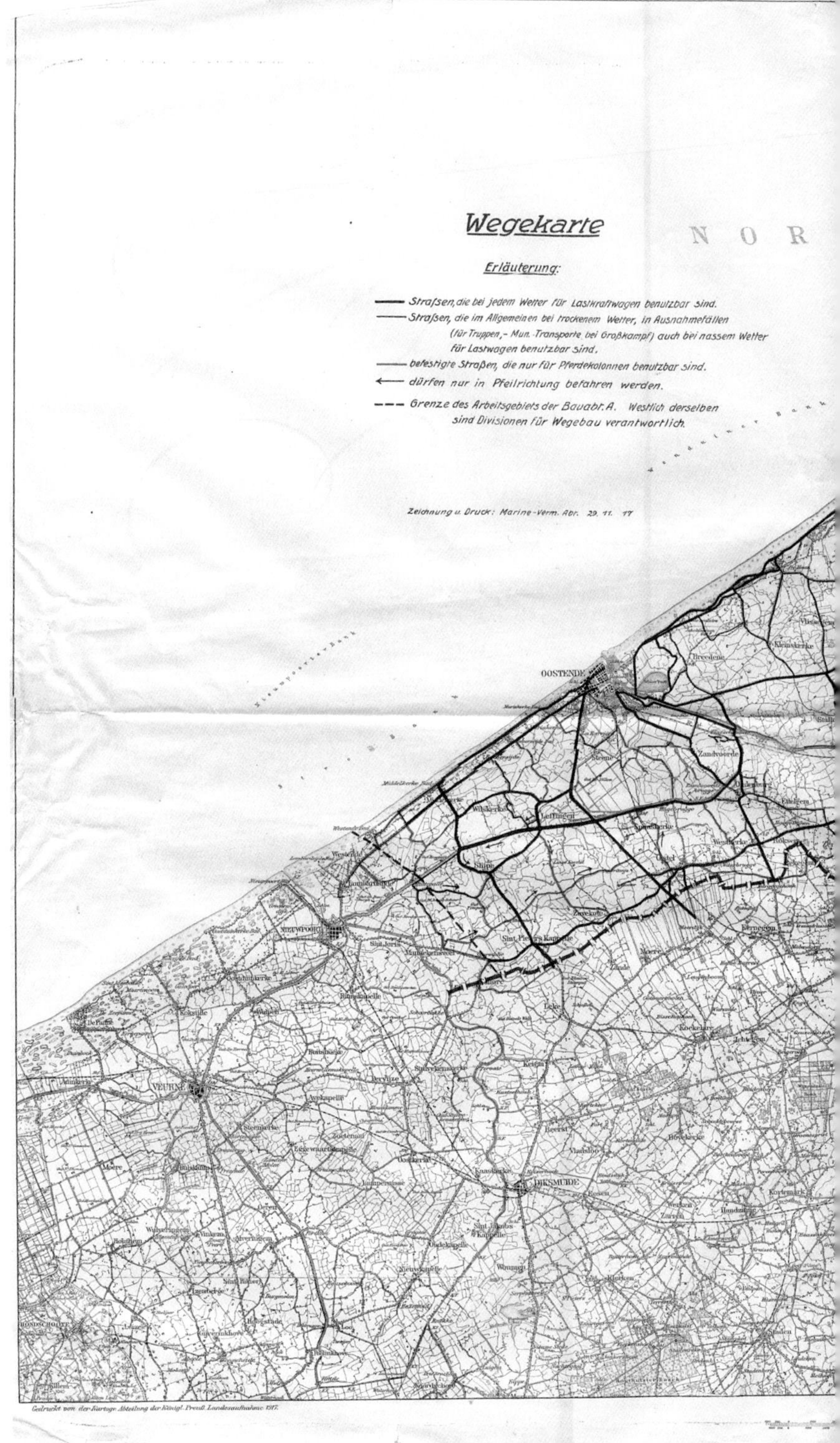

48 Road map of
the *Marinegebiet*,
29 November 1917.
Freiburg im Breisgau,
Bundesarchiv-
Militärarchiv.

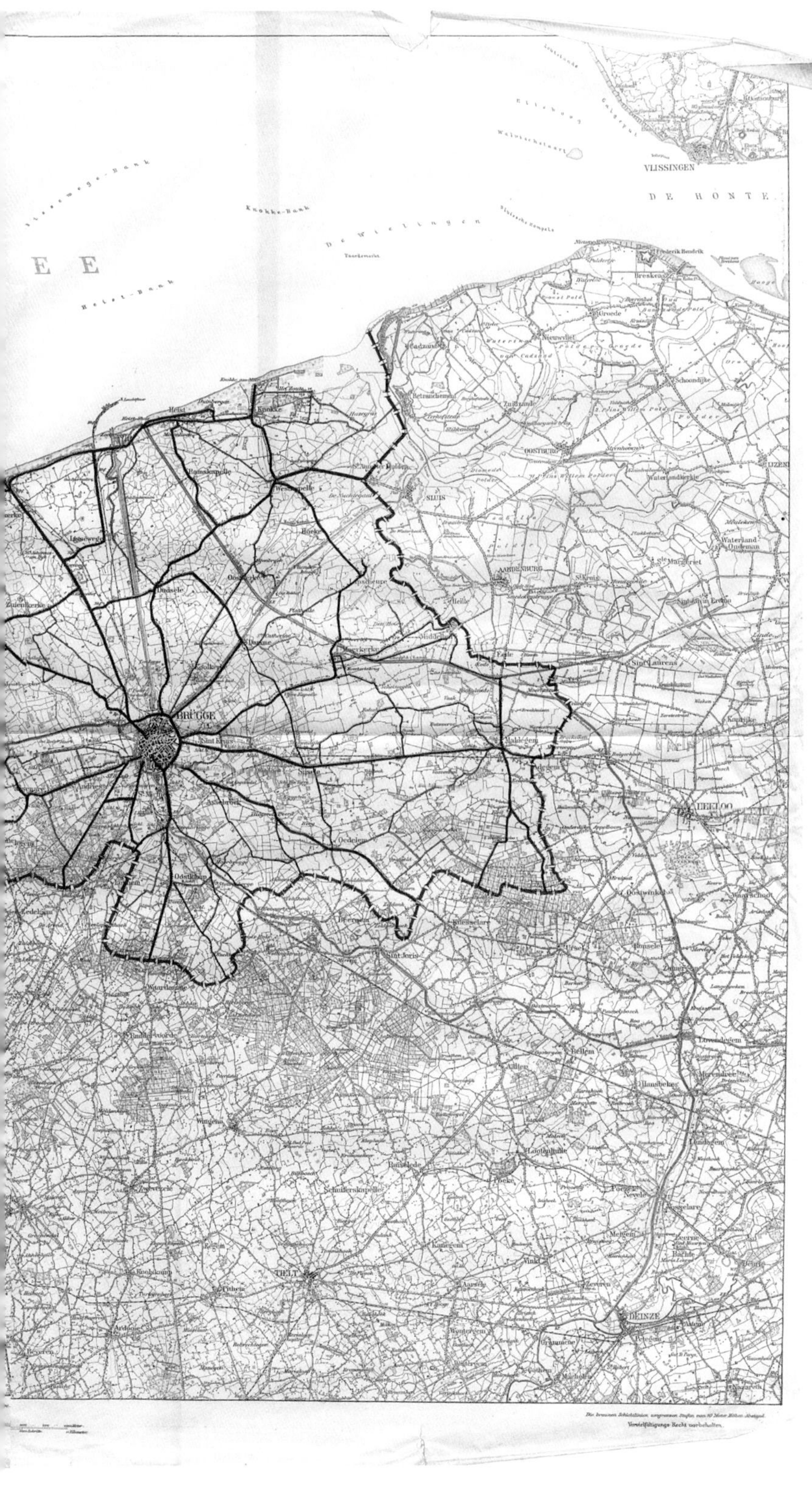
VLISSINGEN
DE HONTE
ZEE
BRÜGGE
SLUIS
AARDENBURG
OOSTBURG
TIELT
DEINZE

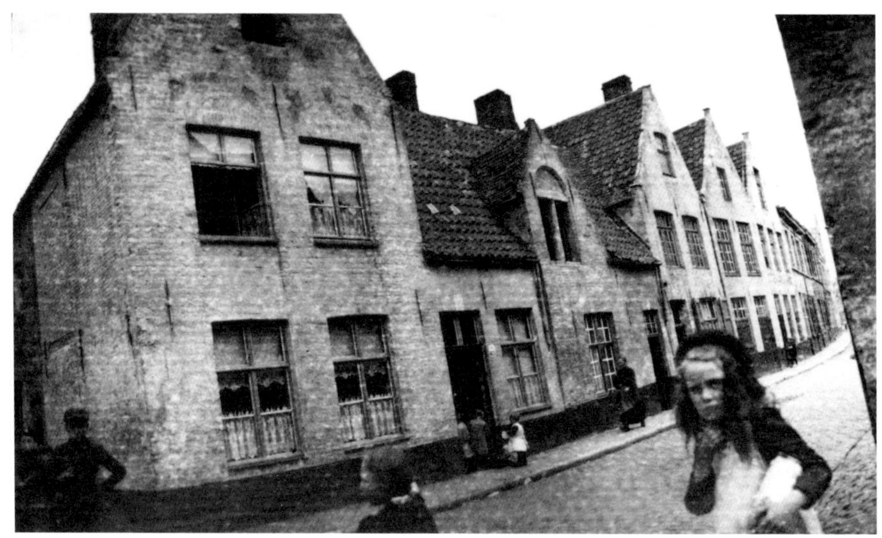

Fuel became as scarce as food. From the start of the occupation, the occupying forces seized Belgium's entire coal production. All of the coal used at the German wharves in Bruges, for instance, was requisitioned from mines in Charleroi and Mons.[105] The Bruges city government was allowed only to purchase a strict minimum – out of which it had to set aside enough coal to heat the buildings where troops and officers were quartered.

As was the case across occupied Belgium, the Bruges city government was the only 'native' authority still in place. Presided over by the 80-year-old burgomaster, Amédée Visart de Bocarmé, who by then had been in office for 38 years, the municipality had the unenviable task of serving as interface between the occupying authorities and the citizenry. It had to oversee the requisitionings, compensate civilians for the costs of billeting German troops, assure food provision for the civilians, guarantee public order, publish the orders coming from the occupying army – and pay an endless series of fines from depleting coffers. This made for unending worries. How was the city to comply with requisitioning? The city council declared on 9 February 1915 that the 'least detrimental system' was that of progressive taxation, viz., allotting requisitioning according to the 'inhabitants' presumed fortune'.[106] Among numerous expenses was that of furnishing and maintaining the German troops' lodgings and workplaces. For instance, the janitor of the post office, now the *Kommandantur*, took care of the building together with his wife and son; the municipality paid them for this work.[107]

49 Louise Verlé, *View of the Carmersstraat*, 1900.
Beeldbank Brugge.

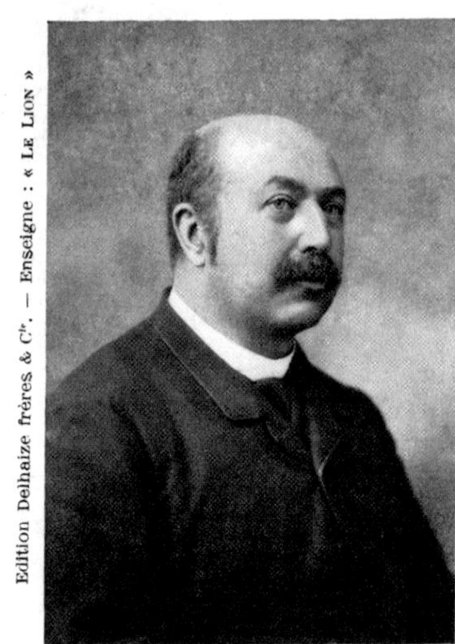

VISART DE BOCARMÉ (le comte A.)

Bourgmestre de Bruges (1876, actuellement en fonctions)

Sous l'administration de M. A. Visart de Bocarmé, au pouvoir depuis environ vingt années, le mouvement en faveur de Bruges-Port de mer (Brugge-Zeehaven) s'est vigoureusement développé. Les partis s'entendaient, d'ailleurs, sur cette question tendante à ramener l'ancienne ville à sa prospérité commerciale d'autrefois. Grâce au concours des administrations, sociétés et concitoyens éclairés, on a poursuivi avec goût et ardeur la restauration des anciens monuments, édifices et maisons, ainsi que l'organisation des musées de Bruges, dont les collections sont si remarquables et si appréciées. L'intérieur de l'hôtel de ville a été artistement décoré et embelli par des peintures murales rappelant les faits glorieux du passé. Le bourgmestre A. Visart de Bocarmé, qui fait partie de la Chambre des Représentants, est un administrateur actif, judicieux et bienveillant.   C. V.

Chocolat des Bourgmestres (déposé). — Photographies des principaux Bourgmestres depuis 1830.

Correspondence in the Bruges City Archives indicates that the burgomaster and aldermen fulfilled their duties as best they could. In Bruges, as in other Belgian towns, local government by and large enjoyed credibility as the civilians' protector, and the only one at that, since there were no national authorities left. At least no formal ones. One nation-wide body was the ad-hoc National Committee, which distributed the foodstuffs bought by the Belgian government in exile and imported by the Commission for Relief in Belgium (CRB), an international food aid organization presided by the American entrepreneur Herbert Hoover (who would go on to become US President). Albéric Ruzette, a well-known business magnate and a heavyweight in Catholic politics, presided over the Bruges branch of the National Committee. Its task was to distribute the food brought in under the auspices of the CRB – such as canned meat, dried peas, flour, rice, bacon and whatever else was cheaply available and not too perishable. These imports constituted a humanitarian gateway in the British blockade. London had accepted this opening, if grudgingly. The Germans had had no choice but to accept it as well, since Germany was in no position to provision its occupied territories in the West, and could not afford food riots in the hinterland of its Western Front. (The CRB eventually extended its aid to occupied northern France.) Under the terms of the agreement, the German army was required to steer clear of the imported foodstuffs. It did: the *Marine-*

50 Burgomaster Amédée Visart de Bocarmé (collection card in the series 'Chocolat des Bourgmestres'), 1905. Beeldbank Brugge.

korps forbade its men to purchase anything in the so-called 'American stores' where CRB goods were offered for sale – in Gravenstraat, on Langerei and Dijver, in the neighbourhood of Sint-Pieters, at the Fort-Lapin near the harbour, and elsewhere. But the real difficulties arose around the question of goods produced in Belgium itself – potatoes, beets, coal, herring and the like. Strictly speaking, the occupying army could not lay hands on these goods either, since this would mean the CRB was importing commodities in compensation for the ones that the Germans took out of Belgium – thus effectively subsidizing the German war effort. The humanitarian gateway in the blockade would then amount to a breach. Time and again, British protests over this matter threatened to shut down the aid avenues entirely; yet the German army continued to siphon off Belgian resources, even though the shutting down of aid to Belgian civilians would be to Germany's detriment, as Brand Whitlock, the exasperated US envoy in Brussels, had to point out over and over again. Moreover, in those parts of occupied Belgium under sole military control, including the *Marinegebiet*, the army respected no limits at all in seizing domestic products or in purchasing them through middlemen.

For the majority of *Brugeois* who owned neither savings nor land, and so could neither provision on the regular market nor from their own produce, the needs of daily life were now strictly regimented.

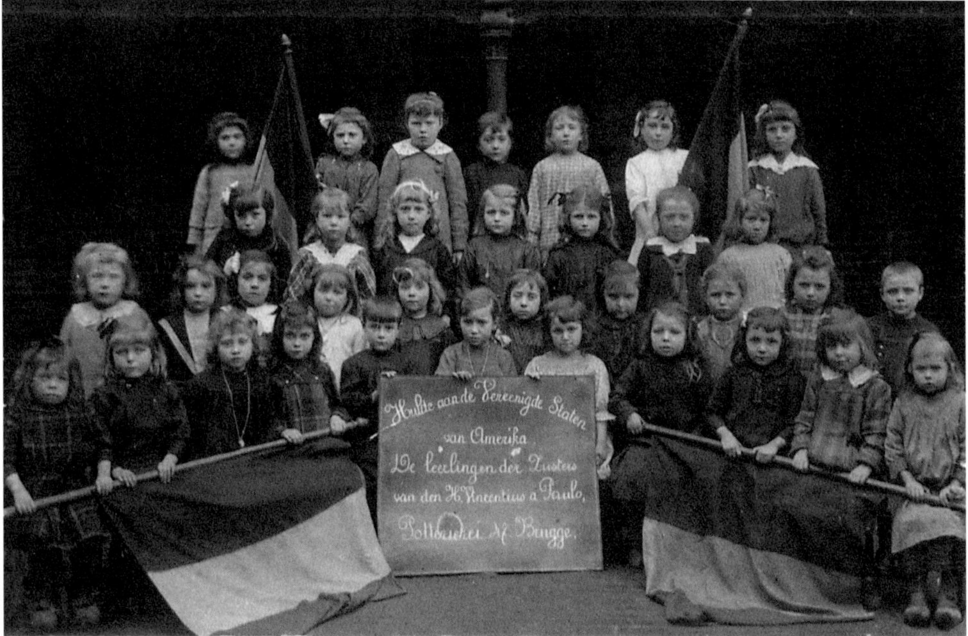

Bread, meat and coal were rationed. People bought their necessities in official stores. If stocks came in, customers were required to purchase. In February 1918, for instance, the Committee announced that 'a fairly large shipment of string beans' had arrived and that customers were obliged to buy them on pain of being denied other purchases. In March 1918, the mandatory item was sauerkraut.[108] Both the city government and the Committee (which in addition to overseeing the food aid distribution together, also jointly operated a food cooperative) enforced the regimentation of consumer goods; for instance, by issuing strict bans on the squandering of fuel.

Daily life became ever more regimented in yet another domain: more and more people were dependent on financial aid, distributed by the Committee out of the proceeds from the sale of CRB goods. On 10 March 1915, the unemployed were invited to hand in their requests for relief. These included manual labourers as well as white-collar workers, people in public service as well as in private employment. Young men still living with their parents were entitled to benefits as well. But out-of-work women received benefits only if they were sole providers, if they had demonstrably lost their jobs because of the war, and if they did not already receive a separation allowance because their husbands were at the front.[109] What this meant was that the majority of out-of-work women did not receive unemployment benefits but had to apply for poor relief, which was even more meagre. Having said this, the unemployment benefits themselves were paltry enough – and beneficiaries had to document painstakingly what other means of support they possessed. Those who owned a few chickens or a small plot of land, or whose wife did the odd load of laundry on the side, saw their benefits curtailed. The system generated a great deal of bitterness among the jobless, all the more so as some bourgeois put them down as spongers. For all that, the unemployment benefits did constitute a systematic effort to combat misery in the face of crushing obstacles. What this means is that, amidst war and inside the bastion, the authorities in their new guise (the city government and the ad-hoc committee) expanded the role of the state. This expansion went together with a 'civilizing' mission: parents who did not send their children to school, for instance, did not receive financial aid (though aid in kind was never curtailed).[110] Those who voluntarily worked for the German army received no support; the occupying regime eventually created a 'National Committee

51 Bruges schoolchildren paying homage to the United States.
Beeldbank Brugge.

Mediation Office' (*Vermittlungsstelle Comité National*) for those with complaints. The Germans were fully aware of the National Committee's influence. One top-ranking official wrote to Berlin to report that 'we cannot deny that the Committee enjoys a great deal of influence over the Belgian population.... All Belgian resistance converges there. In other occupied countries, political resistance forms secret organizations; here, it operates through a relief organization which the occupying authorities have had to tolerate to avoid disaster.'[111]

THE ENEMY INSIDE THE BASTION

Besieged parties tend to perceive enemies everywhere, and the *Marinegebiet* in 1914–18 was no exception. Young Rudolf Schröder wrote home in early December 1914 that he wanted as few dealings with the locals as possible, for the place was aswarm with spies keen on quizzing the troops. On 20 January 1915, he reported from Snellegem village that the local priest had been caught spying.[112] (The priest, Camiel Steelant, was indeed arrested on suspicion of espionage, because he had had a primitive telephone connection installed between the presbytery and a neighbour's house to prevent burglary. Though he protested his innocence, he was kept in prison for ten days – 'they watched over me as if I had committed ten murders', he was to write later – before being released and fined the staggering sum of three thousand marks.[113]) The *Marinekorps* subjected civilians to a multitude of boundaries, bans and far-reaching controls. Thus, on 30 January 1915, a fisherman's widow from Blankenberge was arrested crossing an off-limits bridge over the Bruges canal. She had no money to pay the 50 marks fine and so had to sit out five days' arrest. She took this as par for the course. But she protested having had to undress to be examined by a marine. Taking her defence, the Protestant chaplain of the first marine division alerted his superiors. He did not object to the examinations per se, conceding that 'a woman keen on communicating valuable messages to the enemy is not exactly going to carry them on her back', but argued that body searches ought to be performed by doctors or nurses. A flurry of correspondence followed, with more insistent calls for controls: superintendent Groppengiesser of the *Geheime Feldpolizei* championed body searches with the argument that some women had been caught smuggling packets of letters in

TODESURTEIL

Auf Grund feldgerichtlichen Urteils vom 16. September 1915 wurden sechs belgische Landeseinwohner wegen SPIONAGE zum Tode verurteilt und in Gegenwart von zwei Schöffen der Stadt kriegsrechtlich erschossen.

Brügge, 17. September 1915.

Der Kommandierende Admiral,

gez. von SCHRÖDER.

Terdoodveroordeeling

Volgens krijgsrechterlijke veroordeeling van 16 September 1915 werden zes belgische inwoners, voor SPIONNEERING, ter dood veroordeeld en in tegenwoordigheid van twee Schepenen der stad krijgsrechterlijk doodgeschoten.

Brugge, den 17. September 1915.

De bevelvoerende admiraal,

(get.) von SCHRÖDER.

52 Poster announcing the executions of 17 September 1915. Stadsarchief Brugge.

their underwear, painted red to resemble sanitary napkins.[114] In short – there ought to be no limits to control. Nor ought there to be any limits to collective responsibility. On 15 October 1915, the Fourth Army high command (whose directives, unlike those of the Government General, held sway in the *Marinegebiet*) announced very heavy punishments in cases of railway sabotage. The military police was entitled to take hostages 'who will answer with their lives for destruction of the railways'; in case of sabotage, municipalities could expect 'heavy fines' and restrictions on mobility, or even worse – 'some farmhouses or even the entire village may be evacuated and the men taken to a German prison camp'.[115]

Repression was harsh. In November 1914, the military police arrested Auguste Succaud, a native Parisian working as a machinist at La Brugeoise steelworks. He had made trips across the border into Holland, from where he had smuggled English and French newspapers back into the *Marinegebiet*. Worse still, while in Holland, he had allegedly told a British citizen the location of German defences, which were then bombarded by sea. On 3 December 1914, Succaud was executed. Having tried to intervene with *Ortskommandant* Von Buttlar to no avail, Burgomaster Visart had to witness the execution together with two aldermen – another means to demonstrate the *Marinekorps'* authority. (In the Government General, local authorities did not have to witness executions.) A poster announced the execution to the *Brugeois*. Another execution followed on 16 September 1915. Six men were shot: naval captain Albert Achtergaele, 34; two brothers from Blankenberge, Louis and René Van Eecke, 26 and 22; Ferdinand Slock, 30, a merchant from Deinze; Prudent De Wispelaere, 32, a mason from Bruges; and the 59-year-old farmer Emiel Van Veirdeghem, who had distinguished himself for his valiant attitude in prison and had declared he would gladly die for the fatherland. His last words before the shots rang out were the stoic 'Bye, then!' (*Salut, zulle!*)[116]

Meanwhile, the three brothers Mus – Gustaaf, Frans and Pierre, sons of a Dudzele innkeeper – each built up an espionage network (finely analysed by historian Jan Van der Fraenen).[117] When the war broke out, all three lived in the Brussels working-class area of Molenbeek. The youngest, Gustaaf, 23, once a promising cyclist, had become a *gendarme*. Frans, a Socialist, who was older by fourteen years (theirs was a very large family), sold pianolas for pubs. The eldest, Pierre, 45 at war's outbreak, worked for the *gendarmerie* as a tailor. All three offered their services to Belgian military intelligence. Pierre Mus was commissioned to spy in the *Marinegebiet*. In June 1915, he recruited helpers there: the retired *gendarme* Jules Delaplace; the railwayman Charles Titeca; and his own brother-in-law Jules Desloovere, who worked in a large yeast and methylated-spirits factory on Komvest, the Nederlandse Gist- en Spiritusfabriek – Bruges' largest employer after La Brugeoise. Pierre Mus personally went on intelligence tours

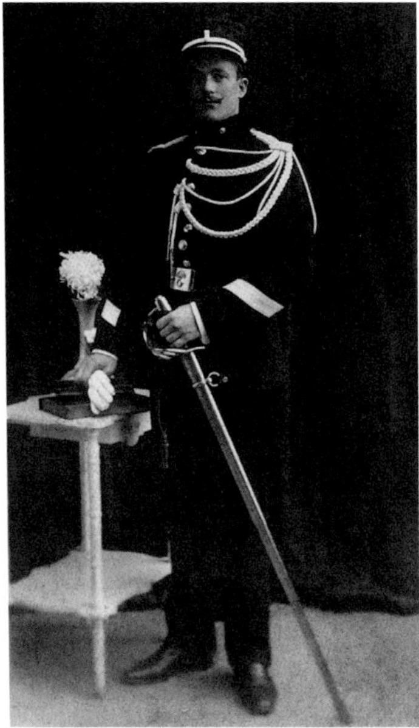

53–54 Undated photos of Gustaaf and Frans Mus. Gustaaf is shown in a *gendarme* uniform, Frans as a young man serving in a *chasseurs à pied* regiment. Zeebruggefonds, Beeldbank Brugge.

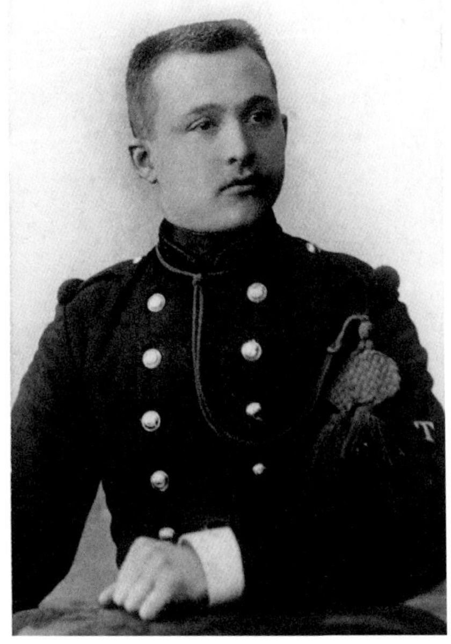

to Zeebrugge, where in addition to gathering information he performed the odd act of sabotage on the side.

Intelligence services looked for people who knew the region and had contacts – and who were known to be smart and courageous. The risks were enormous. In October 1915, along Maalsesteenweg in the outer borough of Sint-Kruis, the *Feldpolizei* arrested a female spy, the 41-year-old widow Anna De Beir (née Lowyck). The story of her war work is one of family survival strategies, of a close web of contacts along the entire coastline (from northern France to Dutch Zeeland), and of dedication and acumen. De Beir had married a French railway employee from Dunkirk. Widowed young, she raised her three children on the proceeds of a newspaper stall she ran in Dunkirk station. In June 1915, the stationmaster invited her to work for French military intelligence and she accepted. Her son meanwhile had volunteered for the French army, her eldest daughter worked in the Bruges hotel managed by De Beir's sister (the Pension Forrier on Krom Genthof), and her youngest daughter was available to take over the newspaper stall. De Beir travelled to Bruges via the Netherlands. In Bruges, she met a childhood friend who ran a café frequented by *Marinekorps* troops. In the hotel, her eldest daughter managed to retrieve a sketch of artillery emplacements near Nieuwpoort from an officer's room; De Beir made a quick copy. She herself gathered information on the submarine base in Bruges harbour. She smuggled her reports to the

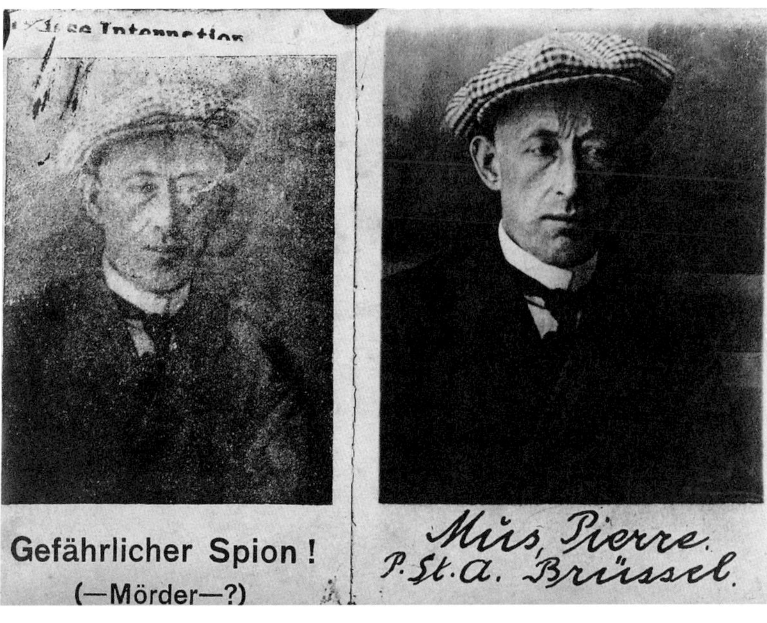

55 Pierre Mus in a German counter-espionage photo of 1916. Zeebruggefonds, Beeldbank Brugge.

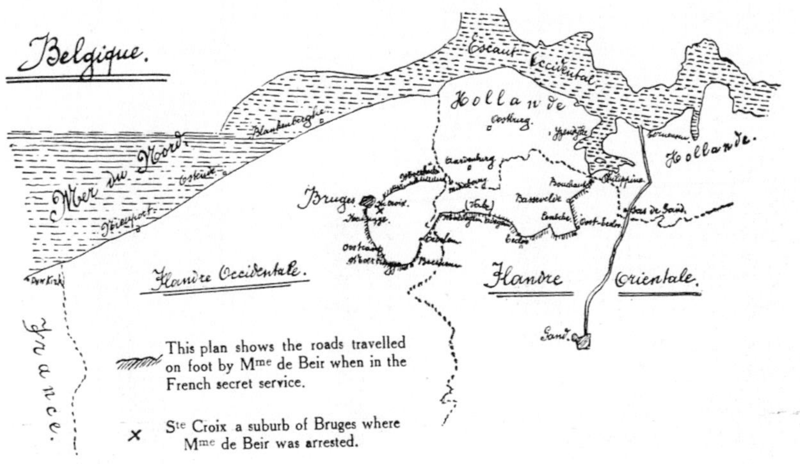

Netherlands without outside help, using a passage near Boekhoute (43 kilometres to the east) well known to spies, bribing guards when needed. From the Netherlands, she returned to Dunkirk to receive instructions before making her way back to Bruges for another round of work. De Beir thus circumvented a formidable series of barricades, and single-handedly restored a line of communications along the coast from France to Holland. But having to operate on her own placed her at unnecessary risk. (Intelligence services did not realize this until the second half of the war; from then on, the spies still left in the field were assisted by separate courier services.) Although De Beir's frequent travels could not but alert the *Feldpolizei*, there was little proof of wrongdoing: her daughter was able to destroy all incriminating documents before being arrested herself in her aunt's hotel, which was promptly seized. (In the process, De Beir's sister and brother-in-law lost everything they had.) During interrogation, De Beir kept silent. The German counter-espionage services managed to prove only that she had smuggled letters from Belgian soldiers on the Yser. But they knew that she had done much more than that, and so, at the express request of police superintendent Groppengiesser, De Beir was condemned to death on 19 November 1915. Von Schröder had no intention of pardoning her, even though Germany was weathering another storm of international opprobrium over the execution of the English nurse Edith Cavell in Brussels on 12 October (which netted Britain a wave of army volunteers). For the Admiral, securing the

56 Map showing Anna De Beir's espionage tours, from her war memoirs *In the Eagle's Claws.*

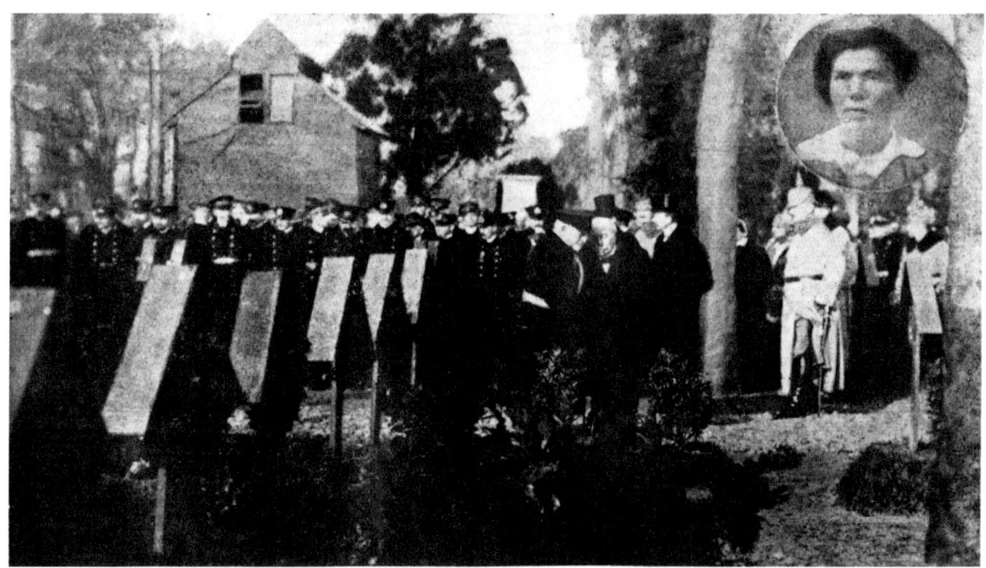

bastion was a priority and the execution of a woman a sure deterrent to potential spies. Yet Von Schröder had to give in before the misgivings of the Ministry of Foreign Affairs in Berlin – and the arguments brought forward by the Bruges municipality.

Things happened as follows. De Beir was scheduled to die in the afternoon of 21 November. (In Bruges, executions took place in broad daylight, on a compound in the middle of a busy working-class area – to be precise, a little courtyard behind the Lancers' Barracks known as Aurora Court – in contrast to Brussels or Antwerp, where they were carried out in the early morning on shooting ranges outside the city.) At noon that day, at Bruges cemetery, the *Marinekorps* unveiled its monument to the fallen – the aforementioned monolith. Burgomaster Visart spoke dignified words of conciliation: 'After death we are all children of one Father. Beyond the grave, hatred and enmity make way for truth and love.' In the name of Bruges, he solemnly promised the monument would be well cared for.[118] The burgomaster seized the opportunity to plead on the widow's behalf, and Von Schröder, who may have been impressed by the ceremony, obliged. It has been claimed that Von Schröder actually pardoned her that day. The German-controlled press wrote as much; after the war, a postcard circulated that showed the Admiral and the Burgomaster in conversation during the ceremonial, with De Beir's photo inserted in a little medallion; and De Beir herself repeated the story in her 1928 memoir. However, in all likelihood, the Admiral granted

57 Von Schröder and Visart at the 1915 war graves ceremony.
Postwar postcard with Anna De Beir's photo in medallion.
Bruges, Provinciale Bibliotheek Tolhuis.

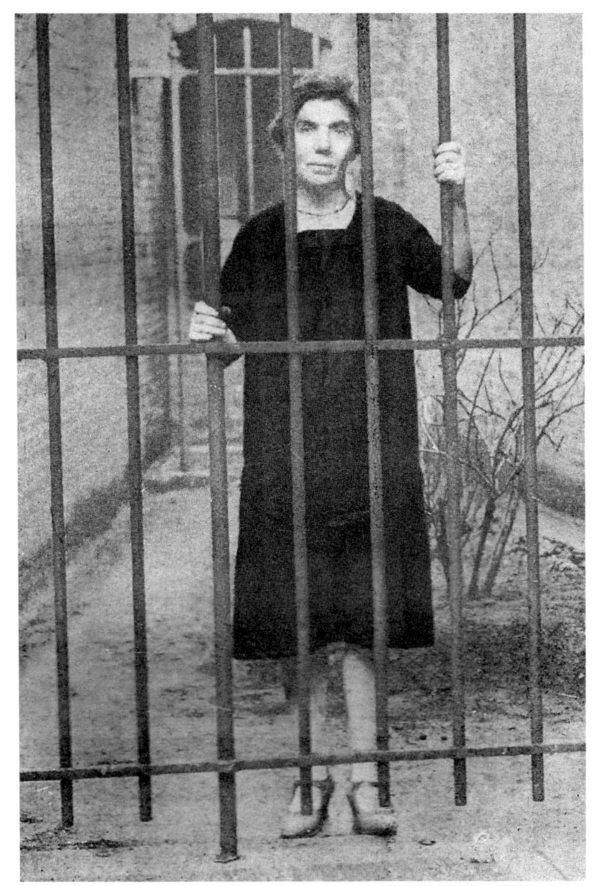

58 Anna De Beir, posing in Bruges prison after the war; from her war memoirs *In the Eagle's Claws*.

only a stay of execution. But the time thus gained gave German diplomacy free rein. While De Beir was detained in Bruges prison, unsure of her fate, in Berlin Minister of Foreign Affairs Gottlieb von Jagow explained to the Emperor, on 17 December 1915, that a repeat of the Cavell scandal had to be avoided at all costs. (Since the Cavell case, all capital condemnations of women required the Emperor's explicit approval.) De Beir was eventually pardoned. On 24 February 1916, she was transported to Germany, there to be detained under very harsh conditions until the end of the war. But she survived and returned to Bruges, where she opened a hotel on Sint-Annarei; its guests could purchase her memoir, which was written in English. Anna De Beir died in Bruges in 1971 at age 97.[119]

De Beir was an exceptional figure, as were other spies and resistance agents. At the same time, the choices made by these people indicate a mindset among civilians. As Luc Schepens has observed, that mindset was by and large a confident one. The occupation of the First World War did not see a split between champions and enemies of New Order politics, as would be the case during the Second World War.[120] There were to be sure *Brugeois* who came to count on the permanence of German rule, with an eye to their own future (as will be explained below), but they were a small minority. Because the invasion and the occupation were seen as intolerable attacks on the just order of things, they could not and would not last, or so the majority of civilians believed. This basic attitude did not preclude friendly dealings with the German troops, who after all could not help their situation. 59 Warmth could emerge even in the grimmest of settings. Anna De Beir, for instance, spent three months in Bruges prison after her stay of execution. Some wardens, she later wrote, enjoyed tormenting her by banging on her door with rifle butts to startle her, and by occasionally announcing her execution. But one kindly guard took care of her when she fell ill, bringing her milk although this was forbidden. He spoke to her of his wife and children 'and we both found common ground in cursing the war and its makers'. When before long, he was

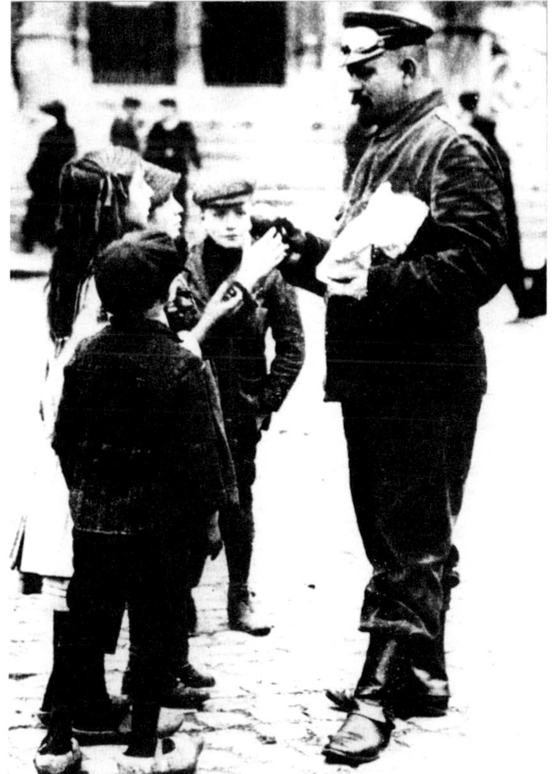

59 German soldier surrounded by children on the Markt, Bruges. Beeldbank Brugge.

ordered to the front, he came to her in tears and she consoled him as best she could.[121]

60 This attitude was upheld by a clandestine patriotic discourse that kept on clamouring that the occupation regime was doomed to end. This effort was at its height in 1915. In Bruges, an apocryphal 'Royal Decree' did the rounds, calling upon citizens to celebrate the (now strictly banned) national holiday of 21 July. Another circulated text purported to be a speech by King Albert: 'The hour of liberation will come.... The Germans will have to leave Belgium.... Whomever fraternizes with the enemy is a traitor.... Right and not might should rule the world.' Cartoons, satirical rhymes and sentimental patriotic songs were part of this clandestine discourse as well, as was superstition: one apocalyptic text portrayed the German emperor as the Antichrist and Belgium as the innocent lamb that would prevail.[122]

The Catholic Church in Belgium openly condemned the occupation, or at least Cardinal Mercier did. His pastoral letter for the New Year 1915 reminded the faithful that the occupation regime was in

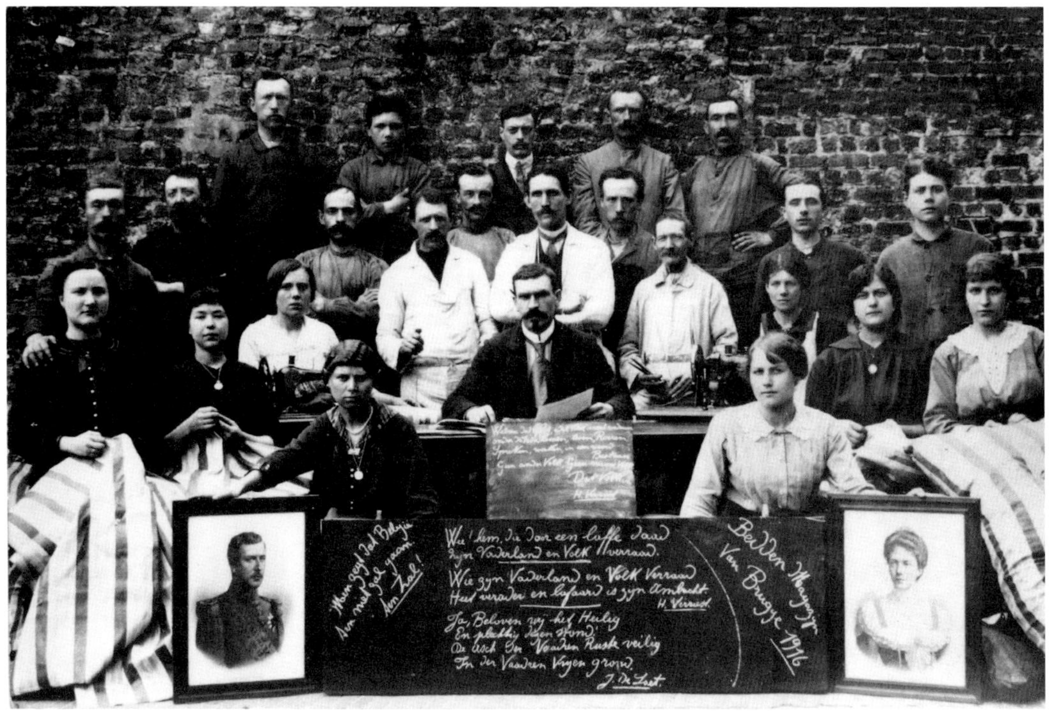

60 Clandestine photo of a group of workers posing with
pictures of the King and Queen and patriotic mottoes, 1916.
Beeldbank Brugge.

essence illegitimate. 'This Power is not a legitimate authority. In your heart of hearts you owe it neither respect nor loyalty nor obedience.' All occupation regimes were temporary by definition, and so were those of the Entente. 'Occupied provinces are not conquered provinces. Galicia is no more a Russian province than Belgium is a German one.'[123] These firm words constituted the war's most open condemnation of the very principle of military occupation. They were a bit of a gamble: Mercier reckoned that the Government General, which was still trying to live down the damage to Germany's reputation done by the massacres of the invasion, could not afford to arrest him – and he was right.[124] At the same time, he was on his own within the clerical hierarchy. His bishops refused to sign his pastoral letter.[125] The bishops of Liège and Namur, regions hard-hit by the invasion, refused for fear of retaliation; the bishop of Tournai was still shaken because he had been taken hostage during the invasion (he died in early 1915). And the bishoprics of Ghent and Bruges were under the harsher, exclusively military rule of the Fourth Army and the *Marinekorps*. We do not know in what terms Bishop Waffelaert couched his refusal; he communicated it to the Cardinal's emissaries verbally, and the Archdiocesan Archives at Mechelen (Malines) holds no war correspondence between the Bruges bishop and Mercier.[126] His choice at any rate was in alignment with his overall position: a rigid conformist, Waffelaert limited his wartime action to matters of faith only. His pastoral letters stuck to the classic view of the war as a necessary ordeal: 'Bitter hardship has taught many that they need to live a more virtuous life,' he wrote two weeks into the war. In September 1915, he banned all but liturgical songs from churches as well as 'the so-called national colours'. (By contrast, in Antwerp or Brussels, the banned *Brabançonne* – the Belgian national anthem – was occasionally played in churches, for instance at soldiers' obsequies.) After the taking of Bruges, he did not issue a pastoral letter until February 1916. In it, he put the blame for 'this horrible war' squarely on people's unwillingness to accept their lot: he blamed 'the disastrous class struggle' and 'the unquenchable thirst for sensual pleasure'. The lower clergy of Bruges took a less aloof attitude towards the civic questions of the occupation.[127]

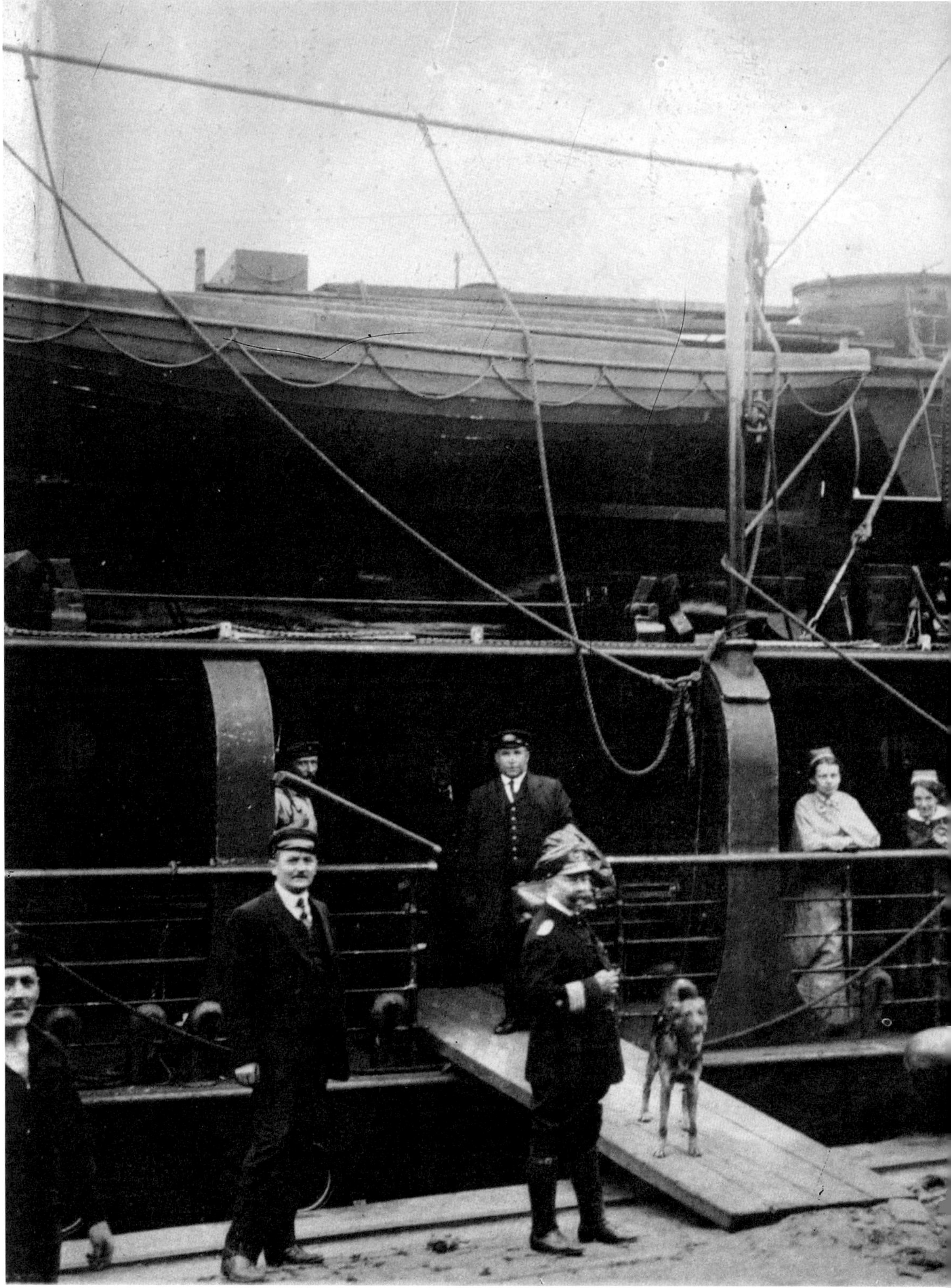

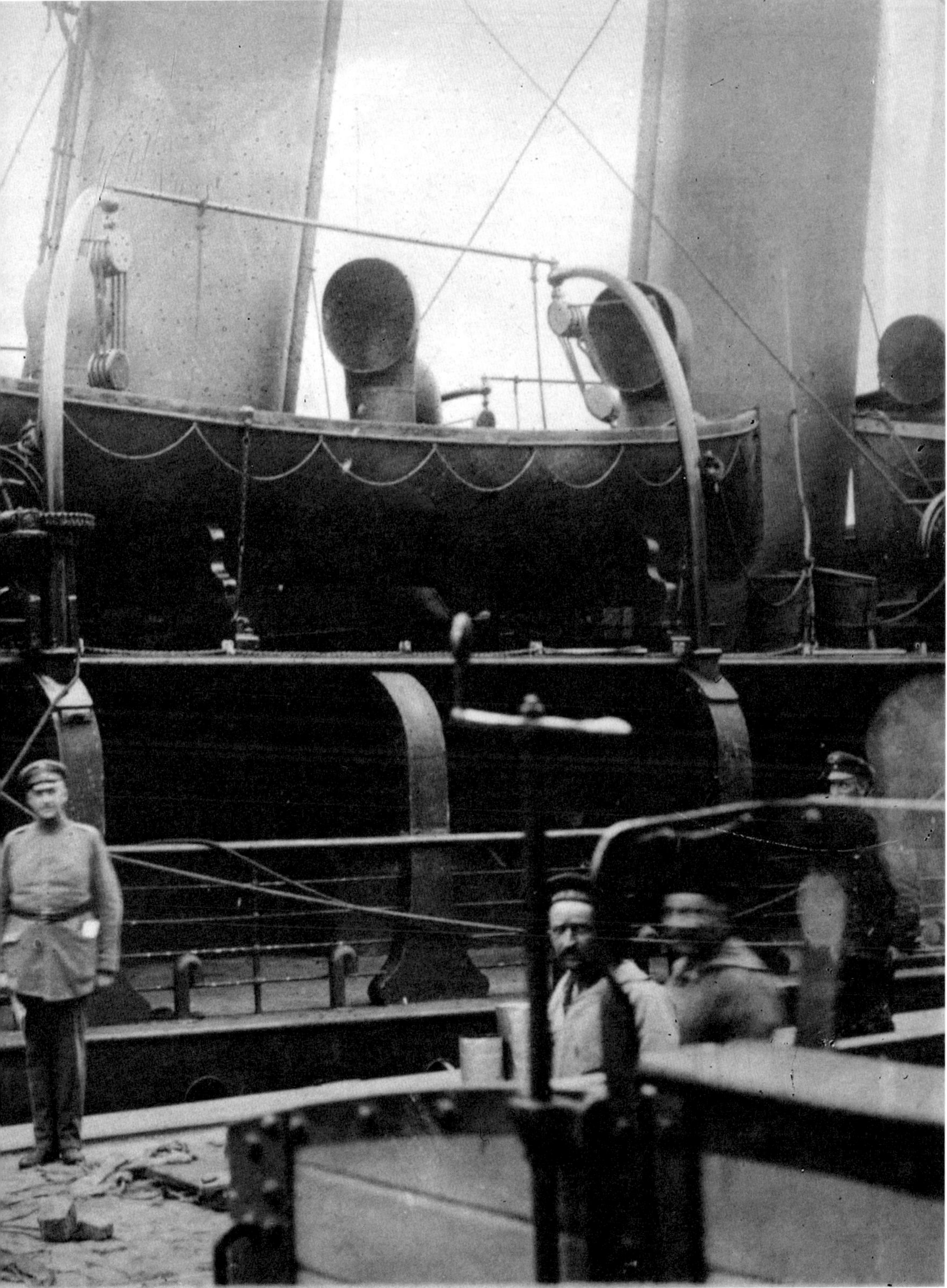

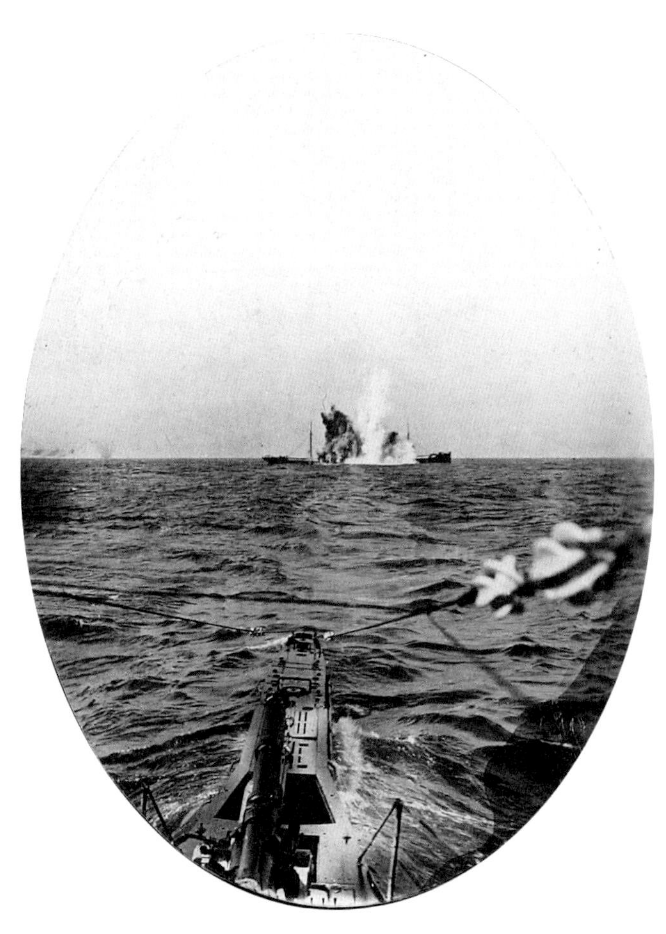

62 Submarine attacking a ship.
Brusselle Collection,
Beeldbank Brugge.

6

1916

NAVAL CLAIMS

Meanwhile, clashes at sea continued to engender diplomatic clashes. Submarine warfare resumed in the spring of 1916, though with restrictions, especially a ban on sinking unarmed passenger vessels without warning. The ban was violated before long, when submarine UB-26 attacked the British passenger ferry *Sussex* between Folkestone and Dieppe. The ship did not sink, but at least fifty people were killed and several US citizens were injured. The US government protested sharply; in response, Chancellor Bethmann Hollweg declared submarine warfare too much of a liability; and the Flanders forces were instructed to stick to supporting tasks such as mine-laying. *Grosskrieg* re-emerged: on 31 May and 1 June, the two giant fleets faced each other in the Battle of Jutland which, however, remained inconclusive and did not change the military situation at all. The British Grand Fleet, though slightly dented, resumed its blockade; the German *Hochseeflotte*, though much applauded on the home front, went back to doing nothing. Meanwhile, the hecatomb at Verdun continued. In the face of deadlock, the champions of unrestricted submarine warfare once more carried the day in the summer of 1916.[128] As a result, the German public was made aware of the importance of the Flanders bases, which the Berlin press called 'important bastions' for Germany's defence in the West.[129] Over the summer, the Flanders submarines kept attacking British commercial shipping, in spite of the restrictions.[130]

Also, that summer, the *Marinekorps* demonstrated its peremptory claims on the North Sea by shooting a sea captain: the aforementioned Charles Fryatt, who in March 1915 had tried to ram an attacking U-boat. In the night of 22 June 1916, Fryatt's ship was stopped by German destroyers and taken to Zeebrugge with its crew. (The *Marinekorps* magazine *An Flanderns Küste* wrote that the ship was found

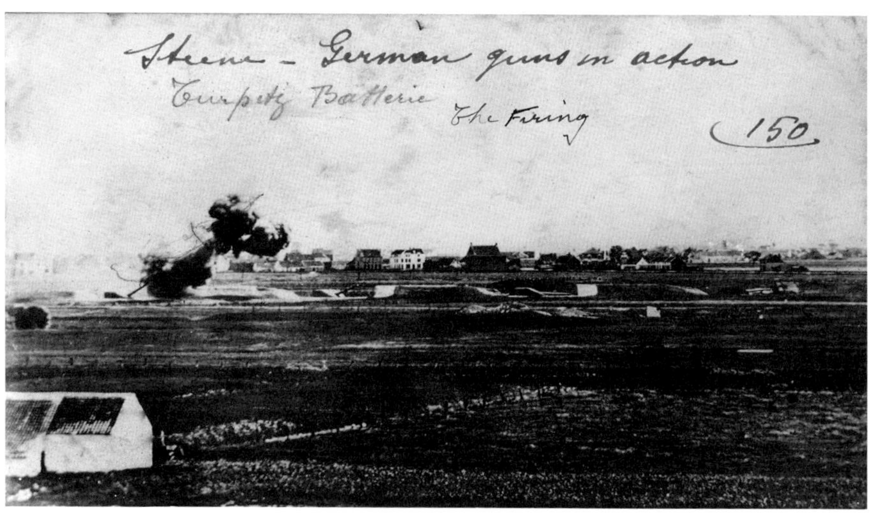

transporting fifty Russian prisoners of war who had escaped from Germany, and joked that they were 'very proud of having been able to catch Russians in Flanders'.[131]) Fryatt was taken to Ruhleben prisoner of war camp in Germany, formally arrested there, and then taken back to Bruges on 2 July. On the 27th, he appeared before a military tribunal. The trial lasted two hours. The judges declared him a *franc tireur* – in other words, a civilian guilty of unlawful military action. (The German military's paranoia over *franc tireurs* had contributed to the massacres of civilians during the invasion.) The question of whether Fryatt had committed a crime – let alone a capital crime – depended on how one interpreted the very complex articles of maritime law that dealt with such matters. The US envoy had advocated giving Fryatt a specialized defender; the Ministry of Foreign Affairs in Berlin, as wary of scandal as ever, had concurred, and even the German Admiralty had agreed. The *Marinekorps'* attorney himself admitted that he was no expert and asked to postpone the trial. But Von Schröder refused, the trial proceeded, and Fryatt was condemned to death. He was executed immediately afterwards, by a hastily assembled squad which had barely had the time to do some shooting exercises beforehand. All of Bruges considered the execution an act of personal revenge on Von Schröder's part and knew that Berlin disagreed.[132] The British shouted judicial murder; so did the Dominions, as evidenced by the 1917 Australian movie *The Murder of Captain Fryatt*. (After the war, London attempted to have Von Schröder tried as a war criminal, but the matter was dismissed.[133]) The neutral press was horrified too: 'a deliberate murder,' wrote the *New York Times*.[134]

63 Firing Tirpitz battery, Stene near Ostend, 8 July 1916. Photo De Ghelder, Beeldbank Brugge.

The *Marinekorps* commanders, however, considered the shooting of Fryatt to be part and parcel of their prerogative.

The *Marinekorps'* claims to sole domination of the North Sea intensified war's violence, as is evident from a 1916 telegram – or, to be more precise, from a jotting in the margin of a telegram. In that telegram, the Antwerp section of the German Admiralty alerted the *Marinekorps* to a worrisome discovery. According to a German infiltrator in a French espionage bureau in Rotterdam, French secret intelligence knew that concrete covers had been built to shelter submarines in Bruges harbour. The infiltrator warned that the enemy had mapped out these submarine shelters 'with great precision' and planned to bomb them. The telegram did the rounds of the *Marinekorps* services and caused consternation, judging from the furious underlinings in red pencil, the initials and the marginal notes. One jotting in the lower left-hand margin stated that the leaked information quite probably came from the arrested crew of a captured passenger ship. This was a very portentous statement – for it claimed, in essence, that restricted submarine warfare was not only useless to Germany's interests, but positively harmful to the Bruges bastion so painstakingly constructed by the *Marinekorps*. Self-defence demanded that even

86

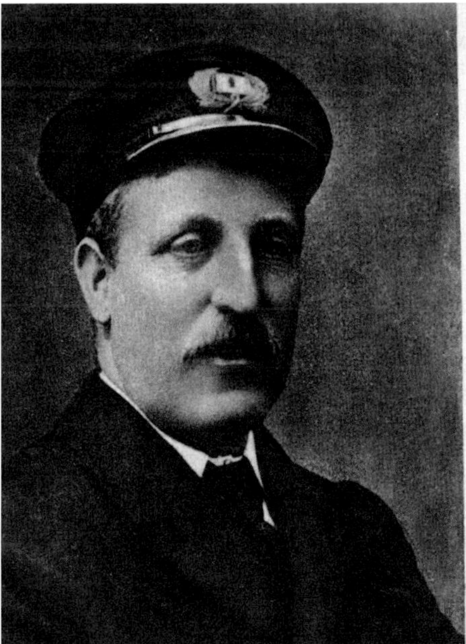

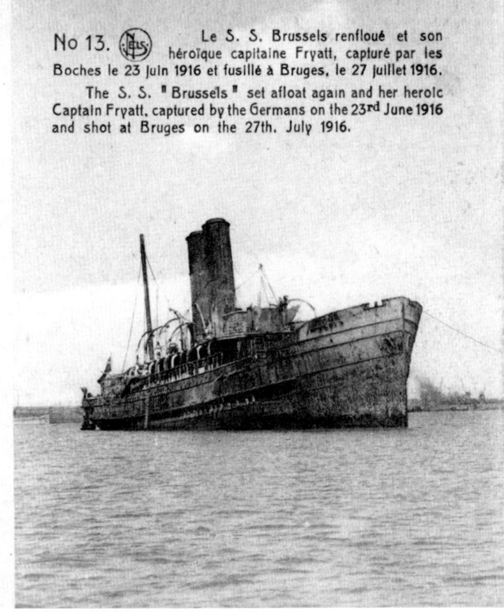

64 Charles Fryatt and his ship.
Commemorative postcard. Beeldbank Brugge.

passenger ships be sunk without warning and their crews left to drown. The telegram, then, justified the resumption of unrestricted submarine attacks – which in turn called forth bombing from the air. In short, this scrap of paper throws light on the escalation of naval and aerial warfare.[135]

(COUNTER-)ESPIONAGE

Meanwhile, work on the German defence of the Flemish coast continued; and defence in the broadest sense also meant counter-espionage. Counter-intelligence services in occupied Belgium had reached full strength since the autumn of 1915; several expert policemen had been called in from Germany. The aforementioned *Polizeirat* Groppengiesser of the *Feldpolizei* was, in civilian life, a police chief in the Alsatian town of Mulhouse.[136] After the war, a German who had worked at the counter-espionage bureau in Brussels told the Belgian authorities that Groppengiesser had worked closely with a Swiss citizen called Burnier, whose mother lived in Bruges.[137] Collating the information reveals that the wife of Gustave Burnier de Listry, a Swiss subject, had directed a boarding-school for English girls on

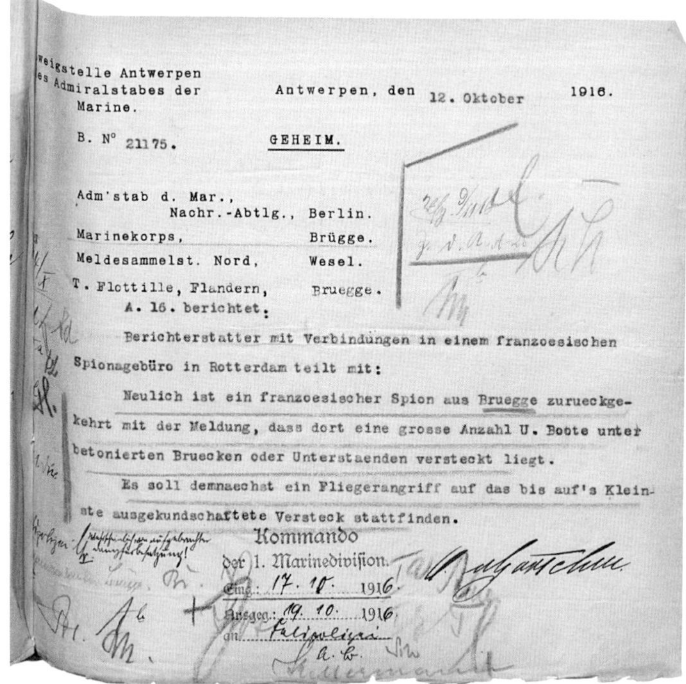

65 Telegram from the Admiralty staff, Antwerp department, to *Marinekorps*, 12 October 1916, with marginal comments. Freiburg im Breisgau, Bundesarchiv-Militärarchiv.

Funkspruch von ......Thielt...... MARINEKORPS

offen
verschlossen
chiffriert

+ n o 4 = tm 5 = generalkdo marinekorps ,= korps werder generalkdo 26 r k ,= generalkdo 13 a k ,= generalkdo 23 r k ,= = zuverlaesziger vertrauensmann meldet dass fuenf englische spionageagenten den auftrag erhalten haben ,¡ die schwaechste stelle unserer front in flandern und an der flandrischen kueste unter bejbringung von plaenen festzustellen ,=

n o 4 b nr 4247 +

Feldpolizei des Marinekorps

66 Telegram from the German Fourth Army counter-intelligence services at Tielt (Thielt) to the *Marinekorps Feldpolizei*. Freiburg im Breisgau, Bundesarchiv-Militärarchiv.

Sint-Annarei, the so-called Burnier School, until war's outbreak. In early 1915, the *Marinekorps* requisitioned the building to house troops.[138] In all probability, the Burniers did not get their property back after the war because they had compromised themselves under the occupation; it was, at any rate, in this building that the spy Anna De Beir established her hotel after her return from German prisons. 67

Moles working for German counter-intelligence infiltrated secret intelligence services. They did so patiently, awaiting the right moment to dismantle entire services in one blow with a maximum of arrests. From the autumn of 1915, a daily bulletin pooled information about spies, deserters and escaped prisoners.[139] Counter-espionage work reached into occupied France and the neutral Netherlands. What this means is that the executions in Bruges should not be seen as a local matter; they were part and parcel of a wider effort at repression. A striking example is the dismantling of the networks operated by the brothers Mus from Dudzele (see above). In late March 1916, three of Pierre Mus's agents in Bruges were arrested: Charles Titeca, Jules Delaplace (who had just returned from a spying tour at Oostkamp) and Jules Desloovere. The arrests were the result of well-coordinated detective work in the Government General, the Fourth Army *Etappe*, and the *Marinegebiet*. But the counter-espionage services did not manage to arrest Pierre Mus, who was in Bruges on a false passport,

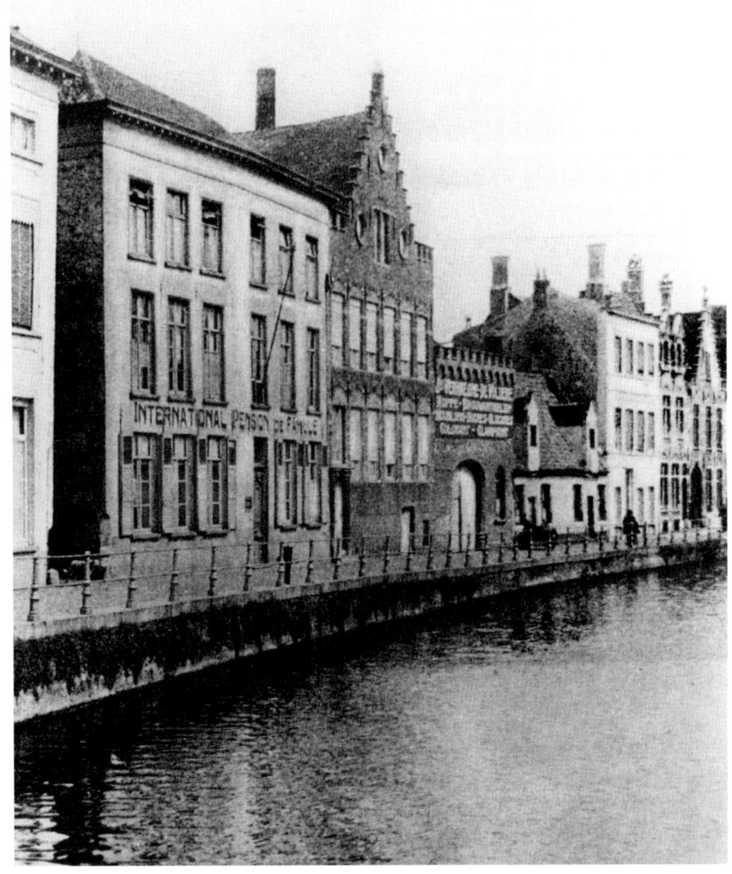

67 View of Sint-Annarei showing Anna De Beir's 'International Pension de famille', 1920. Beeldbank Brugge.

and was able to escape. On 12 April 1916, the three men received the death penalty. Their families were granted a brief farewell, while the car that was to take them to the execution grounds awaited (as Delaplace's wife was later to recall). At the execution grounds, the three caskets delivered by the municipality sat ready, filled with saw-dust, as per Von Buttlar's specification. The Bruges aldermen stood waiting in the pouring rain. But at the last moment, word came in that the executions were postponed because a request for pardon was handed in. Hope flared up. In reality, the executions were postponed because the *Feldpolizei* still hoped to lay hands on Pierre Mus. He had fled to Ghent; from there, he made his way to Brussels in hopes of escaping to the Netherlands. But on 16 April, between Ghent and Brussels, Mus was arrested in the village of Erembodegem by a *Landsturm* soldier who had discovered his papers were fake. In a panic, Mus stabbed the man to death and fled on.[140] He was now one of the most wanted men in occupied Europe. In their search, German counter-intelligence agents arrested his younger brother Frans – who ran a spy network of his own – in central Brussels. They almost caught Pierre, who was there to pick up a passport, but he slipped into a café and escaped through the back door (as he later testified).

Meanwhile, in Bruges, the *Marinekorps* decided to go ahead with the three executions, since Pierre Mus was not likely to show up in Bruges again; the *Marinegebiet* was by now quite closed off from the outside world. The three men were to die on 8 May – the day of the (now banned) Procession of the Holy Blood. Word in Bruges was that Von Schröder had postponed the executions for this reason. That was not entirely true: he had ordered the stay of execution in hopes of catching the kingpin, Pierre Mus, as mentioned above. But the choice of a new date was not random: once more, Bruges was made to feel its new rulers' fist. The fact that one of the condemned men, the 49-year-old Delaplace, had served in the honour guard of the Holy Blood's relic at the last prewar procession, in May 1914, deepened the symbolic impact of the chosen date.[141] And so the three men were executed by firing squad in the little courtyard behind the Lancers' Barracks. Outside, a large crowd stood in silence. Visibly upset, the commander of the execution squad, a reserve officer named Neumann (a notary in civilian life), admitted in front of the aldermen how appalled he was by his task. As the condemned men passed before the city officials, Delaplace asked them to take care of his family. Led to the stake, he cried out that he died for the fatherland (as alderman Louis Ryelandt later testified). Titeca, too, shouted patriotic words before the shots rang out. Moments later, a military surgeon declared the men dead. Neumann was beside himself. 'We almost felt sorry for him,' wrote Ryelandt.[142]

Meanwhile, Pierre Mus's younger brothers were in prison. The youngest, Gustaaf, was condemned to death in late June. On 11 August, he was shot in Ghent. In patriotic circles, his last letter to his mother in Dudzele went from hand to hand: 'Have courage, beloved mother, I am not executed as a criminal; I die so that all of you can be free one day.' (There were practical matters, too, as in other condemned patriots' letters: he told his widowed mother to claim the salary arrears the *Gendarmerie* still owed him, once the war was over.[143]) On 4 September, Frans Mus was executed in Brussels. His last wish was for his wife to sing a Flemish patriotic hymn in his favourite café

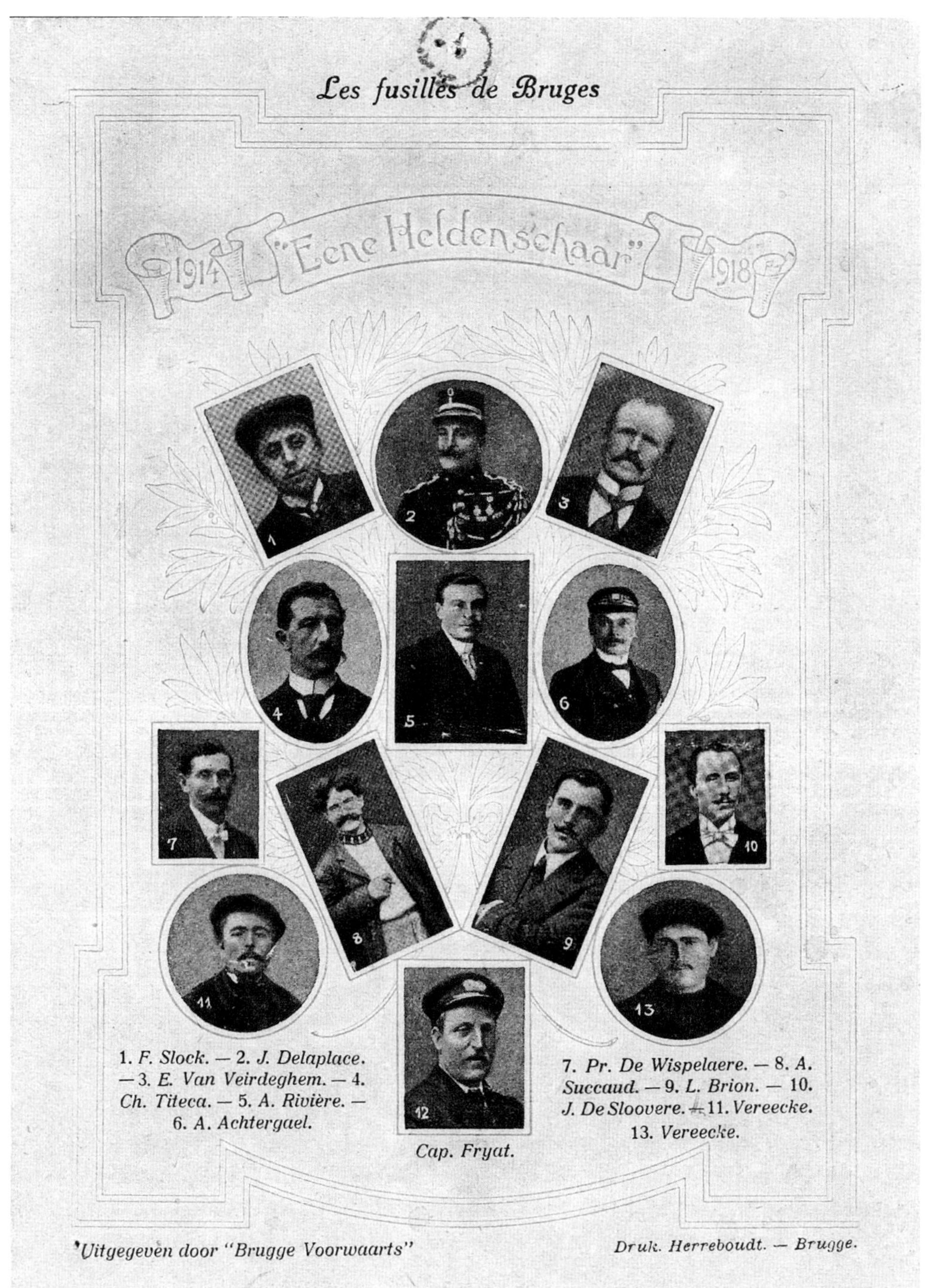

68 'The Executed of Bruges / A Band of Heroes'. Postwar commemorative card. Stadsarchief Brugge.

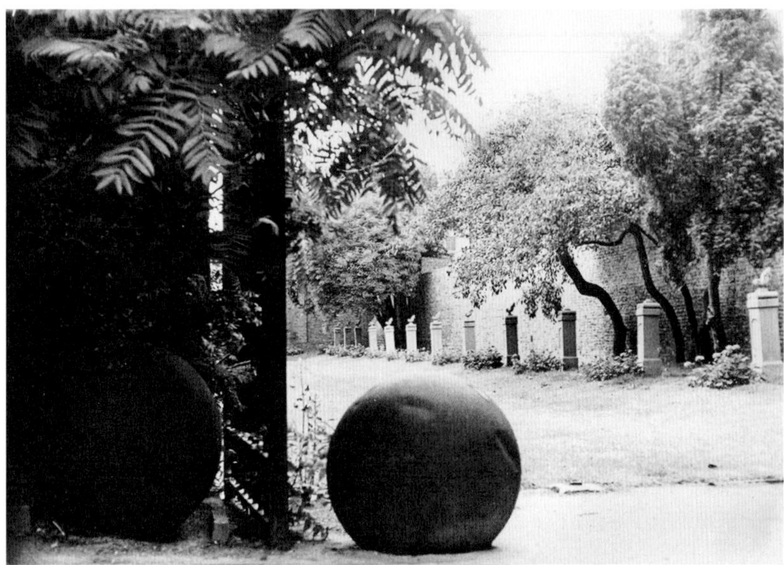

69 'The Court of the Executed' on Kazernevest photographed in 1972. Beeldbank Brugge.

in Brussels, accompanied by the pianola.[144] Pierre Mus, the eldest brother, went into hiding and survived the war – and the next.

In the meantime, two more men had been shot in Bruges: the young draughtsmen Leopold Brion and Abel Rivière, who had mapped out the coastal defences for British General Headquarters. They were arrested in mid-June. (As always, the weak link in their operation was smuggling the reports out: their female courier had been caught trying to cross into Holland.) On 2 August 1916, both men were executed, in the presence of two Bruges aldermen and of the burgomaster of Wenduine. A crowd of people paid discreet homage.[145]

It was the last execution. From the autumn of 1916, the *Marinekorps* (and the German occupying army in general) would highlight its power in a different manner. The executions had been ritual affairs. They were staged within the city walls. They gave rise to chivalrous exchanges between officials, last letters and last exclamations; and the public paid intense attention. In the place of these high-profile events came another show of domination: the mass deportation of anonymous workers. The almost formal confrontations on Aurora Court were at an end. (Nor would they be revived during the next occupation, when executions took place in utter secret, in the absence of local officials, and in remote locations, such as the woods near Loppem.[146])

69

THE REGIME HARDENS

By now the restrictions on mobility had become extreme. Two examples from September 1916 demonstrate as much. On the 23d, brewery-owner Leon De Meulemeester noted in his diary that the city was practically sealed off. On that day, as an exceptional favour, a group of 72 people from Sijsele, seven kilometres west of Bruges, was allowed to enter town, stay for two hours, and then assemble on central Burg square to return to their village under military escort.[147] And it was, of course, even harder to travel into and out of the *Marinegebiet*. A chronicle noted that Senator Albéric Ruzette was by now the only citizen of Bruges still allowed trips to Brussels, because he presided over the Bruges section of the Relief Committee.[148] Not only was the *Marinegebiet* closed off, the troops, too, were surrounded by a wall of suspicion. In late August, an internal communiqué reminded them that extreme caution vis-à-vis civilians was part of their duty. 'We are in enemy territory. Every inhabitant, no matter how friendly-seeming, considers it his patriotic duty to cross us as much as possible. One of our greatest liabilities here is our own troops' garrulousness [*Schwatzhaftigkeit*]. All members of the *Marinekorps* need to be told once more in no uncertain terms that every uncautious word spells danger for our fatherland and our comrades and that whoever behaves in an irresponsible manner will be punished severely.' Above all, the locals should not be privy to news from the German home front. 'We know that many things have become scarce back home. But some silly or overanxious women tend to paint the situation in exaggerated colours. When such descriptions fall into the hands of the enemy, they only strengthen his confidence and so lengthen the war. Our adversaries have already published such letters in order to encourage their own people to hold out – and to show the world our alleged situation.' The message had to be repeated every month.[149]

Deepening scarcity on the German home front prompted a change: the Wilhelmine Empire geared up to fight war even more single-mindedly. In late August, generals Paul von Hindenburg and Erich Ludendorff took over command of the General Staff. This changed the political climate: the German civilian authorities' say in military matters, never extensive, now shrank dramatically. This opened the gates for the resumption of unrestricted submarine attacks. Also, German

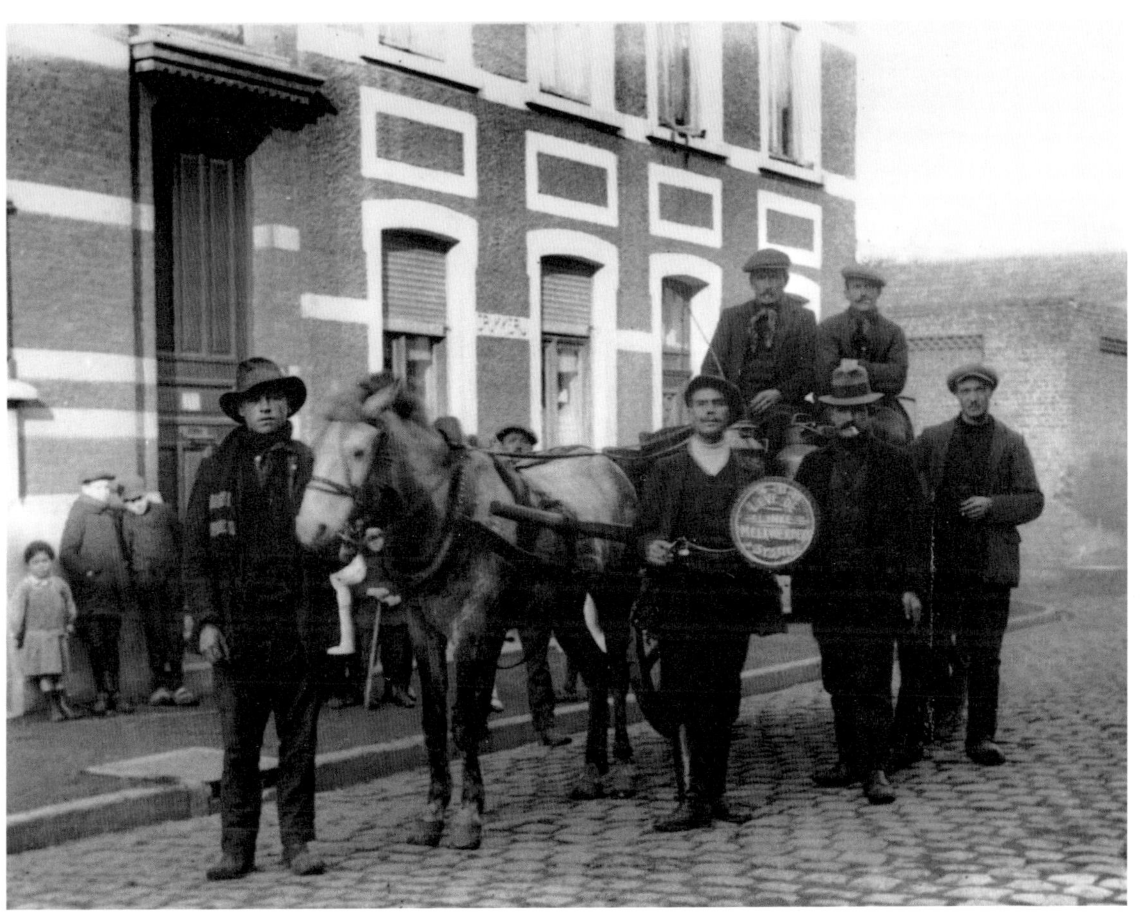

70 Milk sellers from Sijsele, 1917. Beeldbank Brugge.

Overleaf
71 Sorting the mail at the *Marinekorps* mail office in Sint-Jorisstraat,
1915. German *Feldpostkarte*, 'Postamt in Brügge. Februar-Mai 1915 /
Rue St Georg 10'. Collection W. Verschaeve, Lauwe.

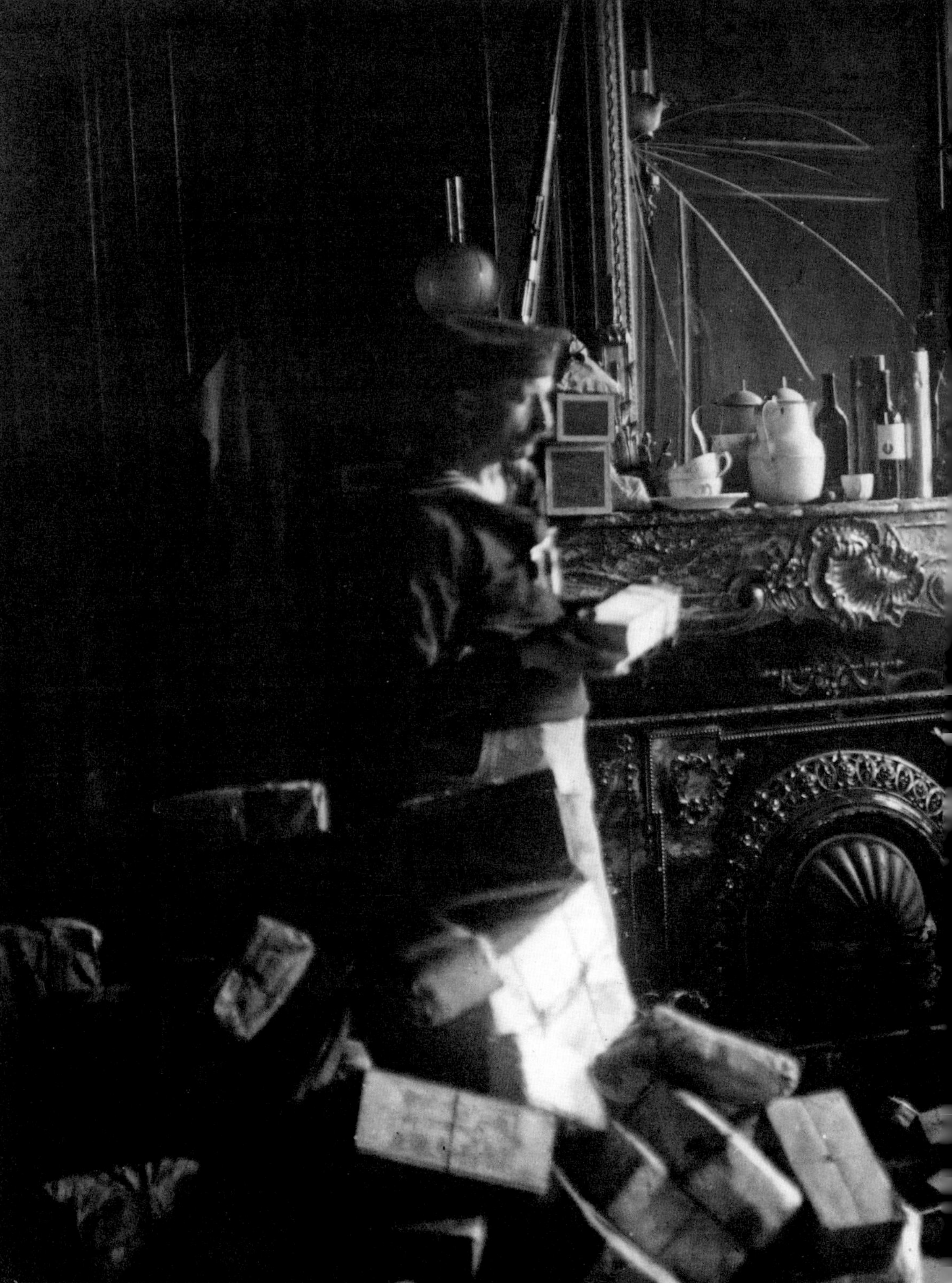

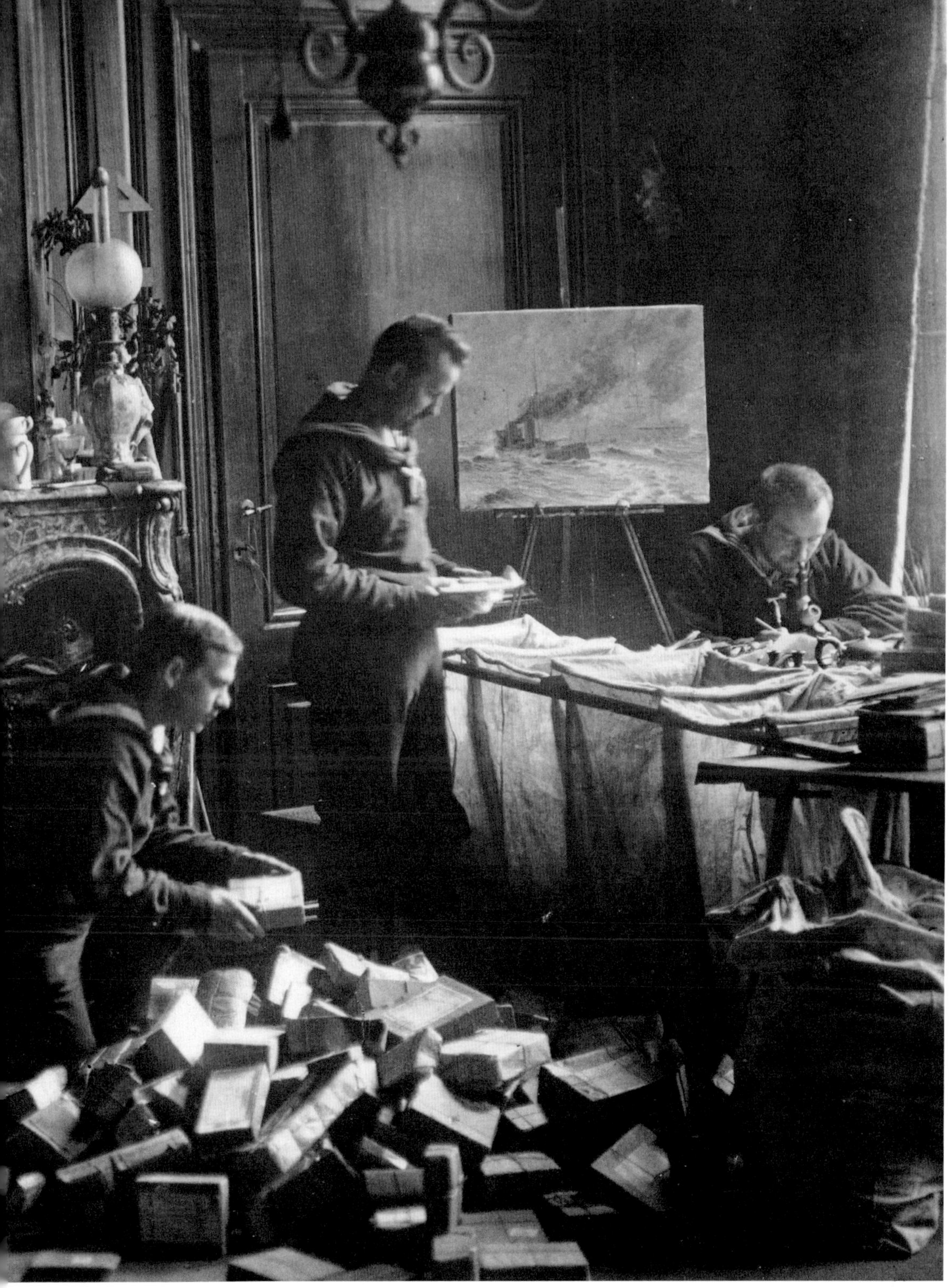

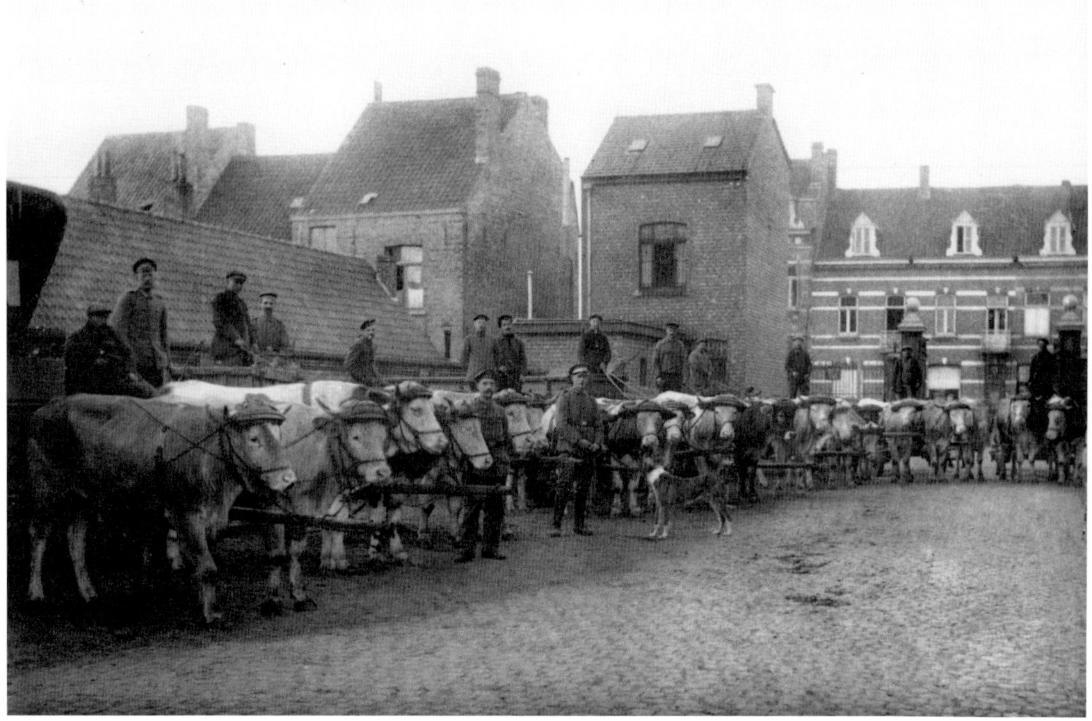

72 German military, civilian workers and requisitioned oxen in the courtyard of the fodder depot at Sint-Kruis, 1917. Beeldbank Brugge.

defences on the Western Front were strengthened with an eye to a later, decisive attack. And on the domestic front, it was all hands on deck for war production. The Hindenburg Programme mobilized all able-bodied men between ages 17 and 60 not under arms for munitions production and other war-related labour; most 'non-essential' activity ground to a halt.

For the occupied territories, the change of regime meant deepened exploitation. The list of requisitioned goods kept extending. In April 1916, the *Marinekorps* confiscated all fabrics that could 'serve the manufacturing of flags', possibly with an eye to the banned national holiday of 21 July. In November, the breweries no longer operating had to relinquish their barrels and driving-belts. Inhabitants were ordered to register a wide array of resources – nut trees, potato stocks, donkeys, and so on. On 21 July, the *Marinekorps* seized all of the cattle.[150]

Not only had meat, butter, soap and a great many other goods become desperately scarce, but so had work. All through the second half of the war, half of Belgium's skilled labourers were out of work, and the other half found it ever harder to scrape together an income. The Belgian economy was quite hamstrung by the naval blockade and by the military occupation with its train of bans (on mobility, communication, trade), its endless rounds of requisitions, war levies and fines, its wholesale closure of businesses that refused to work for the German army (as the majority did), and its systematic dismantling of Belgium's industrial infrastructure. Men lost their jobs in droves; and women, who tended to work in precarious and ill-paid occupations to begin with – including domestic service in the homes of the ever more impoverished bourgeoisie – were even more miserable.

Until the middle of the year 1916, municipal governments had managed to put together job-creation programmes, in collaboration with the Belgian Relief Committee; the American scholar Frank Angell of the Commission for Relief in Belgium marvelled at their resourcefulness.[151] In Bruges, for instance, a Lace Committee guaranteed the lace-workers' income by buying up their creations, which were sold abroad by the Commission for Relief.[152] 'The workers received a much better price than they would have gotten from any lace merchant in town,' wrote the priest of Sint-Andries parish.[153] In June 1915, a Committee for the Jobless, launched by socially conscious clergy with the aid of private donors, had created a programme for cabinetmakers: they set to work making school benches and blackboards for the destroyed villages in the front zone, so things would be ready once the war was over and reconstruction started. The city government placed orders, too. *Brugeois* who needed house repairs or remodelling but considered waiting until the war was over in order to save their money, were urged to change their minds, 'make a small sacrifice', and hire workers without delay. This programme, which was typical of the corporatist spirit of the Christian social movement, gave employment to 131 workers and 73 'small masters' through 1915–16.[154] But even modest initiatives such as these were eventually thwarted: the *Marinekorps'* bans on travel and transportation – and, from January 1917, its seizing of all the coal stocks of businesses not working for the occupying army – resulted in its total control of the labour market.[155] What is more, from December 1916, city governments were forbidden to commission public works to create jobs; the municipality of Assebroek,

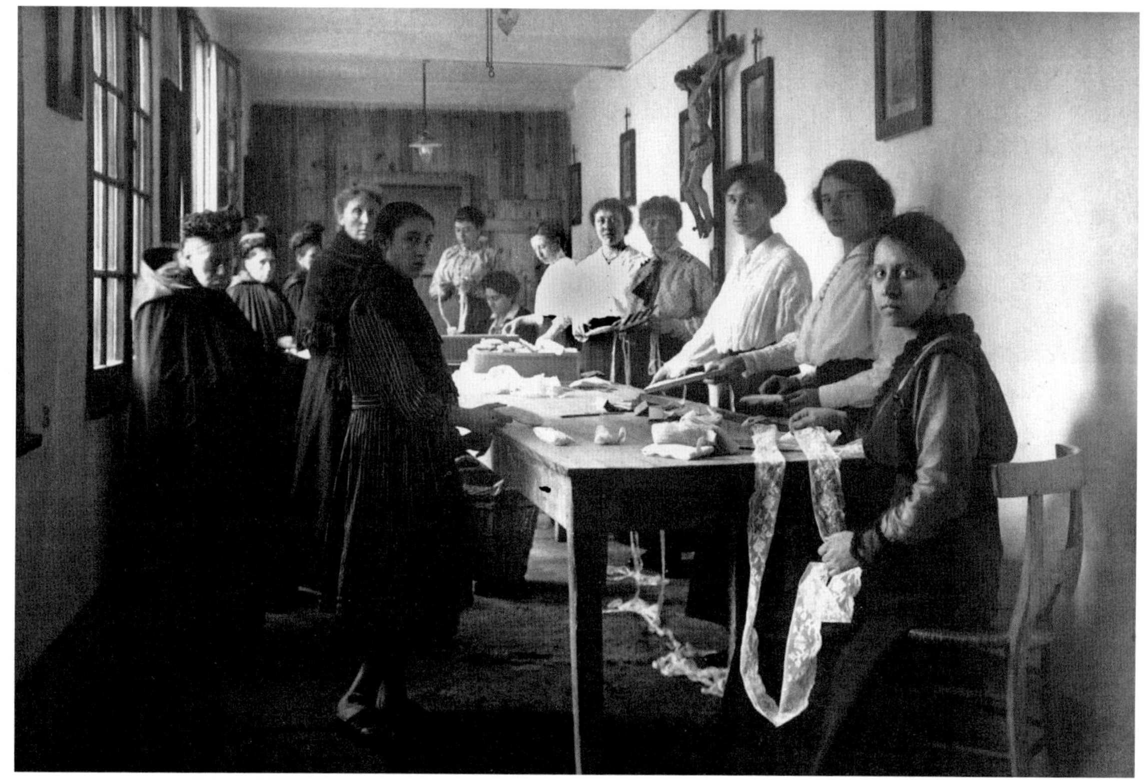

73 Lace-workers handing in their work with the ladies of the
Lace Committee at Sint-Trudo Hospice on Garenmarkt, 1916.
Photo Watteyne, Stadsarchief Brugge.

for instance, was forced to stop its road-building and sewerage pro-gramme.[156] And so the *Korps* became the dominant employer in the *Marinegebiet*, both with regard to the troops' needs (laundry, clean-ing, cooking, entertainment, sex) and Germany's naval strategy (docks, digging, dredging, and so on).

The recruitment of men for work on the docks had started early on. Finding suitable workers was not easy; a report from January–February 1915 noted that the available labourers were not necessarily skilled in this kind of construction job, and that recruiting men from elsewhere was very difficult both because food had become scarce al-ready and because people were not allowed to travel.[157] In addition, the Entente and Belgian authorities had set up a system to smuggle the skilled workers needed for the war industry out of Belgium with the aid of escape networks. Harbour-master William Robinson, who as a British citizen had had to leave Bruges in October 1914 (his mother and sister remained in the city throughout the war), contrib-uted greatly to this effort from his operations base in Sluis, right across the Dutch border.[158]

Yet the *Marinekorps* did manage to recruit Belgians to work at the docks. They were paid by the Korps, in contrast to the Belgians work-ing for the troops, who were paid by the city government.[159] Some of these Belgian dockers were in the *Korps'* direct employ; others worked for private German subcontractors. By January 1918, for instance, one German construction company employed eight members of the German military, 31 civilian personnel from Germany and 220 Bel-gians.[160] The Belgians worked under tight control. During the spy trial of Delaplace and the others, police superintendent Groppengiesser noted that Delaplace had not been able to gather intelligence with regard to crucial installations such as the radio station in Bruges – for the simple reason that no Belgians were employed there. But he *had* been able to spy on the harbour installations where Belgians worked. It would be preferable, Groppengiesser noted, not to employ locals on the docks at all, for even the most severe control could not prevent leaks.[161]

Yet the *Marinekorps* lacked the manpower to do the work itself. Army high command were stingy with extra men, considering as they did that the land forces were fighting bitterly on several fronts while the naval forces were making themselves moderately useful at best. Not only did the *Marinekorps* have to wait its turn when it came to reinforcements, the Hindenburg Programme ordered many of its skilled workers back to the munitions factories in Germany.[162] The tall stacks of correspondence still kept in the Marine Archives attest to the resulting scarcity of manpower. For instance, one top-secret message from Ostend pointed out that the docks there had no security crew available.[163] The *Korps* had no choice but to employ Belgians – worrying constantly about safety. An anxious report of July 1916 let it be known that although the Belgians working on the Zeebrugge mole were under strict control, they inevitably wound up seeing too much. Fortunately, the German subcontractor on the site could vouch for the discretion of his German workers.[164]

Paradoxically, the mood of suspicion went together with ever louder demands for systematic exploitation of the Belgian labour 'reserve', in the face of the Germans' deepening scarcity of manpower. In September 1916, the *Marinekorps* drew up lists of potential Belgian workers, men as well as a small number of women.[165] But the docks supervisors remained sceptical. The *Kaiserliche Werft* at Ostend did send a list on 29 September, warning that this did not mean that German workers could be missed. Only Germans could be entrusted with repairs on-board submarines and torpedo boats, both for security reasons and because this was highly specialized work. Belgians could be used for simpler workshop jobs and for dredging. However, they did not work very hard. The report suggested they might not be paid enough at 4 francs an hour. (In fact, that kind of wage was lavish compared to what the remaining Belgian employers paid, and it was many times more than what the workers would have received in unemployment benefits.) Still, the *Kaiserliche Werft* supervisor stressed that it was important to hold on to as many German workers as possible, especially in shipbuilding jobs; and that vigilance vis-à-vis the Belgians was of the essence. Maybe they could be marked out from the German workers – with broad yellow stripes on their pants, for instance, such as the ones in use for Russian prisoners of war – to make them conspicuous should they wander into areas off limits to them. At any rate, putting more Belgians to work meant hiring more Germans to guard them.[166]

But the clamour for more Belgian workers drowned out critical observations about their unreliability. In late September 1916, the *Marinekorps* demanded the municipality hand over a list of 400 men for defence works at Lapscheure, near the Dutch border. A clash ensued, for the city officials refused to hand in such a list. Their response stated, 'with the greatest respect and the deepest regret', that no one could require them to send people to work outside the city on a project that had nothing to do with billeting tasks. In other words, the city government accepted its obligation to quarter troops, but refused to go beyond this. Nor did it want to hand over its list of the jobless men on the relief rolls. 'For two years now, we have made exceptional efforts and gone to excessive expense to comply with countless demands. We have done everything we could to maintain an honest and irreproachable attitude vis-à-vis the occupying power.... Today, we beseech you not to place us in a position in which decent people no longer know where their duty lies.'[167] In response, the *Marinekorps* summarily dismissed the city government and imposed a massive fine. On 3 October, a poster set in threatening type spoke equally threatening words: 'In deliberate disobedience, the city government has not appointed the requisitioned workers. His Excellency the commanding Admiral has ordered the temporary removal of the Burgomaster and the five aldermen and has appointed *Oberleutnant* Rogge with the coercive administration of the city. Moreover, from 29 September onwards, the city will pay a daily fine of 100,000 marks for as long as the labourers in question fail to start work.'[168] On the next day, the measure was rescinded somewhat: 'His Excellency the commanding Admiral' announced that the aldermen had to stay on, but that the Burgomaster would not be reinstated and was replaced by the most senior alderman, Ernest van Caloen. The fine was reduced to four times 100,000 marks – and ultimately to 50,000, a favour granted on the occasion of the Emperor's visit on 21 October 1916. (A poster made a great deal of this favour – another means to legitimize the occupying regime.[169])

Meanwhile, from the second week of October, the *Feldpolizei* had started to round up all the men in the streets who looked like workers. At the controls office (*Meldeamt*), where all men had to register weekly to ensure that they did not try to join the Belgian army, all able-bodied men between the ages of 16 and 45 were arrested. They were marched to the Lancers' Barracks ('Carthusian Barracks') and held there. A crowd of wailing women and children assembled in front of the gate, only to be dispersed. The forced labourers were enrolled in so-called Civilian Workers' Battalions (*Zivil-Arbeiterbataillone*, ZAB for short) and sent to dig defence works behind the front in Flanders and in northern France.[170] On 24 October 1916 a poster announced that 'Those Belgian workers who fail to respond to the SUMMONS TO WORK will be forced to work.'[171] From the village of Oostkamp alone, 51 young men were deported to work near Verdun, Sedan, Longwy and elsewhere. Forty of them returned ill; four had died in the camps; another one barely made it home to die.[172] The priest of Sijsele reported that 'many workers were requisitioned to do war work, at the front, at the docks or at airfields. It all happened under heavy threats, they were led off with great violence, and they were sent to a harsh penal colony if they showed the slightest recalcitrance.'[173] The popular Flemish writer and journalist Abraham Hans wrote after the war: 'Hundreds of our compatriots were forced to work like slaves. [In total, at least 120,000 Belgians were led off as forced labourers; half of them in Germany and the other half behind the front. —SdS] Those who refused were sent to penal camps like the school at Dudzele, or locked up in sheds behind the front.'[174] Recalcitrants were indeed taken from their homes and sent to the penal camp installed in the boys' school at Dudzele.[175] The most unruly ones were dragged to the concentration camp (*Sammellager*) at Sedan in France. These included intractable members of the Bruges bourgeoisie such as the attorney Jozef Schramme, who was arrested for calling upon the workers of Bruges not to let themselves be hired by the *Marinekorps*, and the well-known master confectioner Jules Vanhulle, who was sent to the camp in Sedan with his two sons, and died there of exhaustion.[176] Before long, forced labour became a system: from 24 November 1916, all men aged between 14 and 60 had to register with the *Kommandantur* for a 'work card'. From then on, they had to submit to regular 'inspections'; if during one of these – or for that matter during a street round-up – their 'work card' was taken from them, they had to give themselves up for work immediately. This, as Luc Schepens has written, 'gave the occupying power a permanent reservoir of labourers'.[177]

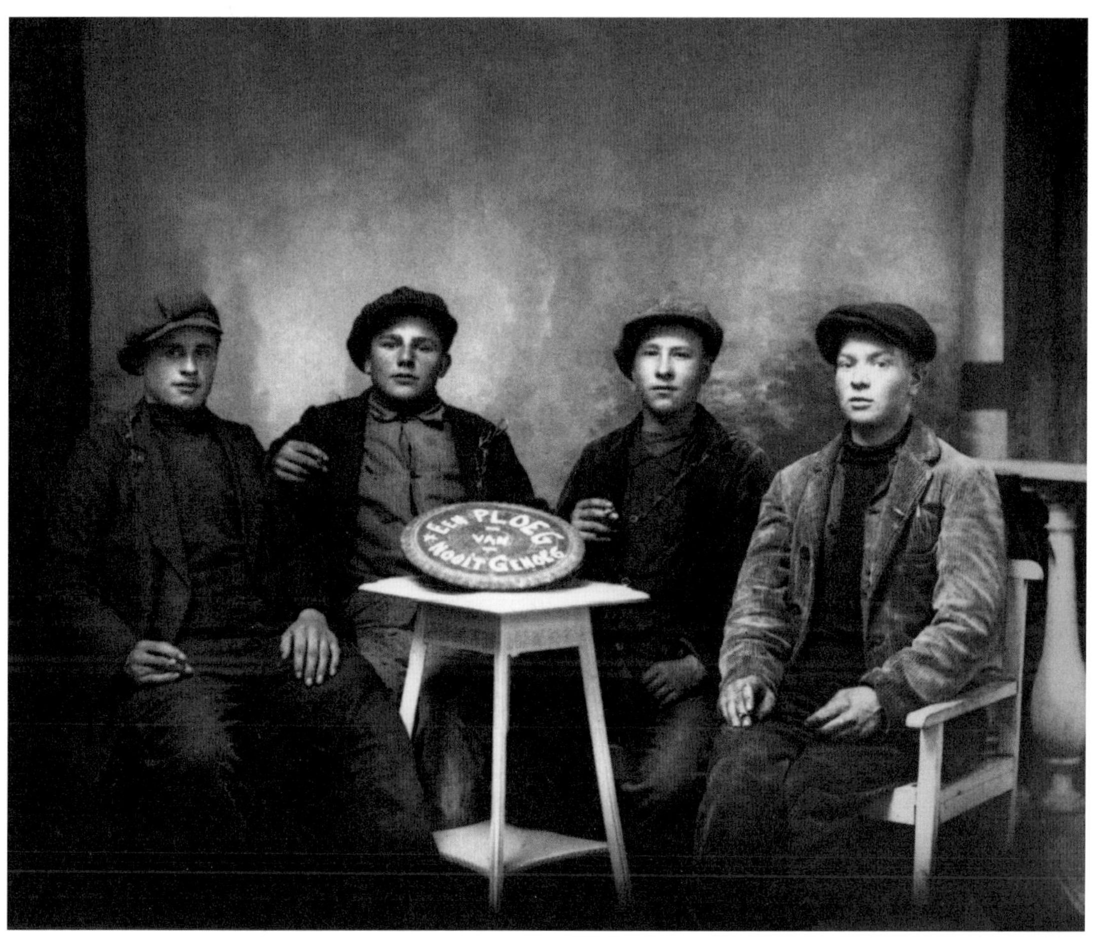

74 Four requisitioned workers from Sint-Kruis, 1917.
Beeldbank Brugge.

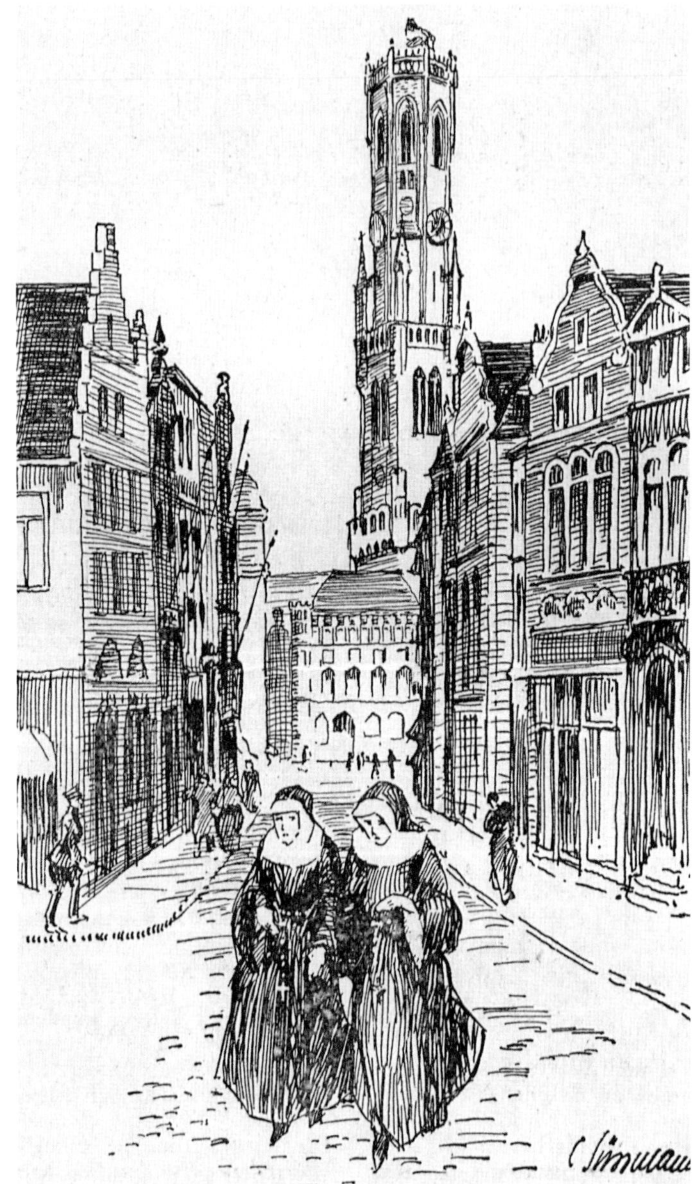

75 W.E. Spaethe,
'Bruges Beguinage'
(*Der Beguinenhof
von Brügge*),
An Flanderns Küste
3 (15 April 1916), 20.

BLOND IDYLL

This hardening of the occupation regime went together with an ever more idyllic view of Flanders – which may or may not be a paradox. 'The Idyllic Soul of Flanders', an essay published in the summer of 1916 by Herman Nohl (an educationalist in civilian life, now employed in the requisitionings office of the Fourth Army in Ghent), was instantly popular with German audiences. Nohl painted a Flemish arcadia untouched by jarring modernity – by ambition, by social questions, by the state – where people 'enjoy life peacefully, at one with nature, with the home, with the family'. The thought of this prelapsarian Flanders, an oasis only a few miles behind the front, proved to be enormously consoling in wartime. 'The idyllic soul of Flanders,' wrote Nohl, 'is a source of intense happiness for us German soldiers, for its abundance and beauty are such a contrast to the horrors of war and the harshness and loneliness of the soldier's life.' Why was this vision of Flanders so popular precisely in the hardening war summer of 1916? Because it quelled reading audiences' anxieties over Germany's war by painting a region held under a coercive regime as familiar and friendly instead of foreign and hostile. It painted the German presence in the conquered land as beneficial and justified. The fact that so much Flemish vitality subsisted even right behind the front was, in Nohl's view, 'happy proof' of the constructive nature of Germany's way of waging war. (He failed to mention that the *Zivil-Arbeiterbataillone* were not exactly designed to boost villagers' vitality.[178]) Nohl's Flemish-idyll vision made much of the similarities between Flanders and Germany – additional proof of the, so to speak, organic nature of the Germans' presence in this occupied region. As Nohl toured the villages around Ghent, people smiled at him even though he came to requisition resources; he felt as if he were 'in Pomerania', or 'in southern Germany'.[179]

Like any colonial power, the German occupation powers saw their conquest through an ethnic lens – dependable versus untrustworthy 'races', diligent versus slothful ones, clean versus unclean ones. Their view of different groups in Belgium was also inspired by the elites' deep-seated mistrust of industrial workers as essentially foreign. Thus, Rudolf Schröder, the very young war volunteer from Wilhelmshaven, rode into Belgium on a troop train in November 1914, and had this to say about Liège: 'Factory population. A lot of poverty. Grubby

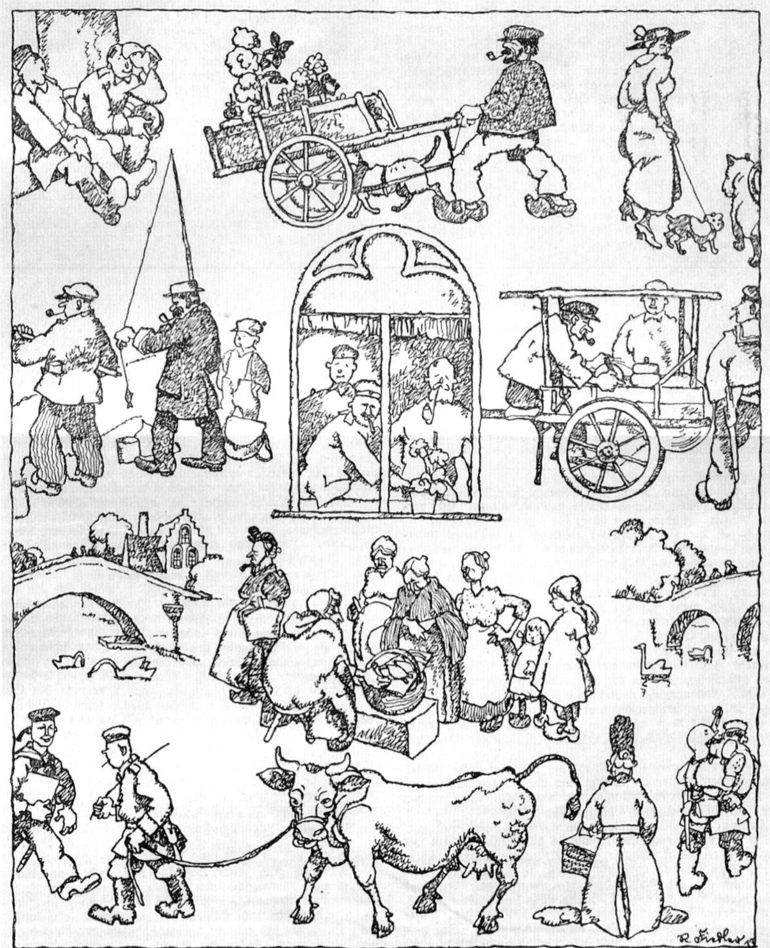

76 Richard Fiedler,
'Picked up in Flanders'
(*Erlauschtes aus Flandern*),
An Flanderns Küste 33
(15 July 1917), 261.

young ladies [*schmierige junge Damen*] clamber over the barbed wire to sell us cigarettes and red wine. Not a Germanic population.' His view was coloured by aversion for Liège, where the German armies had first met with resistance. By contrast, in Ghent he noted (quite inaccurately) that there were 'no factories'; he also wrote that 'the population is friendlier; many blond people'.[180]

As the occupation regime ensconced itself, it sought to establish its authority through a Flemish cultural policy meant to give it legitimacy – if not in the eyes of the occupied then at least in those of the occupier. The choice of language became a highly politicized matter, bound up in the dynamics of occupation. The Bruges *Kommandantur*, for instance, made a point of urging the troops to purchase a Flemish language manual (*vlämischer Sprachführer*) written by the officer Hermann Felix Wirth, and to attend Wirth's lectures.[181] (Wirth, a philologist working for the press office of the Fourth Army in Ghent, was one of the initiators of the occupying regime's Flemish policy. In the interwar years he would be one of the founders of the *SS-Ahnenerbe*.[182]) Conversely, Von Schröder limited the use of other languages. In a communiqué of 11 October 1916 he 'deplored' having had to find out that many officers, the younger ones especially, liked to practise their French with the locals. 'The wrong and reprehensible character of this kind of language practice, especially in the present circumstances, hardly needs stressing. I therefore forbid all officers to use French except when urgently needed for the service.' The ban encompassed all enemy languages, including English.[183]

77

Kaiserliches Marinekorps
Fortifikation
N° 2.

Marinekorps
Generalkommando.

K.H.Qu., den 11 Oktober 1916.

P.B.Nr.5473 -IIa

Persönliches !
- - - - - - - - - - - - - -

Es ist zu meinem Bedauern zu meiner Kenntnis gelangt, daß Offiziere, meist jüngere, den Verkehr mit der belgischen Bevölkerung dazu benutzen, ihre französischen Sprachkenntnisse zu üben oder zu zeigen. Wie falsch und tadelnswert gerade in der jetzigen Lage derartige Sprachübungen sind, bedarf nicht der Betonung.

Ich verbiete daher den Offizieren aller Kathegorien den Gebrauch der französischen Sprache. Ausgenommen hiervon sind solche Fälle, in denen dies aus dienstlichen Gründen dringend notwendig ist.

Dieses Verbot erstreckt sich selbstverständlich auch auf die Sprachen aller feindlichen Nationen z.B. Englisch.

V. Schröder

An
1. Marinedivision
2. Marinedivision
Schw.Korpsart.Regt.Nr.1
Schw.Korpsart.Regt.Nr.2
Torpedo- und Minenwesen
Artillerie-Inspektion
Luftfahrwesen
Kaiserliche Werft
Fortifikation
U.-Flottille
Kolonnen und Trains
Korpsfernsprechabtlg.
Kraftfahrtruppen
Wetternachrichtendienst

sämtliche Kommandanturen
des Marinekorps.

77 Communiqué of the *Marinekorps* general command to all units, signed Von Schröder, 11 October 1916. Freiburg im Breisgau, Bundesarchiv-Militärarchiv.

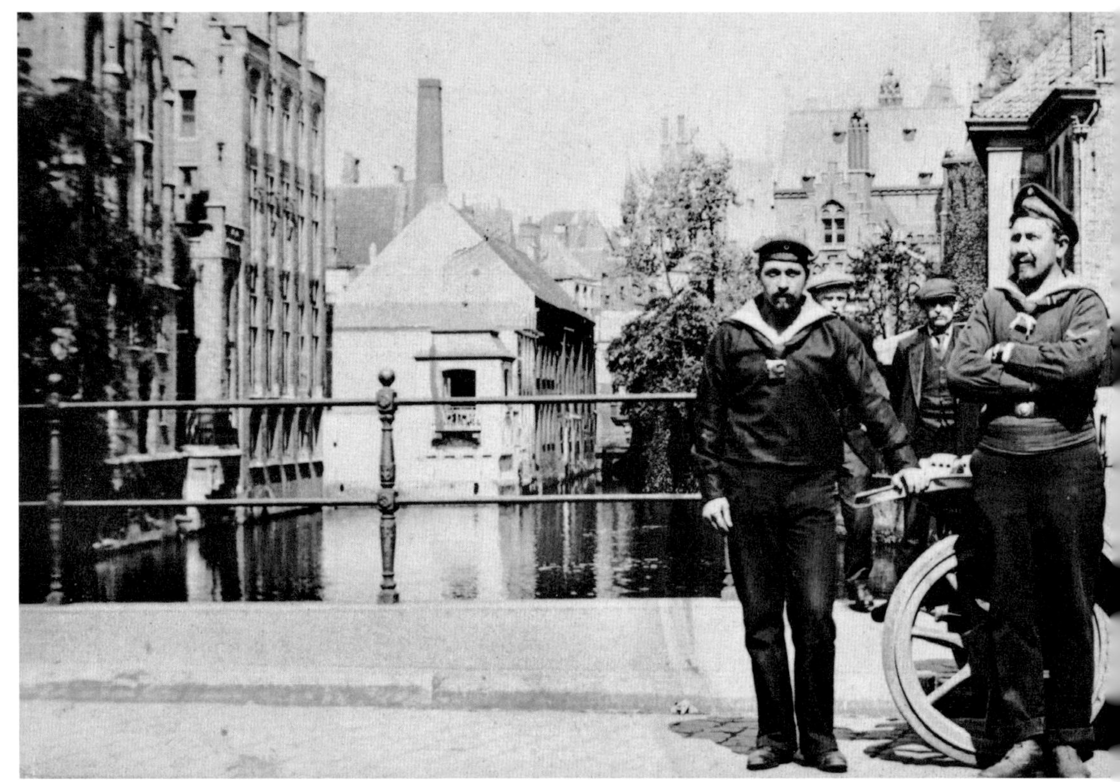

WONDER WEAPON

For the German forces, Bruges was not only a bastion but also a tourist destination – to the point that the *Marinekorps* had to warn the 'many thousands' of military tourists from other army corps, who were using their leave to visit the city and its environs, that there were strict limits on the taking of pictures in the *Marinegebiet*.[184] (Civilians, bar a few designated photographers, were forbidden to take pictures at all.) Especially, Von Schröder wanted to avoid all-too-enthusiastic visitors passing on to German magazines their snapshots of U-boats, the coastal batteries or the mole. Demand was keen; the home front was curious to know more about the solid German bastion on the Flemish coast. But safety and therefore secrecy mattered more.

As mentioned earlier, Germany had not entered the war to conquer territories, but once they were conquered, they became war bounty – all the more valuable as they had been secured at the price of the

78

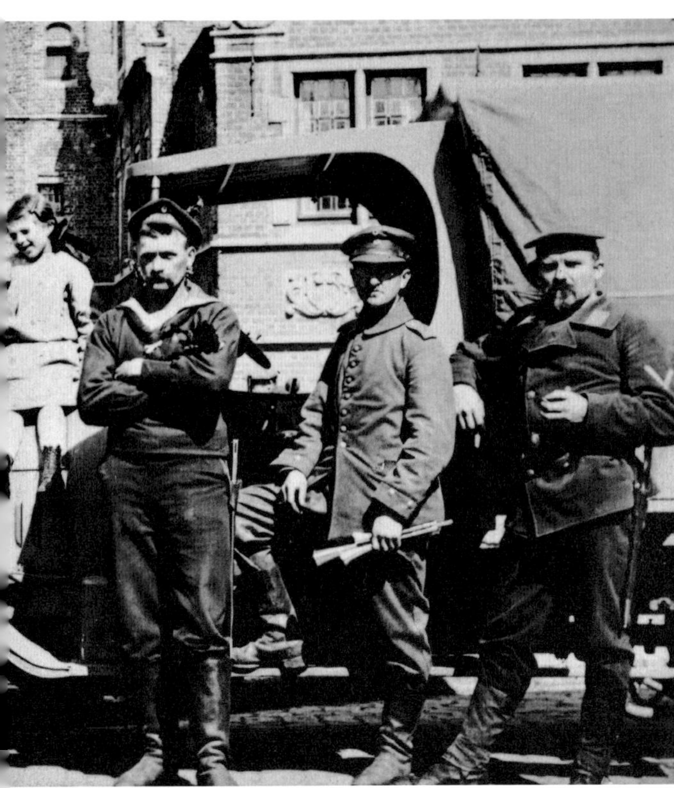

78 German *Seesoldaten* on Rozenhoedkaai. Collection W. Verschaeve, Lauwe.

bloodiest fighting ever seen. For this and other reasons, Germany's leadership by and large refused to consider the restoration of Belgian independence. Since this was precisely one of the Entente's main war aims, the war could not end. But Germany's forces were depleted and no end was in sight. It was true that Germany had not lost a single decisive battle, but this did not bring the end of the war any nearer. And so the gaze fastened once again on the wonder weapon: unrestricted submarine warfare, a strategy which the decision-makers in the Wilhelmine Empire had been debating extensively for two years by now. Meanwhile, the *Marinekorps* had turned ever more active. No sooner had it taken possession of its long-awaited two destroyer flotillas than it used them in a spectacularly successful surprise raid on 26 October.[185] Not that it changed Germany's position, but it inflected German views: the submarine war gained ever more credit as a last trump card. And so the Flemish bases became more central in strategic thinking; and Bruges, in 1917, was more central to the conduct of war than it had ever been.

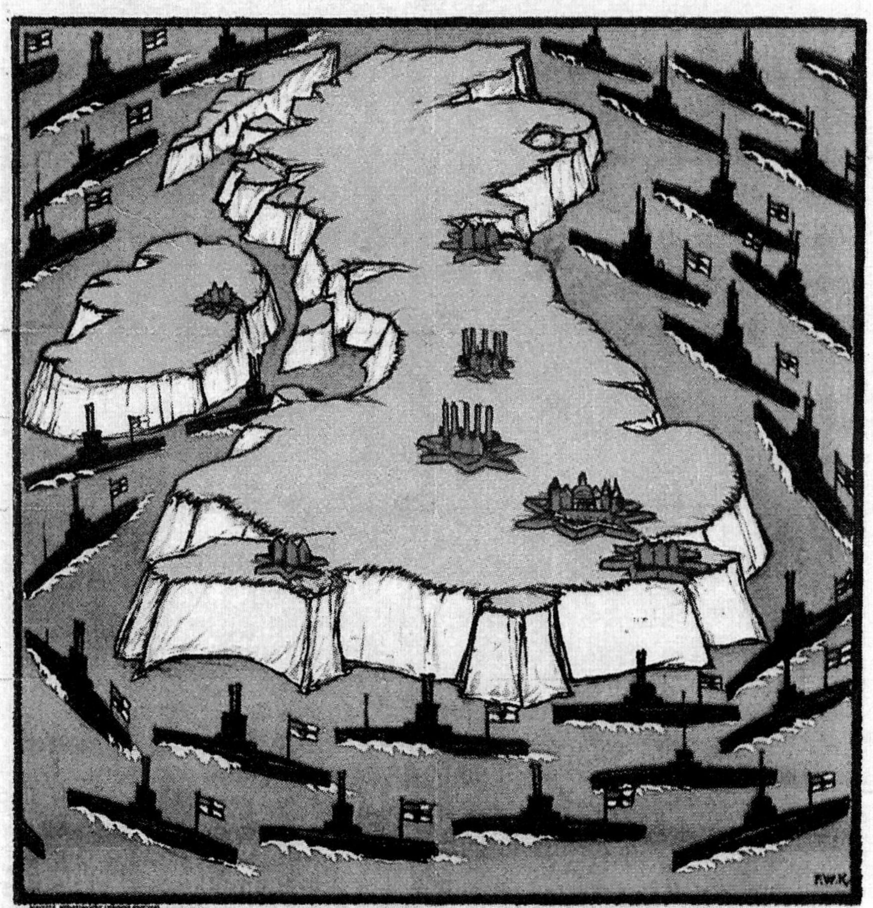

79 'Underwrite the War Loan for Submarines against England!' (*Zeichnet Kriegs-Anleihe für U-Boote gegen England!*). Poster designed by Friedrich Wilhelm Kleukens supporting the March 1917 war loan drive, Mainzer Verlagsanstalt, n.d. [1917]. Collection Tomas Termote, Bredene.

7

——

1917

The winter of 1916–17 was the hardest in a long time; it was still freezing in Flanders in April 1917. For all of belligerent Europe, 1917 was the 'impossible year', a year that taxed the powers of endurance of armies and home front to the limit, a year when more and more people asked themselves in despair where things were going.[186] 1917 was the year of the French mutinies, of the breach in the Italian front, of the Russian Revolution. And it was the year the British attempted to break out of the Ypres Salient, an attempt that ended in blood and mud in the ruins of the village of Passendale (Passchendaele). It was the year when Bruges, though it was spared the fate of Ypres, stood closer to the eye of the storm than ever.

THE UNDERSEAS WAR

For the German army command had decided in the last quarter of 1916 to play the 'last card': that of unrestricted submarine warfare, in other words, the sinking of all ships without distinction, without warning or rescue. The weapon had been unsheathed several times in the past years, only to be put away again, for fear of destroying relations with the as-yet-neutral powers. The decision to use it after all brought Germany into a collision course with the United States; but the new army command, which now managed matters with little interference from the Chancellor or the Ministry of Foreign Affairs, took this in stride. Scarcity on the home front reached alarming proportions, the news from the Eastern Front was excellent; the time was ripe to deal the West a decisive blow, albeit not on land and not on the high seas. Marine departments proffered enthusiastic calculations of the tonnage the submarines could be expected to sink, and the ensuing loss in calorific intake of British civilians. Scarcity would bring the enemy to his knees before long, for in contrast to the Germans, the British were alleged to be a materialist people unable to face austerity.[187] And so the decision was taken on 8 January 1917. Germany's fate now lay in the hands of its naval forces: 'It is now the Navy's responsibility to put decisive pressure on the enemy,' Admiral Scheer wrote; and the Navy had to concentrate on submarine warfare. 'We want to impose peace through submarines.'[188] The *Marinekorps Flandern* now played a more crucial role in Germany's conduct of war than it had ever done.[189] New troops poured into Bruges: 'The railway station was spitting out soldiers,' Herman Bossier noted on 30 January 1917. High schools, cloisters, orphanages, old people's homes and other institutions, such as the Priests' Seminary, all received four days' notice to vacate their residences; they were forbidden to take furniture with them. All became billets or military hospitals.[190] Canon Duclos noted the expulsions: '8 Febr. School of Sisters of Saint

81

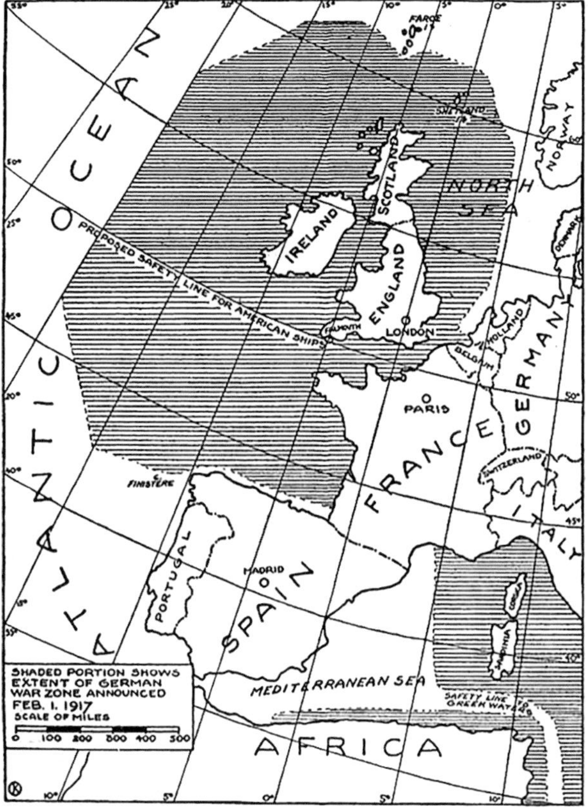

NEW GERMAN SUBMARINE WAR ZONE OF FEBRUARY 1, 1917

80 'New German Submarine Zone of February 1917', Francis J. Reynolds et al. (eds.), *The Story of the Great War*, part VI, New York: John A. Collier & Son, 1920.

81 Evacuating the Episcopal Seminary, 1917. Beeldbank Brugge.

Joseph in Sint-Gillis [parish] expelled. They are not allowed to take anything.' This in spite of the 'deep frost'.[191] On 5 February, 190 deaf-mute and blind children had to leave their institution to be evacuated to Antwerp. 'The Home served as barracks for infantry and telegraphists, up to 1,800 or even 2,000 of them & all nooks and crannies were in use,' wrote the Mother Superior after the war. 'What is worse is that the Home was sometimes used for unspeakable things & acts, of which, some say, disgraceful photographs have been taken.'[192] Private individuals lost their houses, too. Flotilla commander Bartenbach moved into a grand mansion on Sint-Jorisstraat. Its owner, an elderly Englishman named William Humphrey Page, was summarily expelled together with his ailing wife, as he told the *Times* after the war. His tale too was full of indignantly reported details about his unwelcome guests' bad behaviour: one officer stood on top of the table in his boots; another shared his bedroom with his dog.[193]

Unrestricted submarine warfare started in February 1917. The Flemish flotilla was at the height of its resources with over thirty light submarines (some of them of a newer, improved make). It was immediately successful, sinking 117 ships that month, amounting to a tonnage of 164,500. That the rupture with the United States was confirmed on 3 February seemed of secondary importance – especially as March was an even more glorious month for the *Marinekorps*, with 195 ships sunk, amounting to 234,900 tons – which was almost half of all of the tonnage sunk by the entire German submarine fleet. In

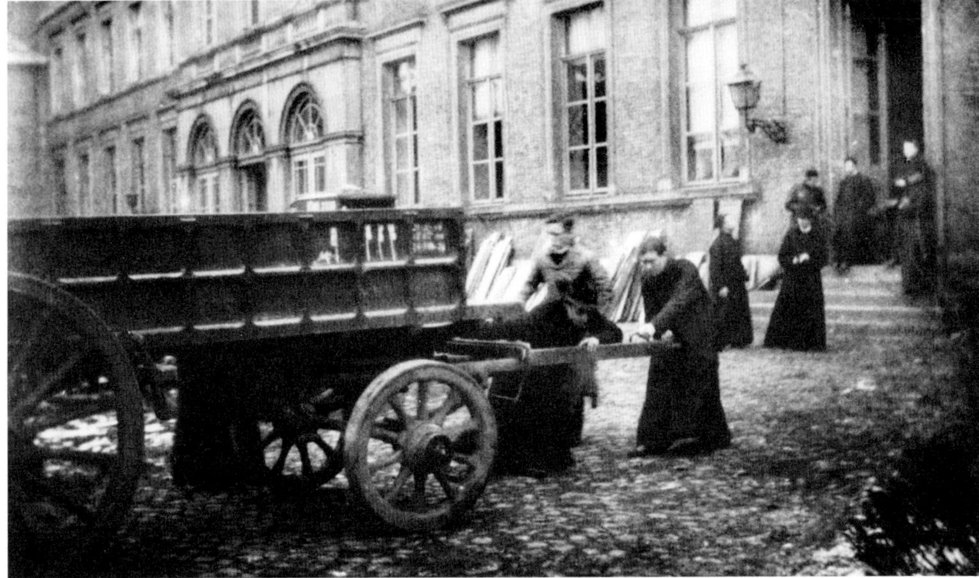

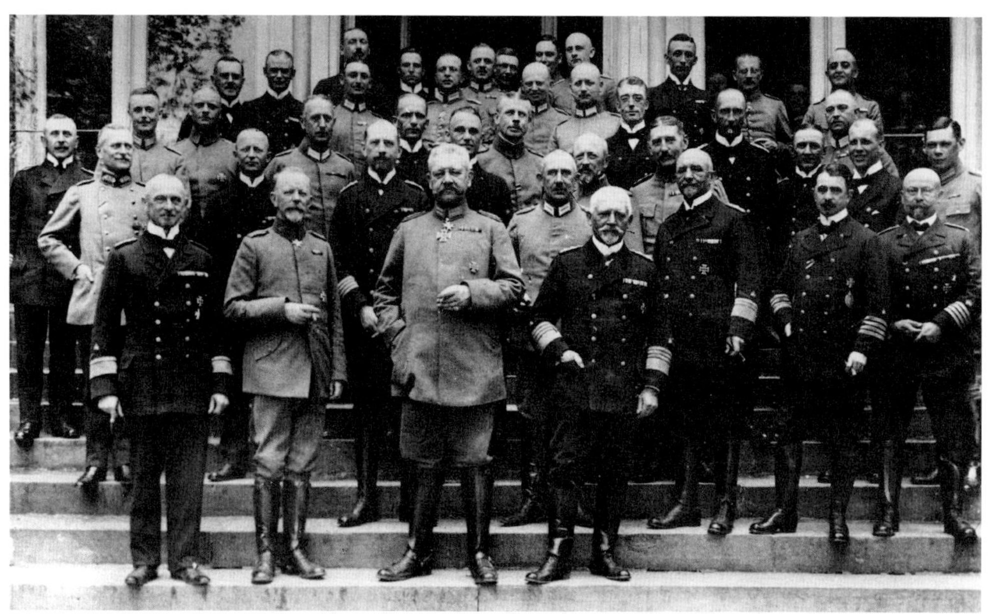

82 Field Marshal Hindenburg with (to his right) Admiral Von Schröder and
a group of *Marinekorps* officers on the garden steps of Bartenbach's residence
in Sint-Jorisstraat, 28 May 1917. Zeebruggefonds, Beeldbank Brugge.

April, the part taken by the Flanders flotilla diminished somewhat
to 117 ships, 29.5% of the total, because there was next to no neutral
shipping on the area between England and Holland, which was the
Marinekorps' main area of attack. But, then, overall submarine sinking had risen to a staggering 860,334 tons, and Bartenbach's U-boats
slipped smoothly through the Dover Straits which the British were
still unable to close off. April was the month when the United States
declared war on Germany, but this did not yet seem an insurmount-
able problem.[194]

For all that, as the historian Holger Herwig has observed, the only
'unlimited' aspect of unlimited submarine warfare was its rhetoric.
In reality, naval command did not really put its all into winning this
battle, and withheld too many submarines and especially too many
destroyers, to Von Schröder's unending frustration.[195] Naval command seemed obsessed with the thought of safeguarding as many
vessels as possible – not only the warships but the lighter ones as
well – with the argument that the German coasts needed defending.
In other words, the German naval strategy was essentially a defensive
one. But the British did not know this. They only saw the growing activity from Flanders and they feared worse to come.

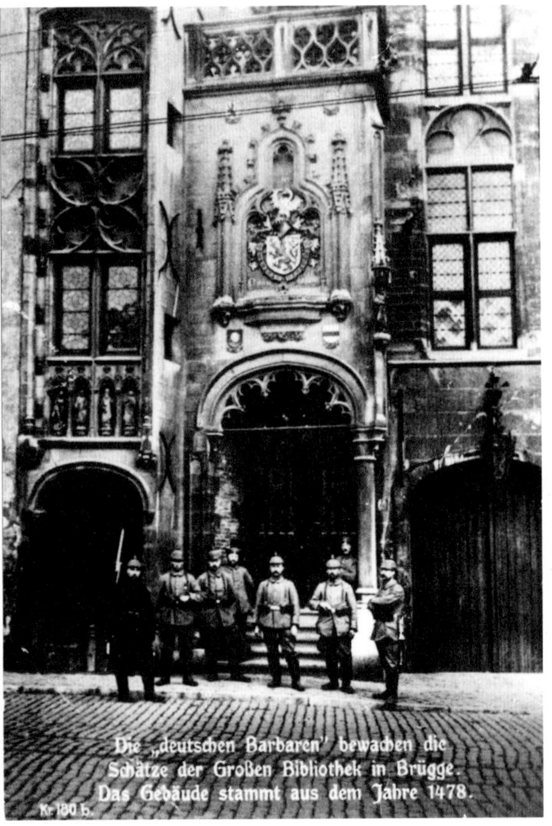

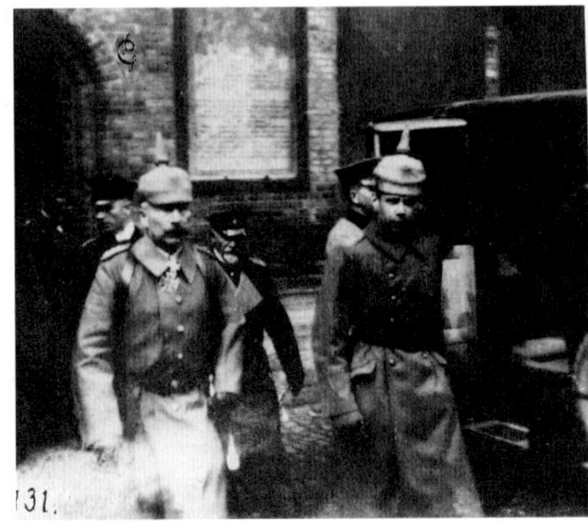

83 'The "German
Barbarians" Guarding
the Treasures of the Great
Library of Bruges', 1914 or
1915. Beeldbank Brugge.

84 Emperor Wilhelm II
visiting Our Lady's
Church in Bruges,
24 April 1918. Beeldbank
Brugge.

VIOLENCE FROM THE AIR, 1917–1918

As the base for intensified attacks on British shipping, the *Marine-gebiet* now became a target of attacks from the Royal Naval Air Service (and, for Zeebrugge and Ostend, bombings from sea). The inhabitants of the 'Flemish triangle' thus found themselves between a rock and a hard place: their home which the conquerors had built into a bastion was now besieged.

At the start of the war, the idea that Bruges of all cities could become a target had struck neutral observers as incongruous. According to the American journalist Granville Fortescue, who reported on the German march into Belgium, 'it was the German hope that they would be able to fortify this part of the coast without being molested'.[196] As the Dutch newspaper *NRC* wrote in January 1915, people who knew the situation well were convinced that the Germans had chosen Bruges as a base – and were now embedding themselves there and on

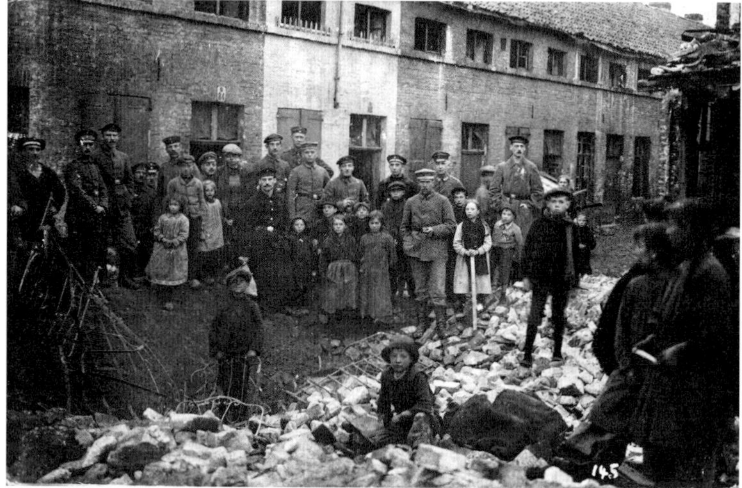

85 Kwekersstraat after the British bombing of 16–17 October 1917. Beeldbank Brugge.

86 Concrete submarine shelters at Bruges harbour. Beeldbank Brugge.

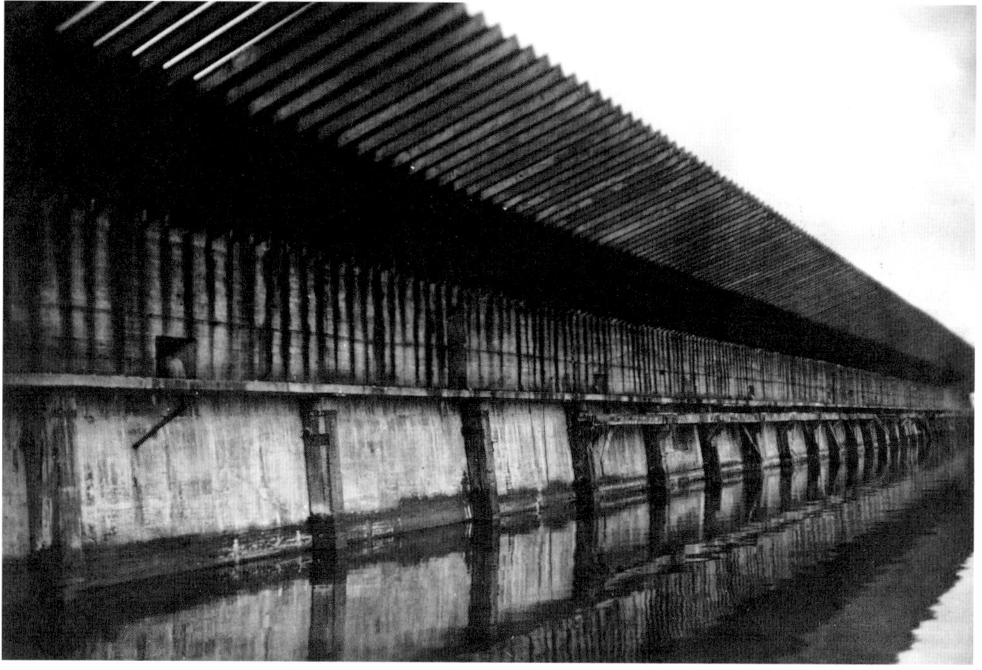

the coast – in the firm belief that the English would never bomb such a 'magnificent city'. German intelligence services made careful note of this report.[197] There is nothing to suggest that Von Schröder had deliberately chosen Bruges as a kind of artistic shield. But it is true that the location was sure to saddle the Entente with potential discredit should it decide to attack – a discredit that might compensate for the Germans' destruction of Leuven's university library and their shelling of Rheims Cathedral. More in general, possessing Bruges and taking good care of it could bolster German cultural credit, as evidenced, among other things, by a German postcard showing troops posing in front of the Tolhuis (a late-medieval building housing the library), with the sarcastic caption 'The "German Barbarians" Guarding the Treasures of the Great Library of Bruges'.[198] A new department of Art Preservation (*Kunstschutz*) went to enormous efforts to inventorize the historical architecture of Bruges by photographing each building with superb attention to detail.[199]

As far as the British were concerned, they 'respected the property of their Belgian friends' as long as it was possible, but – to quote Fortescue's high-flown terms – 'when stern military necessity compelled it, the British ships turned their batteries on [the] seaside towns'.[200] The statement shows that the peremptory use of the phrase 'military necessity' was by no means exclusive to the Germans. In 1916, Bruges harbour was bombed several times, as was La Brugeoise, where the Germans had established a munitions depot.[201] Herman Bossier described in his diary how he had been woken up on 17 November at two-thirty in the morning 'by the explosion of 3 bombs and 3 shrapnel shells. The Brugeoise was hit: a lot of damage apparently to the carpenters' equipment and to the trains that stood ready to be delivered to Buenos Aires, which we went to see only the other day.'[202] During the following year, the aerial attacks really became murderous; unrestricted submarine warfare opened up a new era in brutality on all sides. Historians of the First World War have observed how the boundaries of violence kept shifting. Poison gas, first introduced by the Germans in Poland and then near Ypres, was soon adopted by all armies; and the underseas war with its appalling collateral damage – preceded by German naval bombings on coastal towns in England[203] – begat the war from the air, which victimized civilians as well, because of both the aeroplane bombs themselves and anti-aircraft artillery.[204] One English pilot, the young Paul Bewsher, expressed his ambivalence about the attacks in a poem, 'The Bombing of Bruges', which paints the bombings in grandiloquent terms as a kind of necessary evil. 'Sleep on, pale Bruges, beneath the waning moon / For I must desecrate your silence soon.' Once more, as in *Bruges-la-Morte*, Bruges was portrayed as a character – in this case, a city whose 'very stones' were alleged to 'cry out against' the occupation.[205]

'Pale Bruges' suffered a first major and lethal air attack by six planes at ten in the morning of 7 February 1917. In the working-class area along Oliebaan, Damse Vaart (Damme Canal) and elsewhere, eleven people were killed, seven children among them. Fourteen people were heavily injured, among them children waiting in a soup queue.[206] The news spread. In Brussels, Eekhoud was furious: 'English planes have thrown bombs on Bruges – imagine, on Bruges! – and they have killed many innocent people, a great many Belgian children!!!' England's role, he wrote, was loathsome.[207] Others preferred to detect blame on both sides. William Humphrey Page, the elderly Englishman thrown out of his house by Bartenbach, shared his diary notes with the *Times* after the war: 'On 7 February 1917, the [German anti-aircraft] guns stationed at Sint-Kruis fired shells at the planes. One of them exploded on the side of the canal and killed a dozen children who just came out of school.'[208] It was true that only days before, on 4 January, the *Marinekorps* had appropriated part of the meadow belonging to the orphanage at Sint-Kruis, some 600 metres from Oliebaan, to establish 'an anti-aircraft battery', as the Mother Superior testified.[209] There was another Flak-battery close to the Damse Vaart.[210] To hide the role played by anti-aircraft fire, the *Marinekorps* kept the Bruges police out of the investigation. A police account reported that eleven children had been killed in a school on Potterierei, but the police officer was prevented from reconnoitring, 'because a German soldier barred me from entering the premises'[211] for fear he would find shards of Flak shells. On the same day, the *Marinekorps* issued a poster announcing that 'an English plane has dropped bombs that killed a Belgian woman and sixteen children' (which was inaccurate). The *Marinekorps* went even further in attempting to derive political profit from the event, at least according to Humphrey Page, who wrote that *Ortskommandant* Von Buttlar attended the victims' funeral bearing a wreath, and had mourning relatives herded together for a photo with him in the middle.[212] Meanwhile, Monseigneur Waffelaert proffered his usual answer. The war, he preached on 8 February 1917, was sent by God 'to cure the evils of our time'.[213]

From then onwards, the new terror from the air – Entente bombs, Flak shells – kept intensifying. 'We are not in great danger in the city proper,' wrote an English lady who lived in Moerstraat, but Herman Bossier noted on that same day that the streets were thickly strewn with shell shards. The harbour suffered five air bombings in February

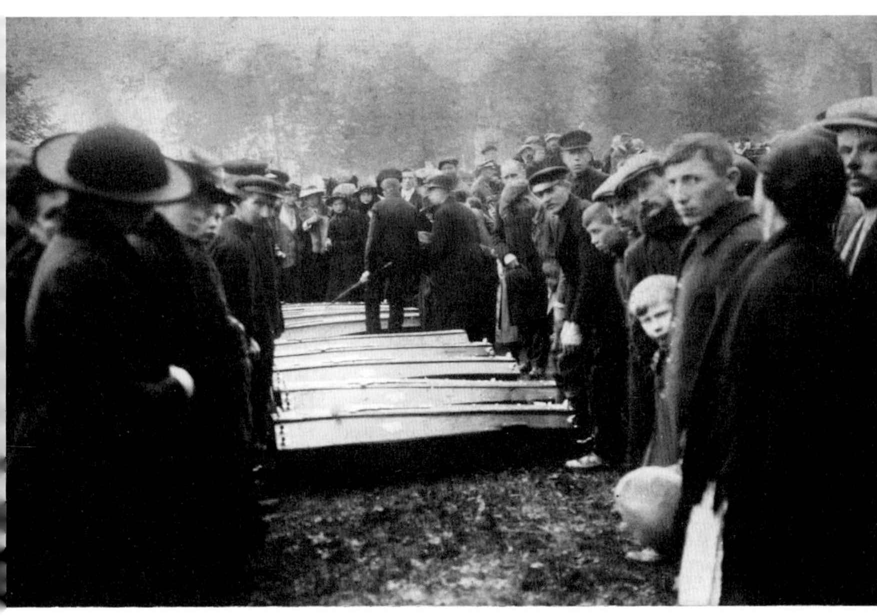

87 Funeral of the victims of the 16–17 October 1917 bombing of Balsemboomstraat and Kwekersstraat. Photo Watteyne, Beeldbank Brugge.

alone. By the end of the year, 49 people had been killed within the city.[214] Altogether, according to a 1955 estimate by archivist Jos De Smet, some hundred locales in Bruges and its environs were hit over the course of the war; 123 civilians were killed on Bruges territory (including Zeebrugge and the canal shores), and an additional 24 people in the outside boroughs. In Bruges, 243 civilians were severely injured and probably mutilated for life. A long list in the Bruges City Archives tallies the human losses – the dead, the wounded (for instance, 'badly injured in the face').[215] The sources do not mention the mental trauma, but there is no doubt it was immense. Many turned to implore divine providence: the parish priest of Sint-Andries would later report that 'religious feeling among the common people' had increased in 1918 because bomber planes flew over daily, and sometimes more than once a day, in the summer of that year.[216] The material cost *was* tallied, and it was considerable: 544 houses were damaged, 126 of them completely destroyed.[217]

The occupying powers made the most of the bombings. After a particularly terrible raid during the night of 3–4 September 1917, which killed fifteen people, the *Marinekorps* ordered the city government to specify on the death notices (which were placarded on the streets) that the victims had been 'killed by English bombs'. The city officials did not comply, but used the blank term 'died suddenly' instead; the *Kommandantur* ordered the placards torn off the city walls

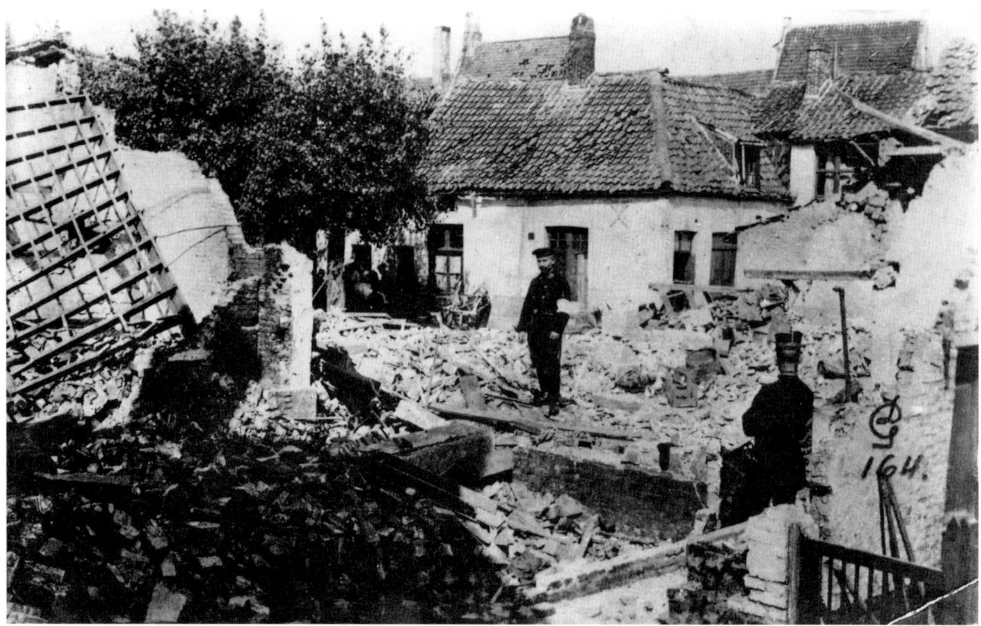

88 Bombed-out working-class houses.
Photo De Ghelder, Stadsarchief Brugge.

in response.[218] The *Marinekorps'* library (*Marinebücherei*) distributed a photo that showed German soldiers clearing rubble in Gieterijstraat, where the bombing had killed six women.[219] Mourning these victims became a political matter. The aerial bombings also served as a propaganda argument vis-à-vis the home front: in 1918, the patriotic magazine *Aus Grosser Zeit*, which urged the German population to hold out until victory, placed a photo of Saint Walburga's Church after an attack. The caption specified that the damage was done by English bomber planes.[220]

But even those who did not agree with the *Marinekorps'* politicizing of the bombings regarded them as a terrible moral dilemma. Many Belgians felt despair at the thought that precisely that ally whose protection had filled civilians with such confidence at the start of the war, now thought nothing of placing them in the line of fire when they could not defend themselves. Some Belgians kept a diary to register their bewilderment. One of them was Sylvain Van Praet, a citizen of heavily shelled Ostend. One of his tasks as city secretary

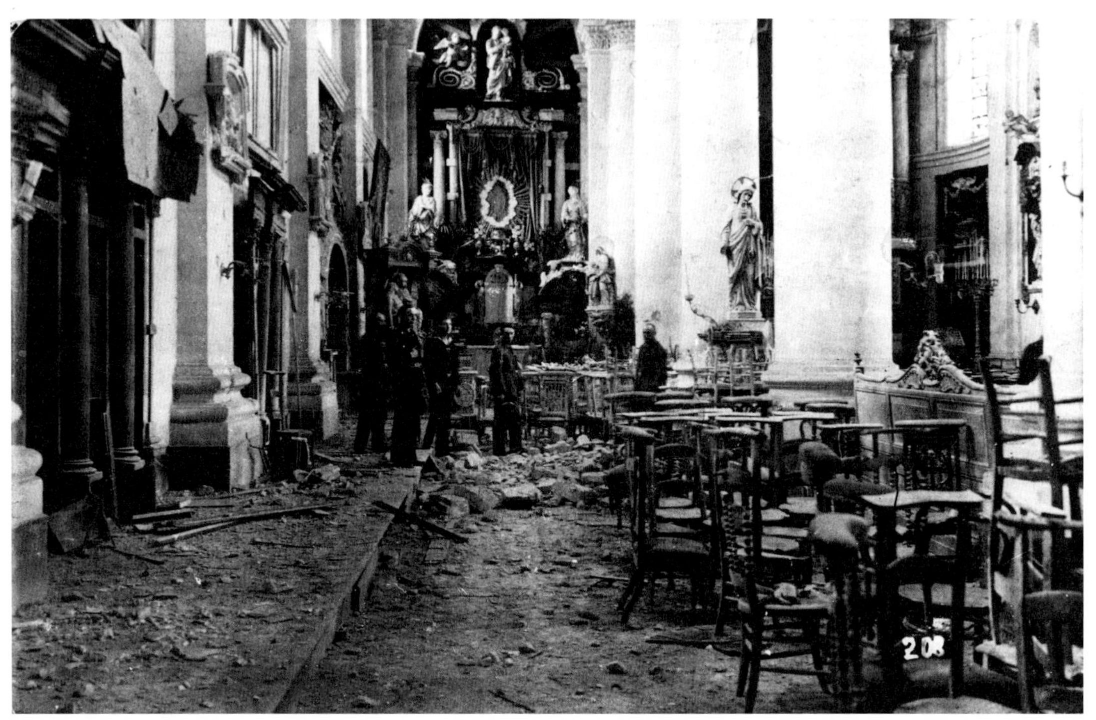

89 German military inspecting the damage inside Saint Walburga's Church, 1917. Beeldbank Brugge.

was translating the German posters. This brought him eye to eye with the occupying power's effort to use the bombings to claim legitimacy for itself – for instance, one such poster brought to the locals' attention that the husband and father of a hard-hit family was fighting in the Belgian army while its allies had killed his wife and children. Van Praet saw up close how the *Marinekorps* seized upon such horrors – but he also saw the horrors themselves up close. His diary was a way to think through his bewilderment. That he donated it to the Americans after the war – it is preserved today at Yale University's Sterling Memorial Library – may prove that he considered the United States, at least, to be a faultless ally.[221]

Other occupation diaries from the *Marinegebiet* were more one-sided and more vehement. Herman Bossier, who in 1916 had still used the French term *alliés* (allies), now favoured the pun *alliénés* (madmen). [222] His brother Walter, in the summer of 1918, inveighed against the 'villain heroes' of British aviation.[223]

ALIENATION

Meanwhile, the Bossier brothers had grown quite alienated from the notion that the war was fought for the liberation of Belgium – or, for that matter, that the liberation of Belgium was a matter worth fighting for. They were not the only ones. Young men of military age from the bourgeoisie – that is, the minority of *Brugeois* who could afford to give their sons a complete secondary education at the Atheneum or at the Catholic colleges – found themselves in a difficult situation. They had nowhere to go after graduating from high school. And they faced opprobrium because they did not join the Belgian army; educated young men above all were expected to volunteer out of a sense of *noblesse oblige*. The fact that it became increasingly difficult and risky for young volunteers to escape the occupied country did not, it seems, alter older patriots' expectations. In the spring of 1918, Georges Eekhoud noted an anecdote that was doing the rounds of Brussels conversations. One society lady had entered a drawing room where a group of young men sat talking. Surveying them disapprovingly, she had asked if they perhaps belonged to the Eighth Line Regiment and were on permission. Patriotic minds enthusiastically repeated the cruel quip.[224] 'Whether weak or brave, it is terrible to be a young man in wartime,' the Ghent novelist Virginie Loveling wrote.[225] Some young

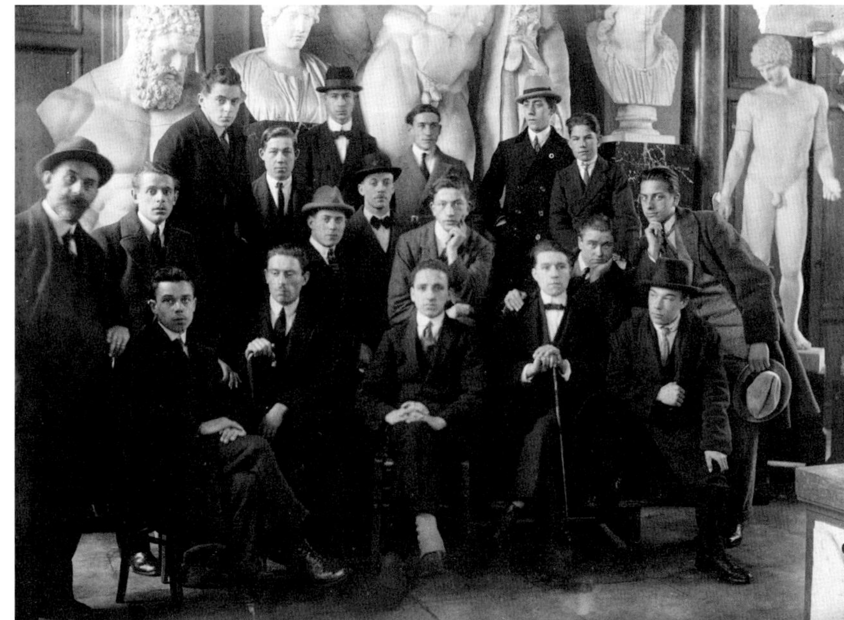

90 Educated young men under the occupation. Group of Art Academy students, 1915. Beeldbank Brugge.

men quite internalized the duty to volunteer, and fretted over their failure to do so. The war memoirs of the writer Raymond Brulez, born in 1895 in a Blankenberge middle-class family (his father was city secretary; his mother, widowed early, ran an upscale hotel), offer subtle clues to this. Unlike one of his best friends, Brulez did not volunteer. He did not congratulate himself on his choice during the occupation years (which he spent first at school in Brussels and then back home in Blankenberge), and felt a certain relief when he was finally able to do his military service in 1919.[226] Brulez was more of a contemplative mind than his assertive older brothers Lucien and Fernand, who decisively chose the antipatriotic camp by accepting professorships at the new all-Flemish University of Ghent, created by the occupation regime. Though prewar militants of the Flemish Movement had championed such a university, not everybody had agreed on the wisdom of abolishing French instruction at Ghent. But the Fourth Army that now occupied the university town was in a position to brush away all objections, possessing as it did a total monopoly on travel permits, public speech and coercive measures. Opening a university in the midst of war in a heavily occupied city was not the most practical of measures, but it might endear the occupation regime to at least part of the Flemish bourgeoisie, or so some German officials hoped. The occupation university – which hecklers called the Von Bissing University, after the Governor General – was meant to firmly anchor German authority in Flanders. Walther von Dyck, a mathematician in charge of the new university, called it 'a mighty fortress (*ein' Feste Burg*), a trusty shield and weapon for us Germans' – a reference to Luther's 'mighty fortress' hymn.[227] Von Dyck's assertion expressed a more widespread (if not necessarily general) feeling among occupation officials that the wartime university at Ghent would buttress Germany's advanced line of defence, because it increased the legitimacy of the German conquest of Flanders.

Most of the university's new recruits preferred to present things differently; they saw themselves as taking action on behalf of Flanders, not Germany. Above all, they saw themselves as *taking action*. The choice to study at Ghent liberated them from an aimless existence, marooned in their home towns under military occupation. In Bruges, high-school Flemish militants had congregated in a club called *Opstanding* (Resurrection) to take heart in each other's company and that of spiritual advisers such as the Assebroek curate

Robrecht De Smet. Literature offered consolation in wartime: the German *Feldbuchhandlung* in Steenstraat offered a large array of books, including English ones.[228] They wrote their first poems. They played football. The war was not a concern of theirs, and neither was the fate of Belgium. The new university at Ghent offered a horizon for their aspirations: it held out the promise of rising into the ranks of a new Flemish elite. They saw their enrolment at Ghent as a bold achievement precisely because so many people around them disapproved. 'Alea Jacta est!' wrote Herman Bossier, an active member of *Opstanding*, in his diary on 5 October 1917, to mark his enrolment at Ghent, where he was to study Germanic philology. 'Oh, it is grand!' A dozen students from Bruges signed up. (The total number of students at the occupation-era university of Ghent was 417.)[229]

USING UP THE LAST CARD

On that same 5th of October of 1917, the British were still doggedly trying to break out of the Ypres Salient. For a brief moment, it even looked as if they were going to succeed. On 4 October, a force of mainly Australian and New Zealand troops advanced as far as the 'heights' of Broodseinde. The Germans suffered heavy losses because their advance lines were crammed with men; and the British had deployed tanks, a weapon that briefly seemed to promise an end to the stalemate. But the 'battle' of Broodseinde was no harbinger of anything, for the German defence line soon proved too strong after all. Also, tragically, it started to rain that day. Before long, the area was reduced to an impregnable slough.[230]

But the commanders of the *Marinekorps* and the Fourth Army did not realize this as yet, and they were extremely worried that the British were breaking out. They also worried about a possible British landing on the Flemish coast, which was to be prevented by all means. British landing plans meanwhile were being reconsidered, because the *Marinekorps* – specifically, the third marine division created in June – had taken the eastern shore of the Yser river at Lombardzijde on 10 July 1917; this Operation *Strandfest* was not meant to be a start to a further attack, but to strengthen coastal defence (by keeping the 'Flemish triangle' out of the range of the guns at the front). Still, British forces continued to prepare a landing. It was the failure of Third

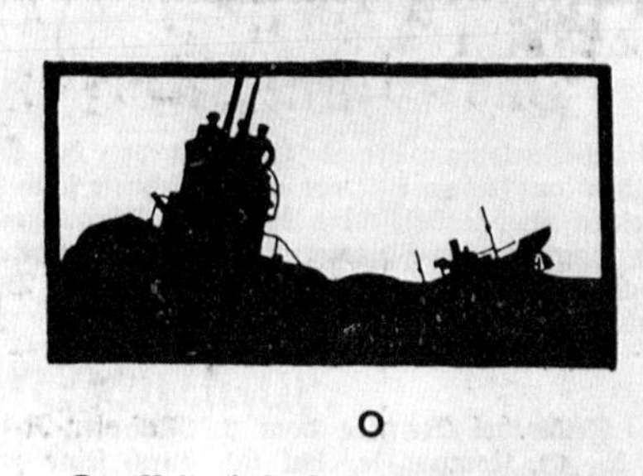

91 Detail from
'Deutsch-vlämisches
Soldatenwörterbuch',
An Flanderns Küste 41
(15 November 1917), 324–25.

Ypres that caused the plan to be abandoned. The Passchendaele mud, then, saved Bruges from destruction, as Patrick Verbeke has observed. It also, paradoxically, saved British lives: the Germans' formidable coastal defences would have turned a landing into a bloodbath dwarfing Gallipoli. The British failure to break out of the Salient spared at least the lives of those troops who would have been ordered to land. As Mark Karau writes, Passchendaele could, grimly enough, have turned out even worse.[231]

Ludendorff, meanwhile, presented the stubborn British effort at Ypres as proof that the enemy was driven to extremes by submarine warfare. He also pointed out the Germans' conquest of fertile Ukraine. In short – the food war worked, or so the de facto leader of Germany stated. In fact, it did not. The sunken tonnage diminished, because the British had finally established a convoy system, in which armed ships protected merchant ships. It was true that the Flemish bases had become more important again: in November, Bartenbach's flotilla sank 57 ships, adding up to a tonnage of two-thirds of the German submarines' total that month. This increased role was due to the fact that the convoy system forced German submarines to operate closer to shore, which was the *Marinekorps'* main area of attack. But meanwhile, total tonnage sunk had diminished to 370,800 tons. Moreover, the *Marinekorps* had lost one of its major advantages: the Dover Straits, so deftly negotiated by Bartenbach's lighter U-boats up until then, were now closed off by Rear-Admiral Roger Keyes' Dover Barrage (featuring, among other things, bright lights that forced the submarines to dive – and to hit mines). Before long, all German submarines had to take a detour around Scotland.[232]

By the end of the year, Germany's 'last card' turned out to have been used up, with little to show for it. The terrible losses it had inflicted (two million tons sunk, a long list of drowned people) had changed nothing. The German commanders had overestimated the extent to which submarine warfare could incapacitate British trade, provisioning and morale.[233]

MISERY, CRIME, PROFITEERING

If British calorie intake had remained steady enough, elsewhere the food situation was worsening. People were famished in the *Marinegebiet*. Misery led to crime: to burglaries, the forming of gangs, and to forms of theft that had been inconceivable before the war. On a December night in 1916, for instance, thieves had taken liturgical vessels from Our Lady's Church in Assebroek, and had pried open the offertory-boxes. To top the desecration, the sacristan found consecrated wafers on the floor amidst the shards of a broken wine bottle. Word was that 'some German soldiers and some civilians, perhaps even women' had done it.[234] Prominent burghers of Bruges gave money to replace the vessels, and Bishop Waffelaert mandated special hymns and prayers of penance. Still, theft, including church theft, continued.[235] The church of Sijsele was broken into in August 1917.[236]

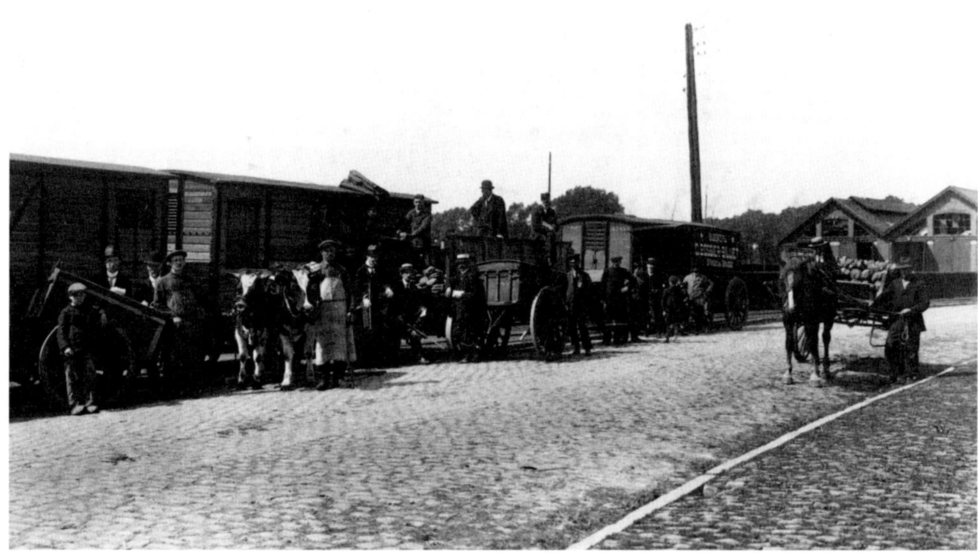

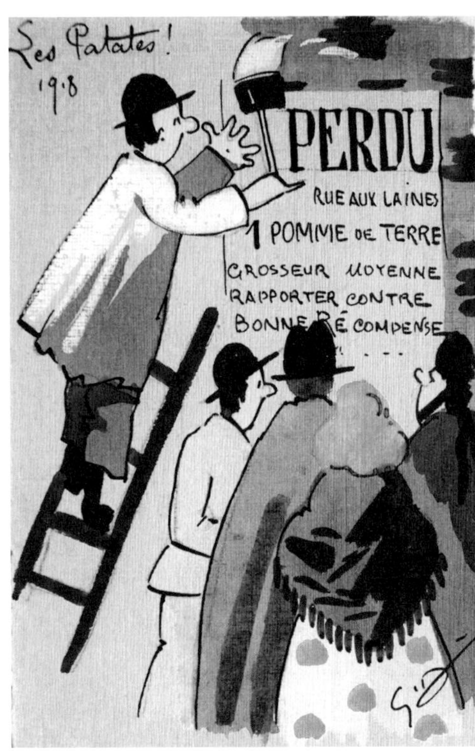

92 Transporting food along Dudzeelse Steenweg, August 1917. Photo Watteyne, Beeldbank Brugge.

93 'The spuds!, 1918. Lost in Wolstraat: 1 potato.' Cartoon, 1918. Stadsarchief Brugge.

In order to combat deviance and despair, the city government and the National Committee extended their action. The city could afford to be active because affluent citizens continued to place their money in municipal obligations repayable after the war. In other words, the bourgeoisie of Bruges continued to place its trust in the restoration of national independence and the city's creditworthiness. (Eventually, in February 1918, the *Marinekorps* was to forbid the city to issue obligations.[237]) In line with extending its action radius, the municipality had started a store of its own in early 1916 (in Cordouaniersstraat) to sell foodstuffs produced in Belgium such as bread and potatoes, which had become scarce and unaffordable elsewhere. (The 'American stores' of the Commission for Relief sold only imported goods.) Eventually, the city added stores for vegetables, coal, meat, milk, leather, and salted fish – in short, it combated scarcity as best it could. Municipal officials managed distribution and did not shrink from intervening in consumption, banning, for instance, the lighting of shop-windows in December 1916 in order to save coal.[238] Working together with the National Committee, the city went beyond selling the goods imported by the Commission to make its own purchases,

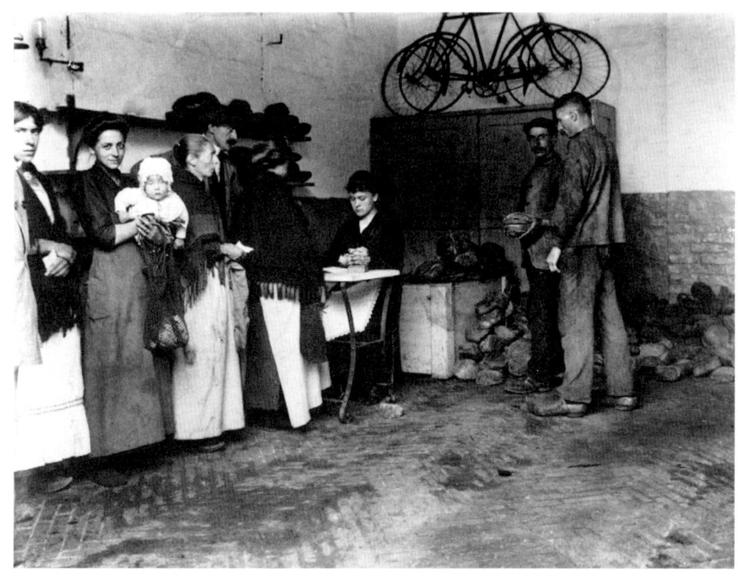

94 Distributing bread in the yeast factory, 1917. Photo Watteyne, Beeldbank Brugge.

95 Distributing soup in the playground of a Bruges school. Photo Brusselle, Beeldbank Brugge.

both in the occupied territory and outside (such as, on one occasion, Dutch bread); to organize these, city and Committee entered into a formal partnership (the 'Joint Company for the Provisioning of Northern West Flanders'). Some of its efforts were in vain. For instance, in the winter of 1916–17, it used the wood from poplars felled along the Blankenberge highway to have clogs made. (Most people by now had no other footwear, since leather shoes had disappeared since the seizure of the cattle.[239]) But the *Marinekorps* seized the clogs, too.[240] From May 1917, the city purchased fresh fish from Holland, at least when it could – imports regularly stopped during the winter. (The fish caught locally was seized wholesale by the *Marinekorps*.[241]) In short, the city pursued an active provisioning policy, often facing enormous

95 difficulties. Its authorities also streamlined relief. From the winter of 1917–18, deepening misery precluded maintaining the distinction between unemployment benefits and general assistance, and so each family received an allowance of 7 francs a week maximum, partly in food coupons and partly in money. The city's semi-official bulletin *De Stadsbode* (The City Messenger) wrote cheerfully that 'from now on the household possesses a budget again – a modest but a certain one – and manages it as it sees fit: it does not pick up soup when it does not need any; it saves its coupons to exchange them for the assistance it needs specifically. The assisted citizen is once more aware of his own responsibility; he realizes again that it is in his own tangible interest to use his funds cautiously.'[242]

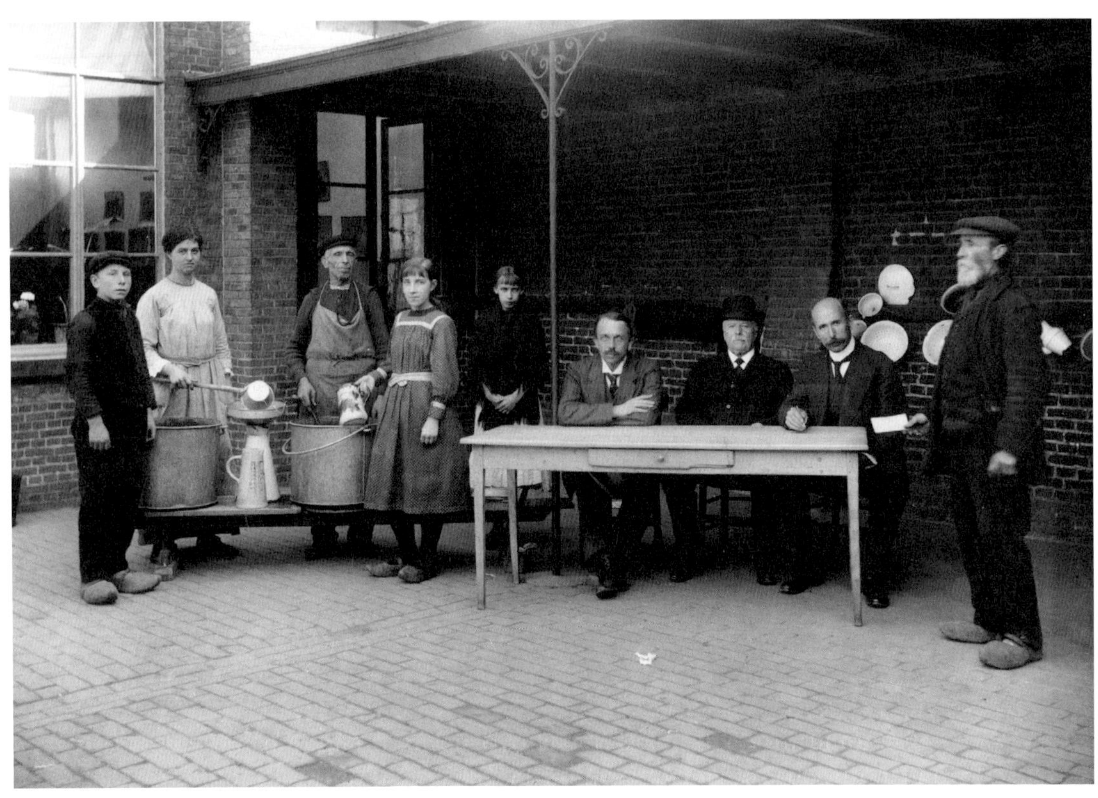

This excellent reasoning foreshadowed the later twentieth cen tury's shifts in thinking about welfare – as a matter of household budgets, not soup queues. At the same time, 7 francs a week was a pittance. Even before the war, a family of four needed a minimum of 20 francs to get by, in the assessment of Frank Angell, the Commission for Relief's expert.[243] Unsurprisingly, then, misery spread incessantly. The rations were woefully inefficient. From February 1917, the average citizen of Bruges received half a litre of thin milk a day and 50 grams of butter a week; by the end of May, the butter ration had shrunk to 15 grams, and from January 1918 there was no butter at all because there was no milk.[244] 'Fortunately, there's smuggling,' wrote a woman of the Bruges middle class – but then she and her mother received a pension of 250 francs a month, which allowed them to complement the paltry rations by buying on the black market.[245] The majority of *Brugeois* were less fortunate. As a result, mortality rose – from 1,018 in 1913 through 1,149 in 1914, 1,383 in 1915 (of whom 92 were German military, and 30 were typhus victims from outside the city) and 1,135 in 1916 to 1,551 in 1917 – chiefly because of malnutrition.

(Owing to the influenza epidemic, the 1918 figure was 1,972; in the next year, it shrank to 986.[246]) The city medical service noted that during the still extremely wintry month of April 1917, all doctors agreed that 'the general health of the population was most alarmingly bad. Bodily resistance was almost non-existent; cases of tuberculosis, scrofula, and other malnutrition diseases were rampant.'[247] Malnutrition was so general that the sight of people fainting from hunger in the street and of children too weak to walk to school became almost normal.

The primary schools, incidentally, were closed on orders of the *Marinekorps* all through February 1917; their coal stocks were seized. (The secondary schools had by then all been requisitioned to serve as billets or hospitals.) They were allowed to open up again in March but forbidden to heat the classrooms – which forced them to close again since it was still freezing.[248] It was bitterly cold inside people's houses, too, for the *Marinekorps* seized the Bruges stoves to heat its own troops' billets more thoroughly.[249] A list in the City Archives of 'stoves requisitioned for the German billets' from September 1916 features a huge number of households. On occasion, the city failed to

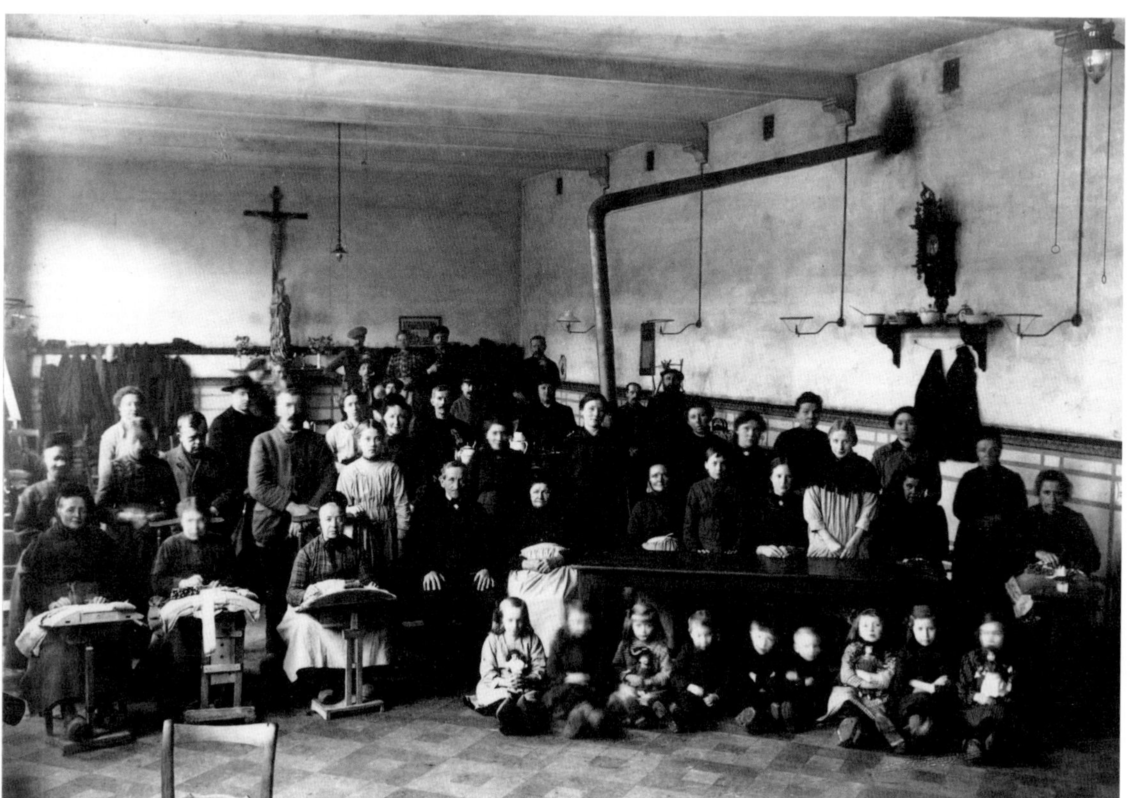

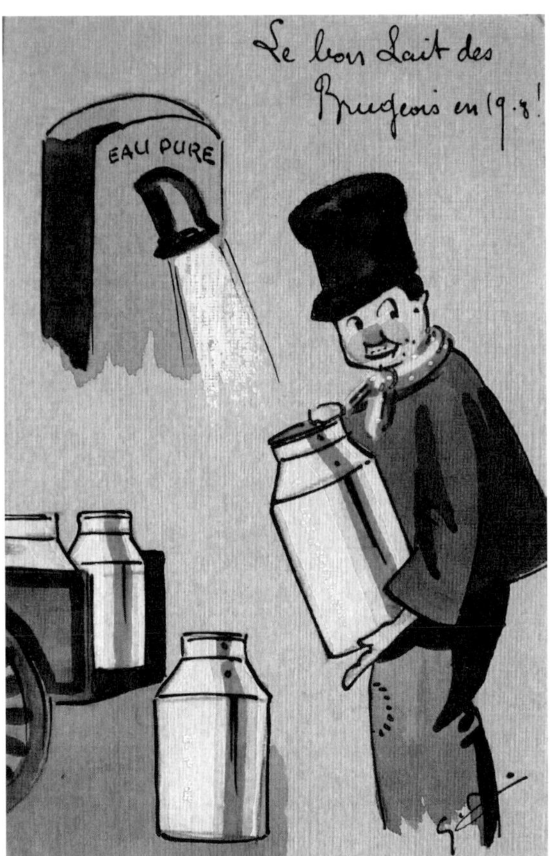

96 War refugees in De Foere cloister.
Beeldbank Brugge.

97 'The *Brugeois'* delicious milk in 1918'.
Cartoon denouncing the adulteration of
milk, 1918. Stadsarchief Brugge.

fulfil the demands on time: in late February 1917, for instance, it was
late placing extra heating equipment in the requisitioned buildings
of Sint-Lodewijkscollege, and was fined a thousand marks by the
Kommandantur. In the winter of 1917–18, the city officials suggested
using municipal funds to buy stoves elsewhere so Bruges households
could hold on to theirs; City Secretary Debandt travelled to Brussels
to purchase them, only to hear from producers that they were unable
to manufacture more because the German authorities denied them
raw materials. Debandt went to plead with different German services,
but was told that all stoves still available for purchase were set aside
to be sent to the front, and that Bruges had to fulfil its billeting obligations by requisitioning private citizens' stoves.[250] In that same
winter, the city also had to use up 40% of its coal allotment to heat
German billets, which left it desperately short.[251]

Demands like these placed the city government in a particularly
thankless position vis-à-vis the citizenry – an additional advantage

for the occupation officials who were hoping to increase their own credibility. More in general, misery and despair deepened resentment among the occupied. In the eyes of the city people farmers were war profiteers; cartoons showed greedy peasants pouring water into milk. Adulteration of foodstuffs was indeed rampant. One unscrupulous grocer sold beef tea cubes made almost entirely of salt. *De Stadsbode* alerted readers to this 'gross and fraudulent fake'; the paper ran a special rubric called 'Laboratory' which analysed the foodstuffs on sale in the shops of Bruges.[252] The city, which had launched the paper, was thus fulfilling another public service.

The Bruges historian Luc Schepens has noted that there seem to have been more adulterated foodstuffs around during the First World War than during the Second, whereas the second occupation seems to have given rise to a more flourishing black market.[253] There was a black market in '14–'18, but it operated mainly (if by no means exclusively) for the *Marinekorps*. Direct deliveries to the German military would jeopardize the international food relief effort – for the British did not want the Commission for Relief to import foodstuffs to make up for the resources the Germans took locally. But some middlemen facilitated deals – and made spectacular profits. One of them was the Bruges physician Emiel Dumon, who had smoothed out the city officials' first encounter with the invading troops (see above). Soon after, Dumon had completely joined the German camp and had done very well out of it. He started buying goods in the Netherlands on behalf of the *Marinekorps* in November 1914. The news leaked during the war, because his mother sued them for part of the profits; after the war (he had by then fled to Germany) the extent of his activities became common knowledge. His turnover was staggering, as some figures from early 1917 demonstrate. On 20 February, he purchased 50,000 cigarettes (a newly marketed stimulant that became immensely popular precisely in the context of the war) from Dutch traders in Aardenburg and Sluis right across the border; he also bought 10,000 cigars, and 250 kilos of soap. On 17 March, he purchased no less than 20,000 kilos of soap (which by then had become prohibitively scarce and expensive; shady dealers received the epithet 'Soap-Barons'). On 20 March, Dumon purchased 50,000 packets of cigarettes; two days later, three tram-wagonloads of them; and another 100,000 cigarettes – plus 98,000 cigars – on the 23rd. In this manner he placed orders twice or three times a week in the Netherlands, where, unlike his

WEERAL BOMMEN OP BRUGGE !

Wij hebben alweer het bezoek ontvangen van onze **ENGELSCHE** en **FRANSCHE VRIENDEN (??)** !

Zij zijn ons met HUNNE WELDADEN komen overladen :

In de Jerusalemstraat werd een achterhuis vernield. Ware de bom slechts vijf meters verder gevallen, dan lag nu de zoo eigenaardige Jerusalemkerk totaal in puinen.

Van de Sinte Walburgakerk bestaat nog alleen het steenen geraamte. Al wat van binnen kon vaneen- of uiteengerukt worden is vernield : glasramen, oude en waardvolle schilderijen onzer oude beroemde Brugsche Meesters, biechtstoelen en beeldhouwwerk ; 't is alles aan flarden, aan spaanders of uitgerukt.

Tusschen de Spinolarei en de Boudewijn Ostenstraat ligt een huis ineengestort.

Het « HUIS COTTEM », tusschen de Akademiestraat en de Kraanrei, waar het Staatsarchief wordt bewaard, is deerlijk gehavend : oude, kostbare schriften en stukken liggen onder steengruis en andere puinen bedolven. Wie kan zeggen wat er beschadigd of misschien voor goed vernietigd is ?

Ook de « POORTERSLOGIE » of oude Akademie heeft van de brokken medegedeeld en de gansche omtrek is eveneens erg toegetakeld.

Verscheidene huizen der Kuipersstraat zijn insgelijks beschadigd.

In de Ouden Zakstraat zijn twee huizen ingestort : eene oude juffrouw is dood, haar zuster gekwetst en de puinen liggen te midden de straat.

Te Assebroucke, bij de « ZEVEN TORENTJES », ligt een hofstede vernield : de stalling is afgebrand en buiten twee koeien, die men uit het vuur kon halen, is de geheele veestapel omgekomen.

Te Sint Michiels vielen zeven bommen op en rond een hoeve : moeder en dochter werden gedood, de zoon erg en de stokoude vader lichter gekwetst. De ongelukkige grijsaard heeft drie zonen aan het front, die DAAR voor Engelands en Frankrijks belangen hun Vlaamsch bloed **MOETEN** vergieten, terwijl HIER Engelsche en Fransche vliegeniers hunne familie komen UITMOORDEN.

Ziedaar de getrouwe en nauwkeurige opsomming van de zoogezegde **MILITAIRE SCHADE**, die onze goede en onbaatzuchtige **ENGELSCHE** en **FRANSCHE VRIENDEN**, in den enkelen nacht van 14 op 15 Mei, hier hebben aangericht !

BRUGGELINGEN !

Herinnert gij u wat voorviel in de Annunciatenstraat en de Oliebaan, waar zooveel onschuldige kindertjes den marteldood vonden ? Gaat zien naar de puinhoopen der Ezelstraat, der Biezenstraat, der Baliestraat, der Ste Clarastraat, der Ooivaarstraat, der Balsemboom- straat en van zooveel andere geteisterde wijken.

98 'Bruges Bombed Again!' April 1918 poster. Stadsarchief Brugge.

fellow citizens, he was allowed to travel freely. Apart from tobacco and soap, he bought up coffee, tea, cheese, bacon, wine, butter, cacao, dried apricots, oranges, raisins and currants and other foodstuffs, and never paid a penny in import tax.[254]

Unsurprisingly, Dumon joined the German camp politically as well. From the start of the occupation, the 52-year-old doctor, a Liberal Flemish militant before the war, joined the 'activist' movement – viz., that part of the Flemish Movement that was of the opinion that Flemish rights could be accepted no matter where they came from, including from the occupying regime. Within the activist spectrum, Dumon went in with the most radically anti-Belgian wing, that of the association known as Young Flanders (which carried the motto 'Belgium must disappear as a state and as a name'). At a Young Flemish Congress in Ghent in early 1916, Dumon signed a statement that applauded the occupation university as 'a mighty guarantee for the creation of a fine and noble Flemish people that will be a vigorous branch of the noble Germanic tree'.[255] Dumon was one of the founders of the quisling 'government' that called itself the Flemish Council. In meetings, he contrasted the timidity of Germany's civilian government in Flemish matters unfavourably with the bold actions of the military.[256] In March 1917, he travelled to Berlin together with six other delegates from the Flemish Council (*Raad van Vlaanderen*). But he was allowed to stay longer, on a special pass issued to him by Von Schröder, so as to plead with high-ranking officers as well as with members of the *Reichstag* and with sundry lobbies for the immediate proclamation of Flemish independence – much to the displeasure of moderate activists and of the more cautious Political Department (*Politische Abteilung*) in Brussels. In April 1918, Dumon condemned the British bombings in the poster BRUGES BOMBED AGAIN! – which indignantly brought the damage to Saint Walburga's Church to the *Brugeois*' attention and reminded them not to forget the Oliebaan bombing 'in which so many innocent little children died'. Such horrors, the poster exclaimed, 'are but collateral damage to our so-called friends!!! Have they not done enough by shooting our poor wretches of soldiers, who for four years now have been manning the front lines for them, in the back? FLEMINGS! Onwards to freedom and independence!'[257] Dumon, then, attempted – just like *Ortskommandant* Von Buttlar – to garner political profit from the bombings. His action went further: in May 1918, he told his fellow members of the Council of Flanders that the *Belgian* government was to blame for the Germans' deportation of Belgian labourers, because it 'conspired' with the British and the French against Germany. In short, Dumon had gone over to the German side wholesale; his activism, as Luc Schepens has written, was much too extreme to garner followers in Bruges.[258]

At the start of the occupation, when he introduced the burgomaster and the commander of the invading German unit to each other, Dumon may well have imagined that he could play an 'international', mediating role. But such a role was out of the question in the circumstances of the occupation: only those who remained utterly untouched by the great civic issues of the time could really stand 'above the fray'. Whatever one's position vis-à-vis patriotism – or, for that matter, whatever patriotism one professed, Belgian or Flemish – loyalties ultimately lay either with the occupier or with the occupied.

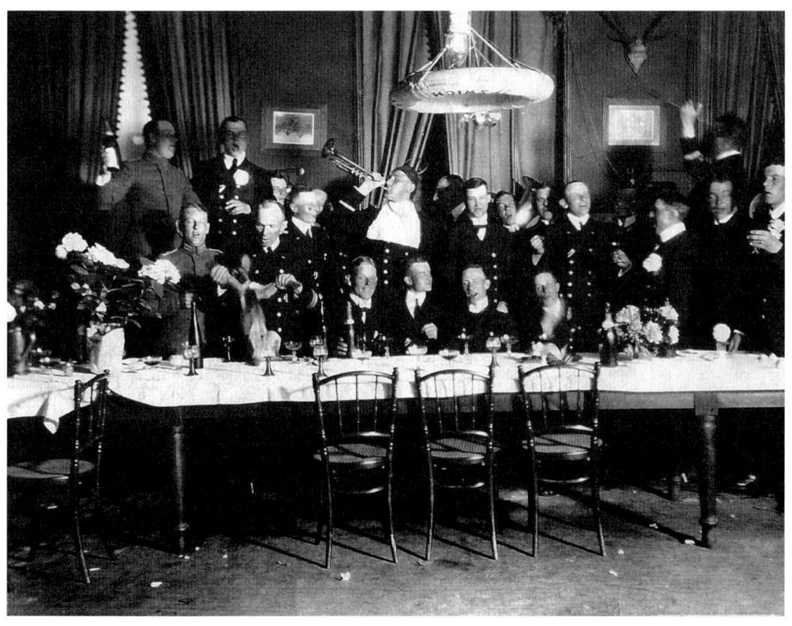

99 Seeking consolation and oblivion: celebrating officers at the Mess in Sint-Jorisstraat. Collection Tomas Termote, Bredene.

AN ADULTERATED ECONOMY

Dumon's example also demonstrates – if in an extreme manner – that the only money to be made was in trading with or working for the Germans. Other parts of the economy shrank rapidly and jobs disappeared. Between October 1916 and March 1917, joblessness in West Flanders rose by an appalling 40%.[259] The German army became the only major employer – or customer. An article in the *Marinekorps* magazine *An Flanderns Küste* described how Steenstraat, once a quiet street in a 'hitherto dead' provincial town, was now a bustling commercial centre; the 'military fortress' that was Bruges featured 'a swarm of little shops offering things coveted by soldiers'. Many *Brugeois* had gone in for trade; those who had not turned their houses into shops, were running pubs. Others, however, disapproved of all of this unfamiliar commotion.[260]

Prostitution too had increased – vastly so. Already by January 1915, Eekhoud wrote that a friend had told him that the Germans had found Bruges to be widely available sexually, and that the resulting epidemic of venereal diseases among the troops would soon prompt the *Kommandantur* to take 'very severe measures' to control prostitution.[261] It was true that there was no love lost between Eekhoud and Bruges, as mentioned earlier; and he generally tended to suspect all

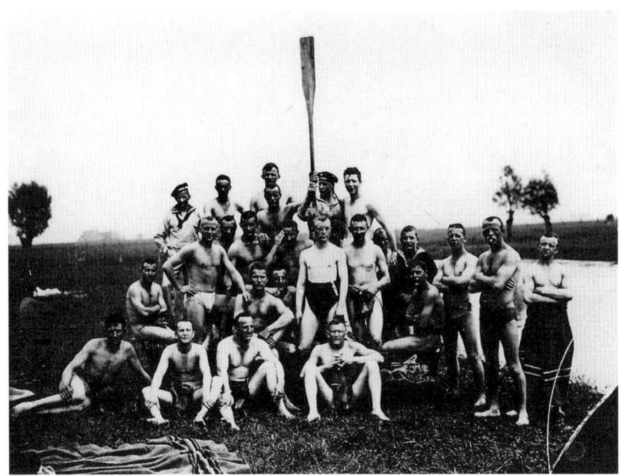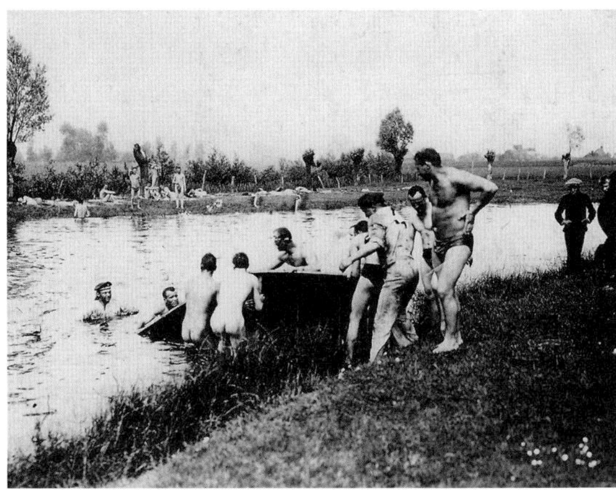

women of engaging in bacchanalia with German soldiers – in Brussels, too. This said, Herman Bossier noted the increase of prostitution as well, in indignant terms, in September 1915: 'The Langestraat was a scandal, a disgrace calling out for revenge – all of those filthy little hovels packed close together with their velvet curtains in front of the window ... and the sound of those impudent women tittering, and of the strong deep voices of German soldiers ...'[262] Here, too, the war had changed the face of a hitherto discreet town where 'the secret roses of the flesh' (as Rodenbach had called them) had remained hidden.

It is doubtful whether occupied Bruges really had become a high temple of eroticism – but there is no doubt that the demand for sex was enormous. The city now lodged a huge male population of whom many lived under the spectre of a horrible death. The maritime archaeologist Tomas Termote has described the grisly life and the omnipresent fear on board the primitive U-boats in poignant detail.[263] Life on the surface fleet, or on the coastal batteries, and certainly in the front divisions had its own terrors. To these were added minor bodily humiliations and discomforts, such as the front soldiers' ever-shabbier uniforms which, when they were on permission in Bruges – a permission which to boot 'consisted mainly of exercises, including the parade march' – had to be dry-cleaned to expel the lice, with the result that 'their clothes and underwear, which were made of all kinds of substitute fabrics, looked ragged and smelled bad'. The garrison troops, too, eventually received unsightly grey outfits.[264] The war's relentless onslaught on bodies and minds made for a gigantic need for sex, as the German sexual expert Magnus Hirschfeld would lucidly describe it in the 1920s.[265] There was an element of rebelliousness to it as well. One evening a waitress in a café-cum-brothel in

100 Bodily comforts: *Marinekorps* troops swimming in a
canal near Damme. Collection Tomas Termote, Bredene.

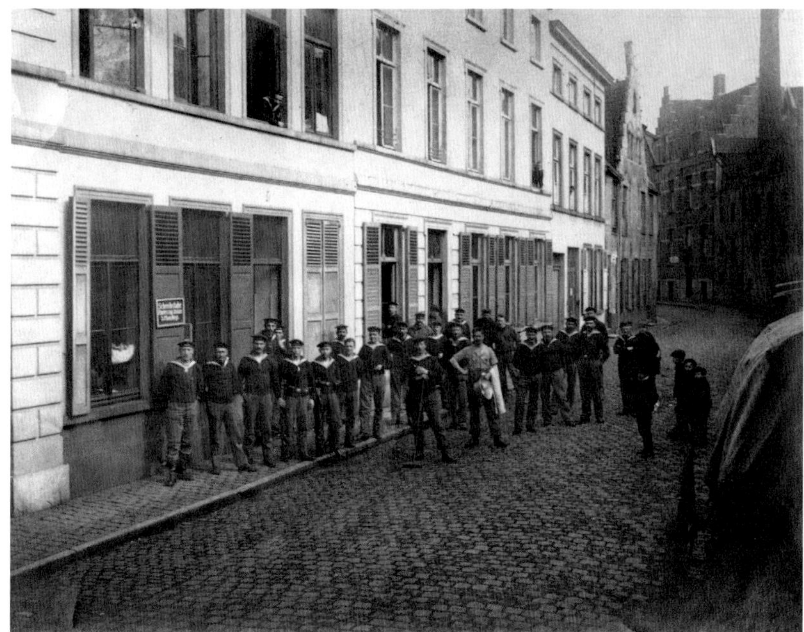

101 *Seesoldaten* in front of a brothel, Verbrand Nieuwland. Jaak Rau Collection, Bruges, Provinciale Bibliotheek Tolhuis.

Beenhouwerstraat witnessed '4 or 5 drunken German soldiers doing the parade march all naked'.[266]

99, 100

Apart from the demand, there was the offer. Hunger increased rapidly, and women – often their children's sole providers – were even harder hit by joblessness and lack of income than men. The priest of Koolkerke, a village of 800 close to the *Kaiserliche Werft* in Bruges harbour, wrote that 'from late 1917, public morality left much to be desired because of the doings of some females, about ten of them, among which were three or four married women'.[267]

The *Marinekorps* oversaw the troops' sexual consumption and therefore controlled Bruges prostitutes. In July 1915 the *Kommandantur* had taken over from the city police 'the entire vice squad, the control of public women, and the medical examinations'.[268] *Marinekorps* Staff Physician (*Marinestabsarzt*) Dr Fürth stated after the war that this was because the city government did not show the appropriate attitude in such matters, prompting the *Korps* to establish its own vice squad, as the German armies did elsewhere in the occupied territories. The Bruges city government had taken a punitive attitude; by contrast, the *Sittenpolizei* treated prostitution as matter-of-factly as it would any public facility. (But it did prohibit officers from being seen in public with prostitutes, for this jeopardized the prestige of the German officer uniform.[269]) According to an inconclusive scrap of

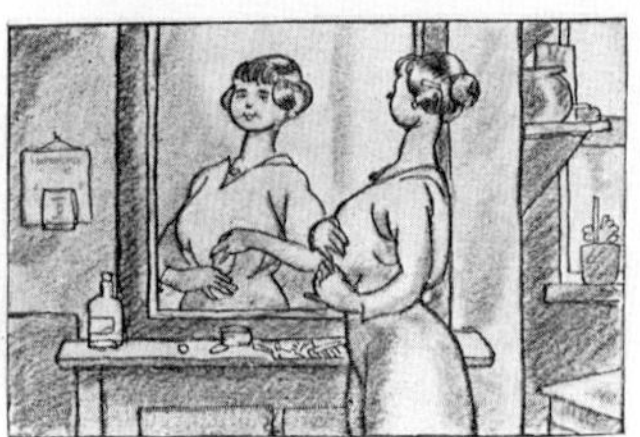

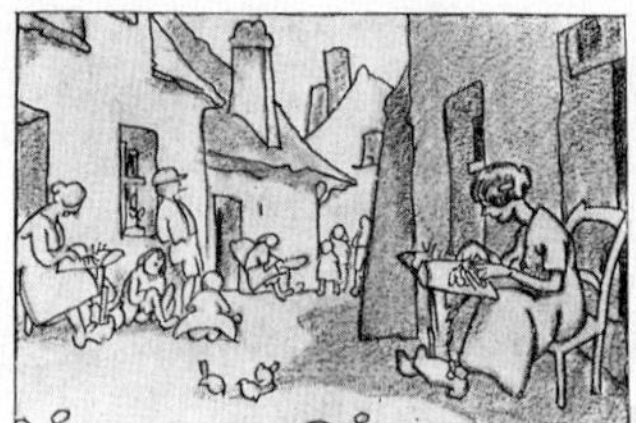

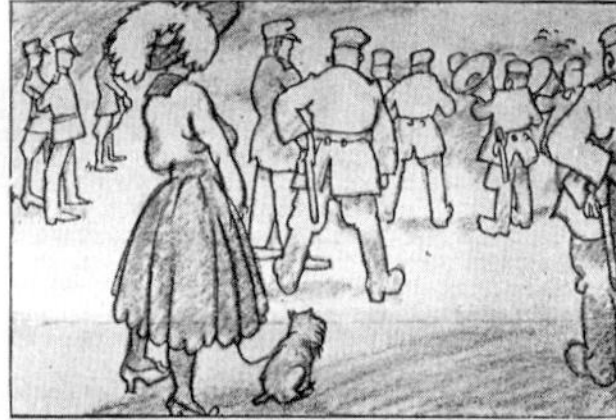

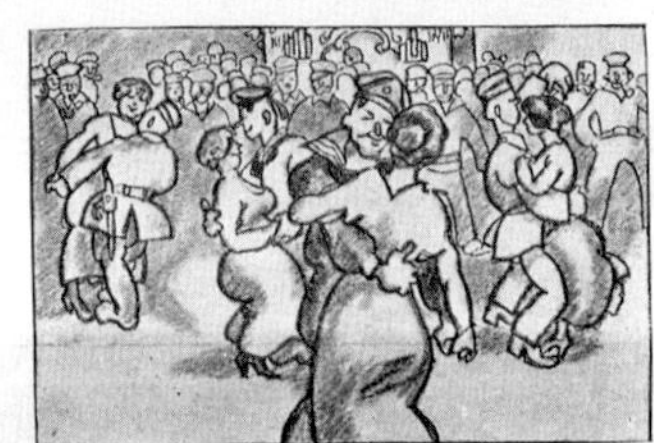

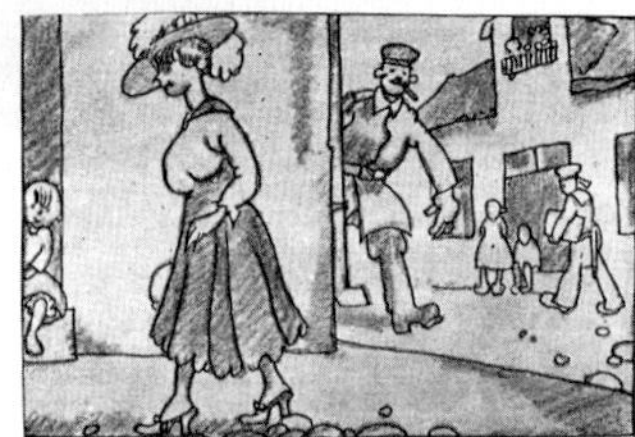

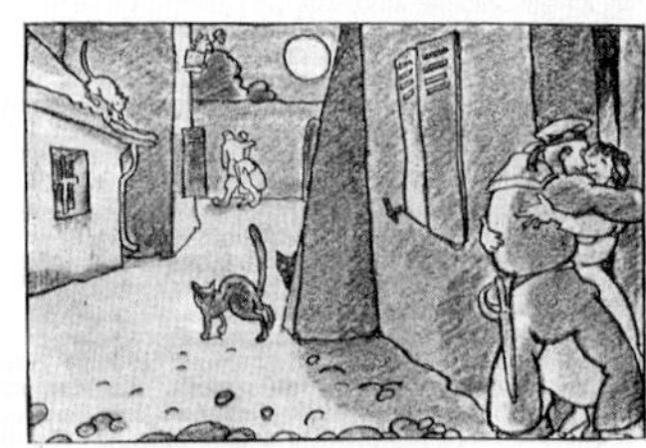

102 'Metamorphoses of a Belgian Virgin' (*Verwandlungskünste einer belgischen Jungfrau*), Richard Fiedler (drawings) and Sartorius (text), *An Flanderns Küste* 34 (1 August 1917), 268–70.

document in the City Archives, the *Marinekorps* even opened an army brothel on Potterierei. Nothing more is known about this. It would not, at any rate, have been the only place offering sex for pay.[270] Prostitutes had to register with the German vice squad and had to undergo medical examination. (The occupation powers established the examination locales in the evacuated buildings of the very stylish and very pious girls' boarding school Hemelsdale in Sint-Walburgastraat – possibly on purpose.) Women found infected with venereal disease were locked up – no actual treatment was available – in separate hospitals, especially the women's prison at Sint-Andries, a neo-Gothic complex built shortly before the war. The attendant bathing establishment was soon called the *Lusitania* by the *Brugeois*[271] – a pun on *lues* (syphilis). The soldiers called these places *Maschine-Reparatur-Werkstätten* (machine repair workshops).[272] The military were forbidden to actually fraternize with these women: they could not intercede with the occupation authorities on their behalf and they could not visit them in hospital.[273]

An Flanderns Küste painted a considerably more idyllic picture of encounters between German soldiers and Bruges women. An article of 1 August 1917, with charming drawings by sailor Richard Fiedler (who was stationed with the Bruges occupying garrison, and would die during a bombing), depicted a young Bruges beauty's typical day: after cleaning her house, she spent time making bobbin lace in front of her house (in the process 'tying some bonds of love as well / with the so-called barbarians'). Her work done, she went to the military orchestra's concert on the central square. In the evening, she went out dancing with sailors at the Eldorado on Vismarkt. Her beau escorted her home; the evening ended on a proper note, with no more than a few stolen kisses.[274] Scenes such as these were not necessarily entirely made-up, but the reality tended to be rougher and bleaker. Fiedler drew a cozy Bruges full of snug inns where coquettish girls dealt out treats from behind purring stoves – while most of the occupied were wasting away with hunger and cold. His idyllic picture was a soldier's consolation. There was 'more fiction than truth' to the idea of romance in occupied cities, as Magnus Hirschfeld wrote after the war: because of the misery in the conquered lands, both in Western and Eastern Europe, relations between soldiers and women from the occupied population hinged on money. 'A tryst for a loaf of bread – that is the unvarnished truth.' And he cited a motto ascribed to Flemish women: 'A *Kommiesbrood* [army-issue bread] and a franc / and we bang for hours.'[275]

Any member of the German military longing for a serious relationship with a Bruges woman – which in those days meant an engagement – faced a strict ban from his superiors. One June 1916 ban was repeated in January 1917: 'Marriages between [German] military and female inhabitants of enemy territory are against military interests.' Officers had to forbid their men to marry; men who worked for army

103 *Korpstagesbefehl* (order of the day) of 13 January 1917, signed Berlet (chief of the *Marinekorps* general staff). Freiburg im Breisgau, Bundesarchiv-Militärarchiv.

104 German troops on the Markt; Café Trappistenbrouw is in the background. Beeldbank Brugge.

Anlage zum Korpstagesbefehl Nr. 6 vom 13. 1. 17.

Marinekorps.
General-Kommando.
B.-Nr. 1067 IIb.

K. H. Q., den 12. Januar 1917.

Vertraulich!

Verheiratung von Militärpersonen mit Bewohnerinnen der besetzten feindlichen Gebiete.

(Entscheidung des. Kr. Min. v. 20. 12. 16, Nr. 1747/11. 16 A 1 und St. d. R. M. A. v. 2. 1. 17. — A Ib 13043.)

Wie schon bei mehrfachen Gelegenheiten betont worden ist, laufen Eheschliessungen von Militärpersonen mit Bewohnerinnen des besetzten feindlichen Gebietes dem militärischen Interesse zuwider.

Soweit Marine- und Heeresangehörige zur Verheiratung der Erlaubnis ihrer Vorgesetzten bedürfen, ist diese in oben bezeichnetem Fall grundsätzlich zu verweigern.

Gegen die Eheschliessung solcher Militärpersonen, die der Erlaubnis der Vorgesetzten nicht bedürfen, mit Einwohnerinnen des besetzten Gebietes stehen andere Mittel zur Verfügung.

Grundsätzlich wird den eingesessenen zuständigen Organen die Vollziehung solcher Eheschliessungen zu untersagen sein. Ferner kann der Heirat durch Versetzung des betreffenden Mannes bezw. durch Verweigerung der Reiseerlaubnis an die Braut, wenn die Eheschliessung in der Heimat beabsichtigt ist, vorgebeugt werden.

In Sonderfällen ist dem Generalkommando zu berichten.

Im Uebrigen wird auf das Schreiben 16257 vom 6. 6. 16 Bezug genommen, das den meisten Dienststellen zugegangen sein wird.

Von seiten des Marinekorps:
Der Chef des Generalstabes
gez. **Berlet.**

subcontractors and so did not technically need any superior's authorization, had to be transferred elsewhere; and city governments, too, faced an interdiction.[276] As late as September 1918, Bruges was sharply reprimanded by the *Kommandantur*, because the Registrar had contracted a marriage between an *Obermatrose* and his Bruges fiancée. Failure to comply with the ban, whether by the civil registry or by the clergy, meant a fine of at least a thousand marks, and possibly a prison sentence.[277]

Neither were the military allowed to associate freely with locals. Officers had to conduct themselves with the greatest distance vis-à-vis civilians. Social visits were not on, even with the best families, for this would only create mutual obligations.[278] And the troops faced a multitude of interdictions from the first year onward: they could, for instance, only dance in establishments that had received a special permit.[279] From 1916, the restrictions became ever tighter. From June of that year, German soldiers in the Fourth Army *Etappe* (which

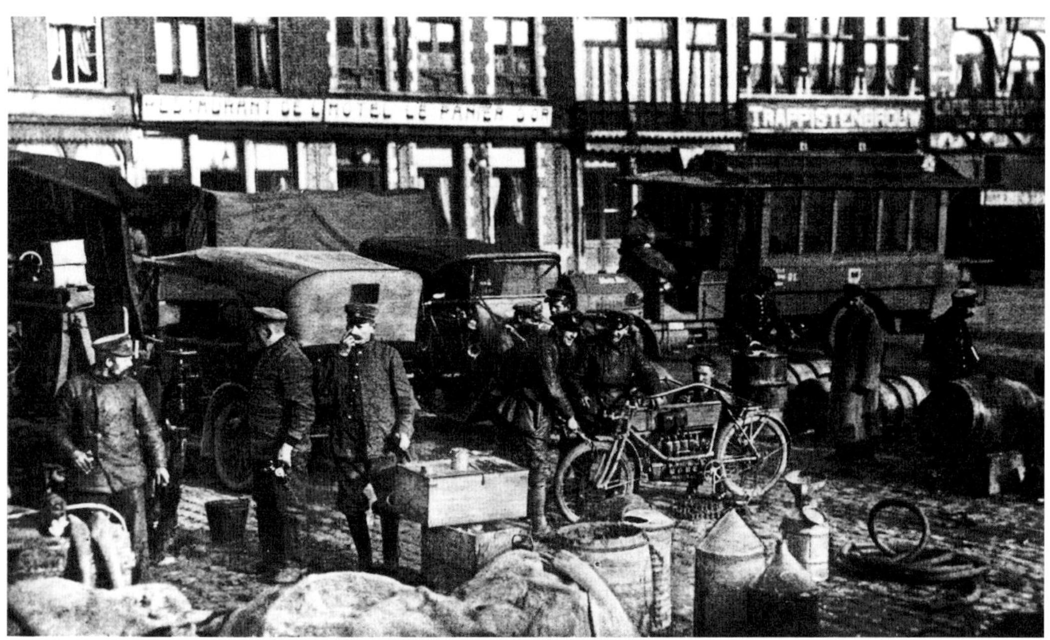

included the *Marinegebiet*) were forbidden to frequent cafés and res-
taurants not explicitly assigned to cater to them – and those places
were off limits to Belgians in turn. In other words, a segregation
order – right at the moment when the German troops had more or
less found their bearings in Flanders after a year and a half. Like so
many directives, it was inspired by a fear of spies. But it was a mis-
take. As Magnus Hirschfeld wrote, the command ruined an untold
number of small pub-owners, who had gotten on with the Germans
quite well and would henceforth bear a bitter grudge against them.
It was unnecessary, for those soldiers had few secrets to divulge,
being in the dark about their army's plans themselves.[280] By January
1918, Bruges was left with sixteen cafés allowed to cater to the German
military. Among them were Zeehaven, Sirene, Trappistenbrouw and a
few others on the Markt; the Rheinischer Hof in Geldmuntstraat and
Hotel Hansa in Sint-Jacobsstraat.[281] These were all, not coincidental-
ly, rather high-class places frequented by officers; the many little
blue-collar pubs were now off limits to German troops. This went together with the army command's growing suspicion of its own men.

104

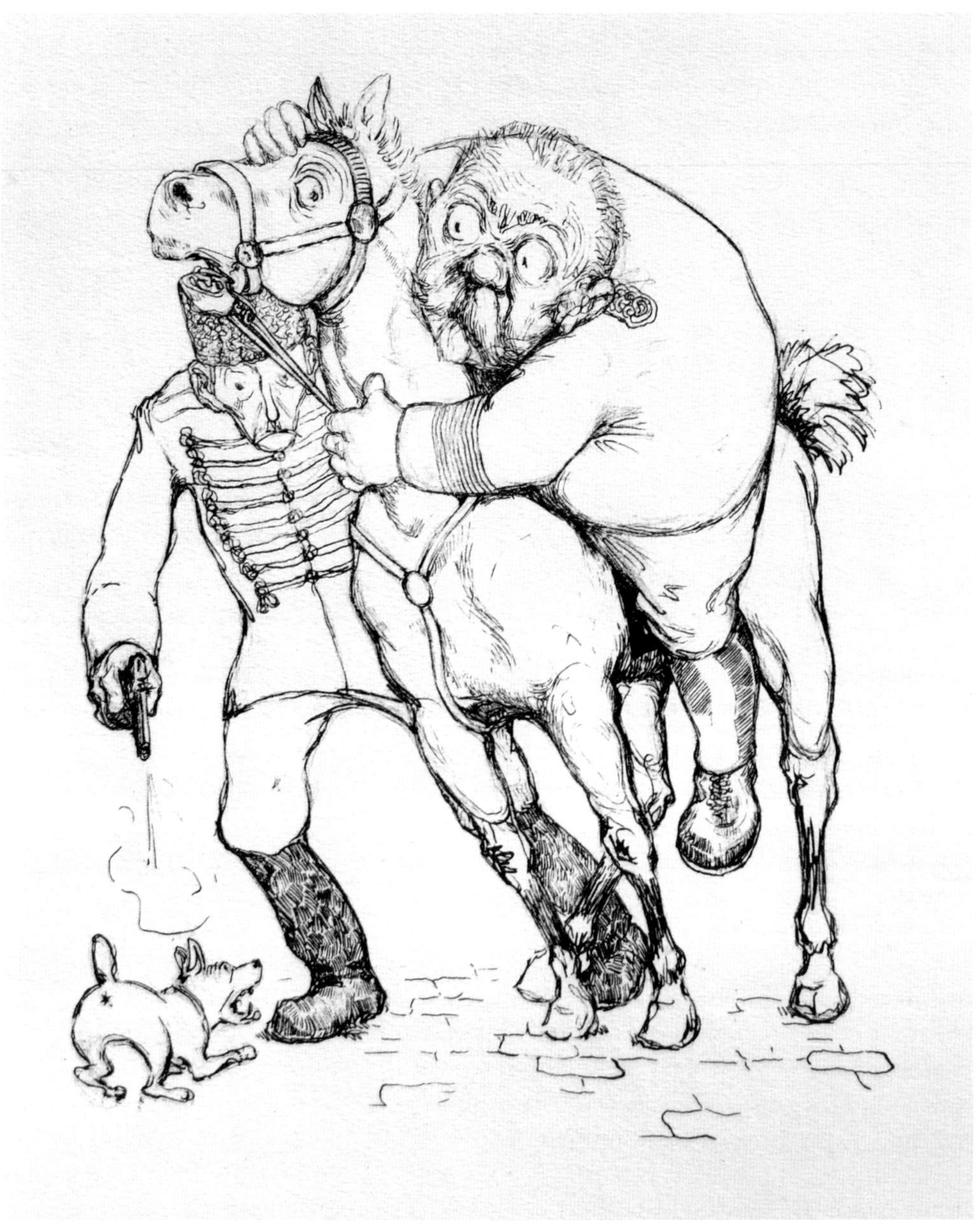

105 René De Pauw, *Admiral Von Schröder on Horseback*. Cartoon, n.d. [1918–20]. Musea Brugge.

'QUERTREIBEREI'

The first men to come under suspicion were those from Alsace and Lorraine. In August 1915, Von Schröder instructed all commanders to keep an eye on those troops specifically. He repeated the instruction in April 1916 (after two men had gone over to the enemy), telling commanding officers sharply that they had to learn to 'recognize the danger inherent in a too-lenient treatment of the Alsatian-Lotharingian elements' in the ranks. Men who were under even the slightest flicker of suspicion had to be 'filtered' out of the ranks 'with the greatest possible severity [*Schärfe*]'. This probably meant they were sent to the Eastern Front.[282] Men from Schleswig-Holstein, the territory conquered from the Danes fifty years earlier, were also subject to increased control, as were ethnic Poles.[283] In short, men from regions conquered in the past were suspect by definition as the German army operated in newly conquered lands amidst an equally suspect population. Ethnic suspicion and imperial ambitions clashed. (The *Marinekorps* distrusted immigrants, too, even if they were firmly integrated in German society.[284])

By and by, mistrust spread. This was not exclusive to the German army, of course; in all belligerent societies and armies, intolerably stepped-up war efforts led to war weariness. What was specific about the German Empire was that the tension converged around the question of holding on to territorial conquests. As a result, the army and navy commands paid intense attention to possible obstruction of the continued war effort (*Quertreiberei*). This effort included subscribing to war loans. In October 1916, the *Marinekorps'* harbour-masters were still able to assure the authorities that the men under their command were still confidently pledging their money.[285] But the next round was felt to require a more concerted effort.[286] In January 1917, more and more antiwar graffiti appeared on the walls of the *Marinekorps'* barracks, billets and frontline shelters. Von Schröder ordered all officers to vehemently oppose all hankering after a compromise peace as 'repellent and unworthy of soldiers'. The issue brooked no discussion. 'We cannot and will not talk of peace!... The only solution is a fight to the finish [*Krieg bis aufs Messer*] and the only aim is complete victory. Only our complete victory can lead to a German peace [i.e., a victorious and not a compromise peace —*SdS*]. Each and everyone has to understand this simple logic.'[287] But not everybody did.

One surprise inspection of September 1917 revealed that some sailors read the *Leipziger Volkszeitung*, the strictly banned paper of the independent Socialist party USPD (which had split from the majority Socialists because they continued to support the war).[288] In October, the censorship office discovered forbidden Socialist pamphlets in *Feldpost* packages sent to a German dockworker and to a member of the *Landsturm*.[289] Protest started to cohere within the German fleet – as did its repression. On 5 September 1917, in Cologne, two young sailors were executed, Albin Köbis and Max Reichpietsch.[290] (Symbolically enough, in post-Second World War Berlin, Admiral Von Schröder Street became Albin Köbis Street.)

Conversely, the higher ranks behaved in an ever more lordly manner. Von Schröder highlighted his domination of Bruges and its environs by demanding free passage everywhere, including on private domains, when he went out riding. A poster announced that 'all gates and entrances to private parks and gardens belonging to castles and mansions … have to be kept open all day, so that one can ride through without any obstruction. All contraventions will lead to the most severe punishment for the property owner and the municipal administration.'[291] The Admiral took his little dog on these walks – plus an orderly who was, people said, instructed to shoot other dogs if they importuned his master's. (The matter inspired the Bruges painter René De Pauw to a scathing caricature.[292]) For all this display of aristocratic disdain, the *Marinekorps* authorities felt threatened, even though *An Flanderns Küste* ran verse pointing out that their actual 'Workers' and Soldiers' Council' was none other than Marshall Hindenburg, who inspired such terror in the enemy. (*''s Klingt wie ein Glaube durch Deutschland hindurch: Hindenburg! Hindenburg! Hindenburg!'*[293]) *Marinekorps* commanders also suspected Belgian workers of spreading 'defeatist' feelings on the docks. One inspection of the Belgians working in Bruges harbour, on 31 January 1918, turned up five illicit letters and two messages.[294] In that same month, not for the first time, German soldiers turned out to have sold items of clothing and military equipment – even sandbags – to Bruges civilians, against express orders.[295] Still in January 1918, General Sixt von Armin of the Fourth Army inveighed against the lack of discipline shown by soldiers on leave during the train rides home: they occupied the first-class cars, while officers huddled in the aisles, afraid to assert their authority. The heightened rebelliousness of soldiers on leave was due to the famine they witnessed at home, a hardship which fewer and fewer of them were willing to concede as a necessary 'sacrifice'. Back home, they told stories of the squandering going on in the army.[296] To help their families, they travelled home 'packed like mules, towing everything they could with them'. But Sixt did not see things this way; he ordered his officers to fight all lapses in discipline 'with ruthless action [*rücksichtsloses Vorgehen*] if need be'.[297]

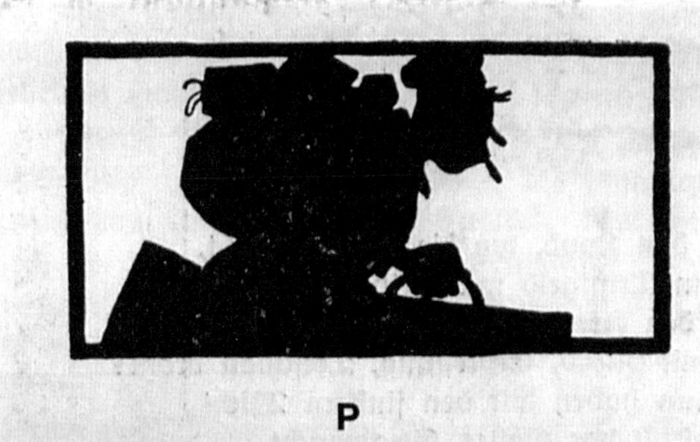

106 'Soldiers on leave are laden with parcels.' Detail from 'Deutsch-vlämisches Soldaten-wörterbuch', *An Flanderns Küste* 41 (15 November 1917), 324–25.

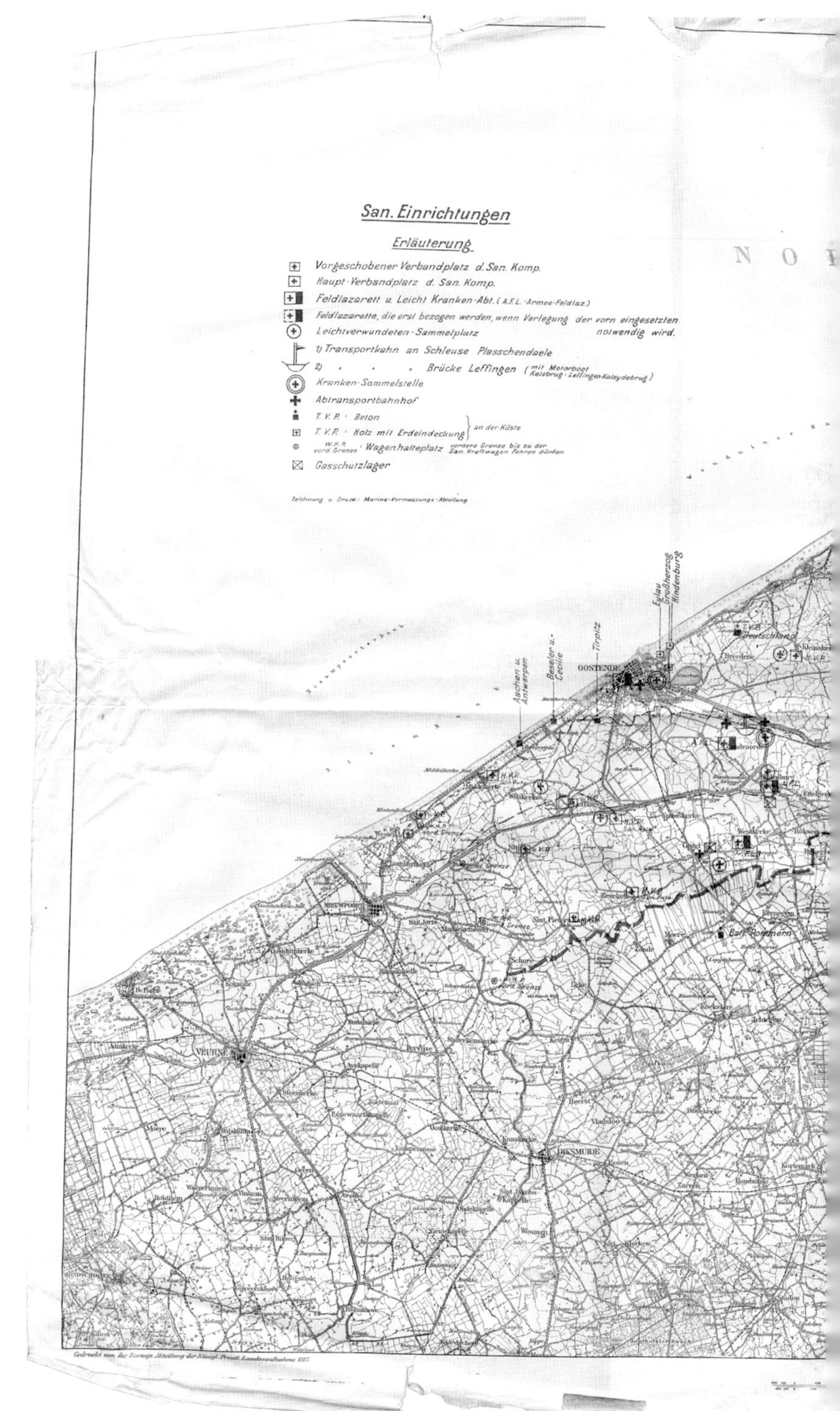

107 Field hospitals
(and gun emplacements)
in the *Marinegebiet*, n.d.
[late 1917?]. Freiburg im
Breisgau, Bundesarchiv-
Militärarchiv.

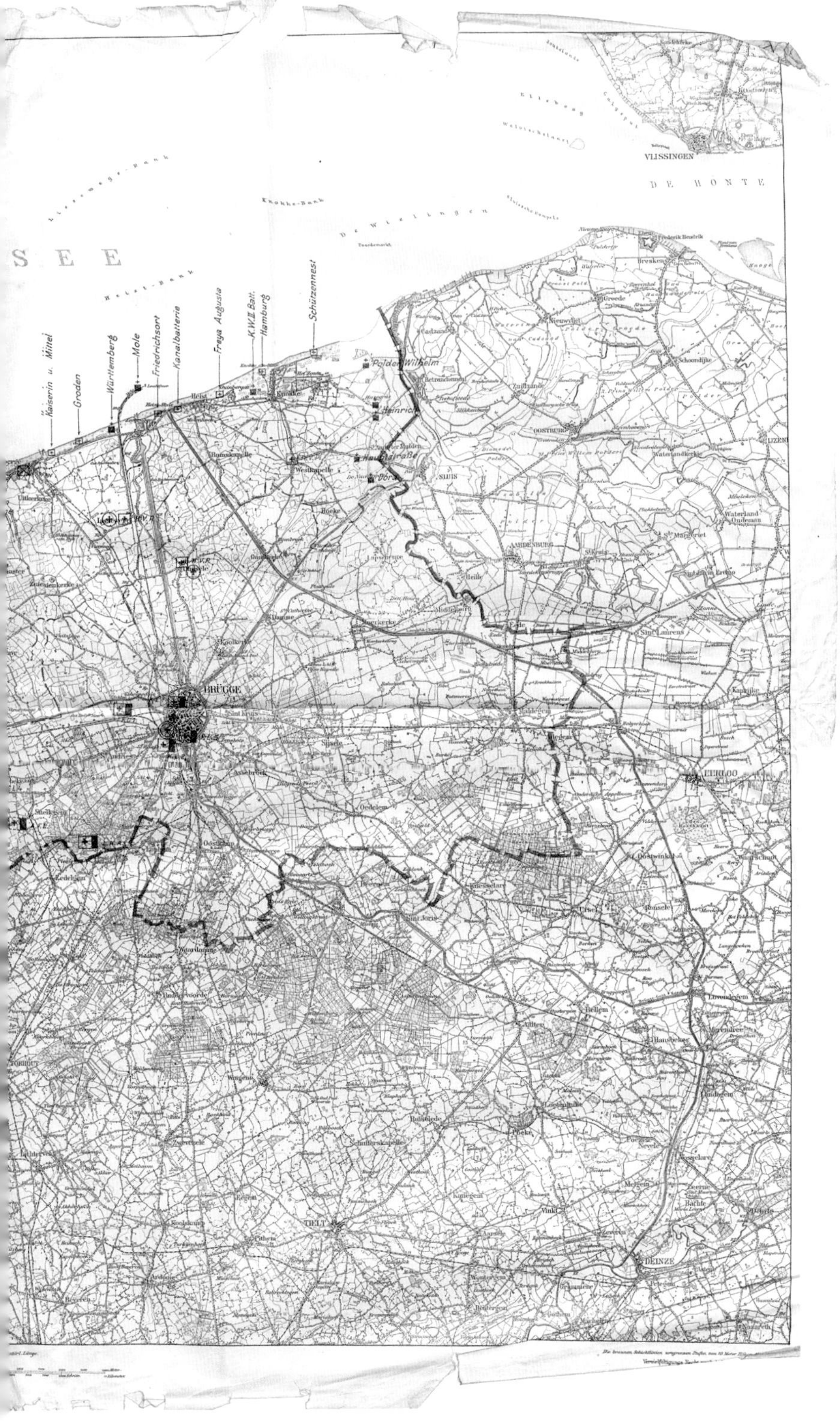

SEE
VLISSINGEN
DE HONTE
Kaiserin u. Mittel
Groden
Württemberg
Mole
Friedrichsort
Kanalbatterie
Freya Augusta
K.W.II.Batt.
Hamburg
Schützennest
Polder Wilhelm
Heinrich
Heist
Blankenberghe
Westkapelle
SLUIS
OOSTBURG
AARDENBURG
Waterland Oudeman
BRÜGGE
WATERLOO
TIELT
DEINZE

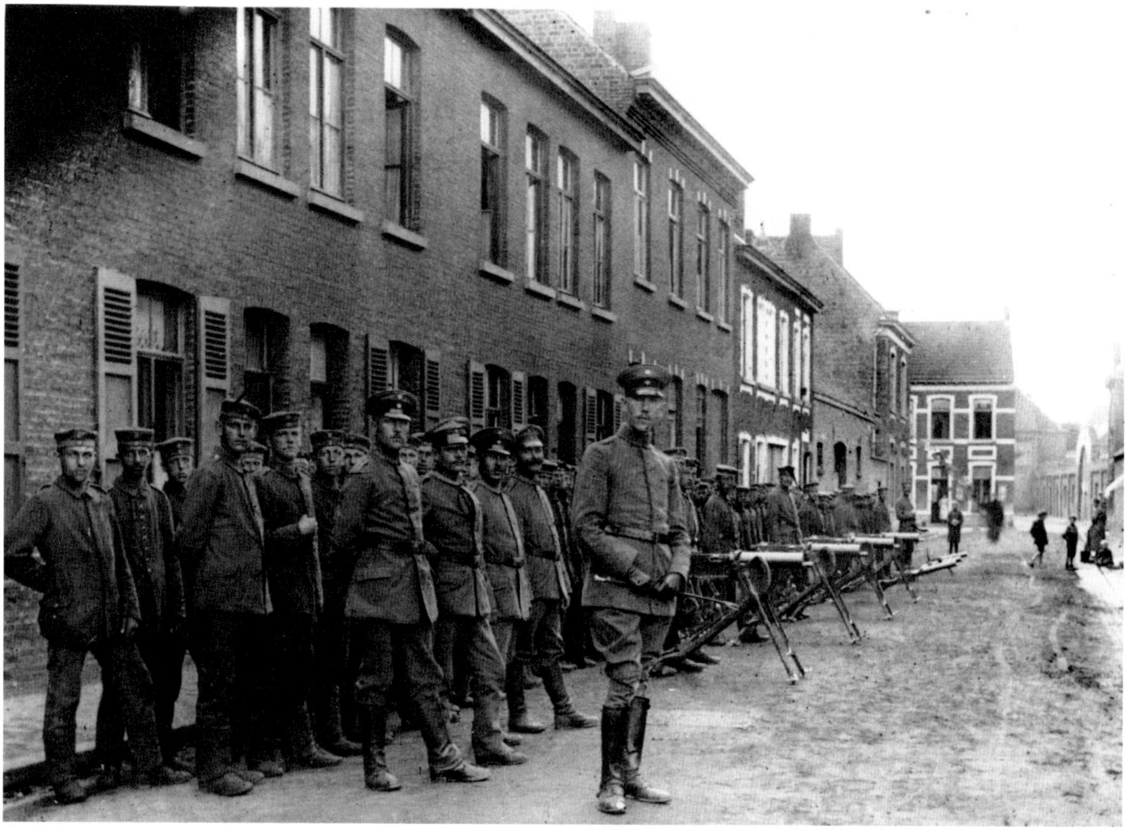

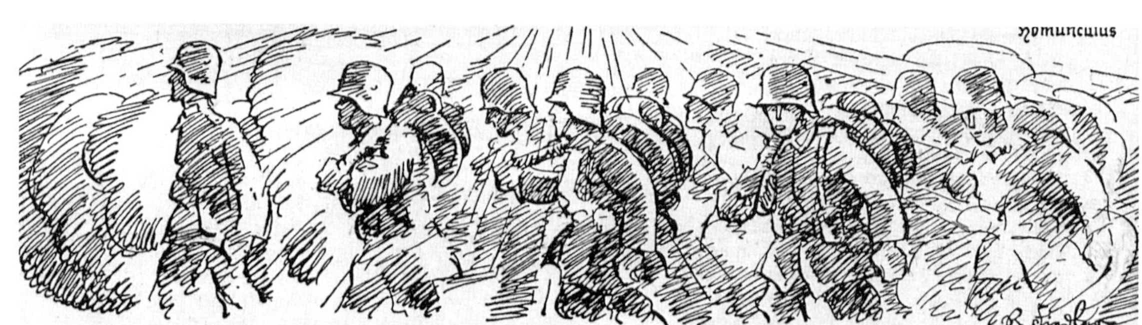

108 *Marinekorps* troops taking position behind machine guns, Driekoningenstraat, Sint-Kruis. Beeldbank Brugge.

109 *Siegfrieden* (victorious peace): detail from 'Bilder zu Goethes "Faust" dargestellt auf dem Kriegstheater in Flandern', *An Flanderns Küste* 42 (1 December 1917), 332–33.

8

1918

THE VERY LAST CHANCE: THE SPRING OFFENSIVE

As mentioned earlier, the army commanders' sharp mistrust of their men – and of the home front for that matter – stemmed from the fact that the continuation of Germany's war hinged on the question of conquest. Should Germany choose immediate peace and give up the territory gained, or should it hold out for a victorious peace (*Siegfrieden*) which would secure domination over much of the European continent? This was the question that had split the German Socialists into an 'independent' and a 'majority' section.

As far as the army command was concerned, things were clear – a *Siegfrieden* and nothing else. In the East, with the Peace of Brest-Litovsk, the military demanded the maximum prize, permanent possession of Russia's most productive lands. These extreme demands precluded an enduring settlement, for even though an armistice was concluded and Germany strictly speaking no longer had an Eastern Front to worry about, the Russian 'peace' still remained to be enforced militarily. In the West, it was naval command that demanded permanent territorial gain. Von Schröder weighed in. In a February 1918 memorandum, he repeated what he had written in March 1915: Germany ought never to allow Belgium to become independent again. For it would join the Western camp immediately; it would not remain neutral after a war like this. International obligations to neutrality would have no impact. Only military coercion could keep the Belgians in line. (The Admiral failed to appreciate that it was precisely military coercion that had driven the small neighbouring state onto the Entente side.) The Belgian coast, especially, Von Schröder stated, imperatively had to remain in German hands, to save Germany the trouble of having to conquer it again once the next war with Great Britain (which was certain to come) broke out. Germany might perhaps be able to add the mouths of the Scheldt if the Dutch were willing to enter an anti-British alliance. In short – even after the failure of the underseas war, Von Schröder's claims on the conquered coast were as peremptory as ever, and his was by no means an isolated position.[298]

This mindset – a victorious peace or nothing – prompted army command to play its *last* last card: the great Spring Offensive on the Western Front that started on 21 March. This last-ditch bid for victory hinged on extreme speed: the Entente had to be brought to its knees before the Americans arrived. The offensive had a real chance to succeed – or would have had, if army command had given its all. But it did not. The reason was territorial greed. Instead of moving as many troops as possible East to West, the *Heeresleitung* left vast numbers in Russia to hold on to the conquered territory and even to push on. While the outcome of the war was decided on the Western Front, thirty German divisions conquered Ukraine and the Crimea. On 8 May, they took Rostov on the Don. A valuable prize – were it not that eight days earlier, the German forces had lost the initiative in the hills of Flanders. After a series of devastating blows to the Entente, the German march had lost momentum. The impact of the divisions left East might have made the difference. In this manner, the imperial elites, 'out of greediness for loot and land', failed to fully exploit the very last chance of victory.[299]

The German Navy meanwhile took no part in the Spring Offensive. Naval commanders feared losing too many vessels and so barely complied with army requests to attack British troop transports to France. Army commanders, for their part, had lost faith in what submarine attacks on British commercial shipping could accomplish.[300] They were not mistaken. Even though the *Marinekorps* had sunk 73 ships from January through March, it also lost more and more submarines to Keyes' Dover Barrage: four of them in January 1918 alone, when up until then, all through the preceding war years, it had lost only two in the Dover Straits. As to the raids of the surface flotilla (such as the bombing of Yarmouth on 14 January 1918, which was meant to make the English home front feel unprotected by its navy), they remained pinpricks. During the Spring Offensive, the *Marinekorps'* action remained wholly defensive. Front-line attacks by its ground troops did not aim at a breakthrough; they were meant to shift the line of defence further west in order to safeguard the Ostend base.[301] ('*Our* Ostend', as a poem tellingly had it.[302])

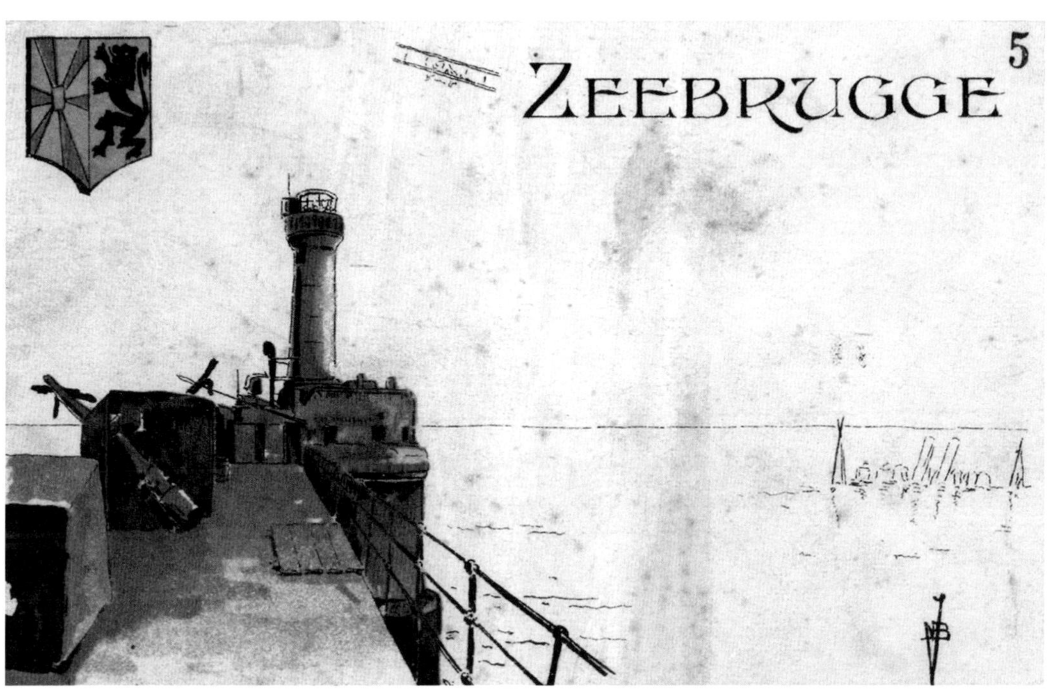

110 Postwar impression of the Zeebrugge mole and Fryatt's sunken ship, the *SS Brussels*. Beeldbank Brugge.

THE ZEEBRUGGE RAID [303]

But the *Marinekorps* did sustain an attack on its own terrain, when a small detachment led by Roger Keyes sailed out on 22 April 1918 – Saint George's Day – to attack the Zeebrugge mole and blockade the harbour channel. Both parties would claim victory afterwards and both Keyes and Von Schröder received medals. The German press called the *Korps'* defence 'a brilliant success' and claimed that the attack demonstrated Britain's desperation. In reality, many in the *Marinekorps* were deeply worried. The attack on the mole had technically failed, but the overpass leading to it was cut through; and although the three blockade ships had not been sunk where they should have been, they did obstruct the passage, which required dredging. Von Schröder, horrified by the damage, ordered strengthened defence rules, such as keeping the machine guns at the ready at all times. On the other hand, while Keyes' raid created only a very temporary hindrance, the panache of the attack did lift the mood –

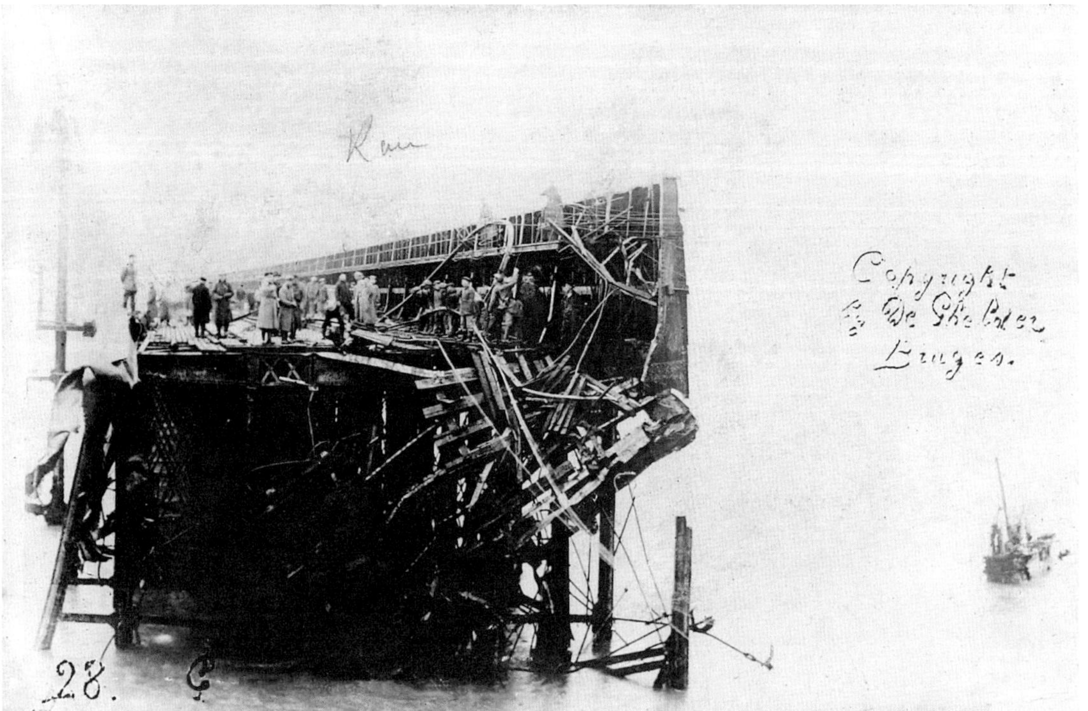

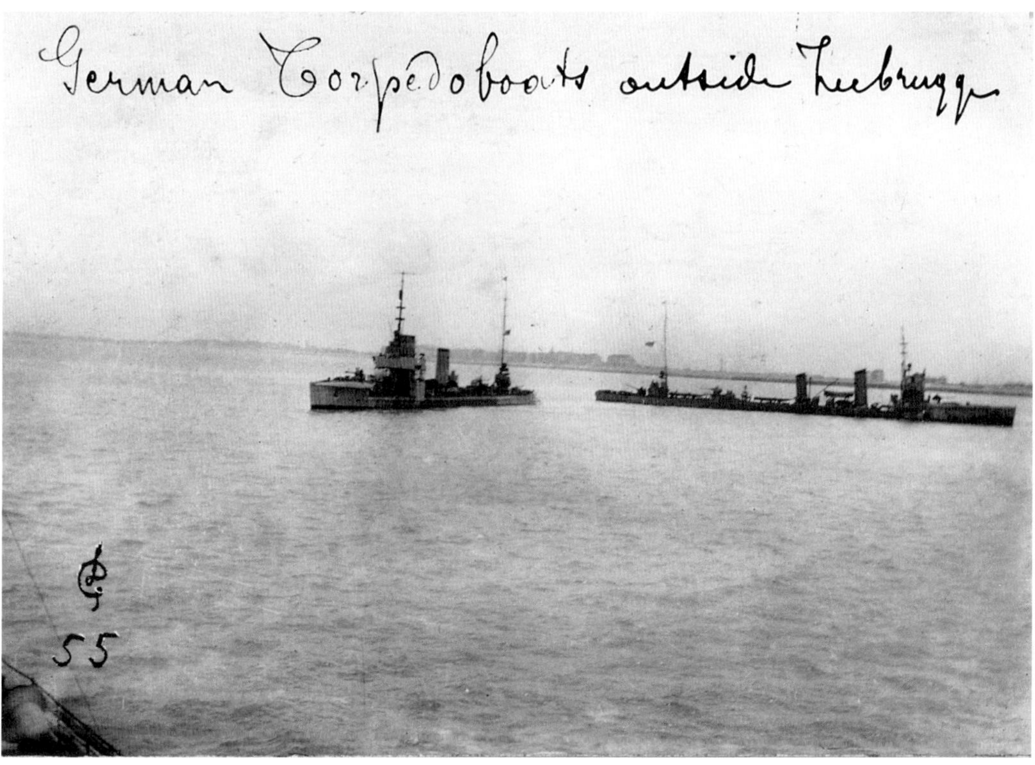

111 The segment of the mole that was destroyed during the raid. German photo, 1918. Photo De Ghelder, Beeldbank Brugge.

112 German destroyer with the sunken block ship *Thetis* before Zeebrugge, German photo. Photo De Ghelder, Beeldbank Brugge.

even as the British forces on the Western Front stood with their backs against the wall, as army command openly acknowledged. The raid did not influence the outcome of the war, for even if it had been more effective, the submarine war had lost relevance by then. The Western Front was the only decisive theatre.

And the decision fell. On 9 June, the German advance came to a definitive halt. The setbacks of 18 July would be the beginning of the end. In this phase of the war, the *Marinekorps* was a mere coastal defence force. The *Marinegebiet* had ceased even to be a base for *Kleinkrieg* operations against British merchant shipping. But it was still under attack – and the violence unleashed by aerial bombing on the one hand and anti-air fire on the other hand was, as ever, terrible.

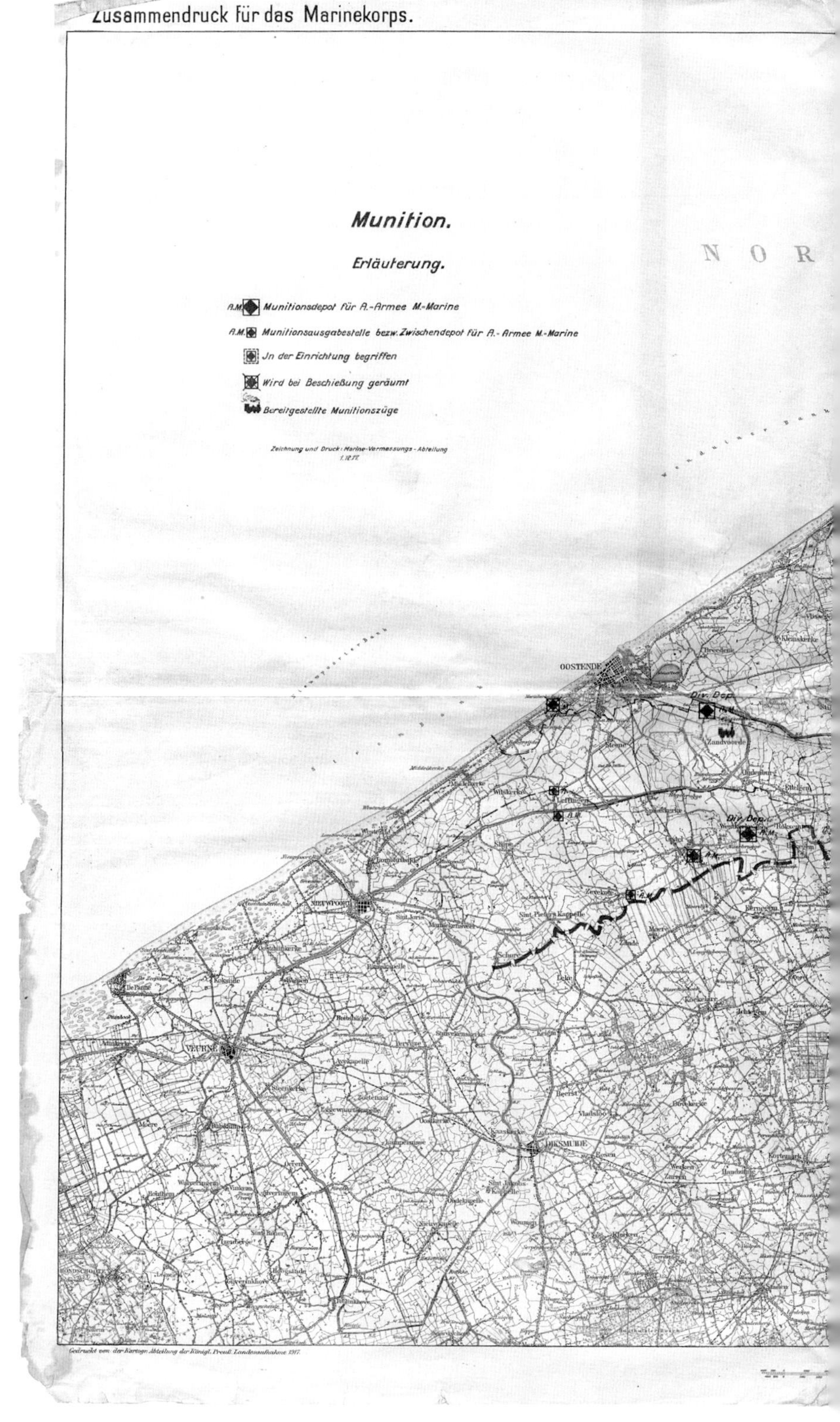
Zusammendruck für das Marinekorps.

Munition.

Erläuterung.

A.M. Munitionsdepot für A.-Armee M.-Marine
A.M. Munitionsausgabestelle bezw. Zwischendepot für A.-Armee M.-Marine
Jn der Einrichtung begriffen
Wird bei Beschießung geräumt
Bereitgestellte Munitionszüge

Zeichnung und Druck: Marine-Vermessungs-Abteilung
1.12.17.

NOR

OOSTENDE
Div. Dep.
Zandvoorde
Div. Depot
NIEUWPOORT
Sint Pieters Kapelle
VEURNE
DIKSMUIDE

Gedruckt von der Kartogr. Abteilung der Königl. Preußl. Landesaufnahme 1917.

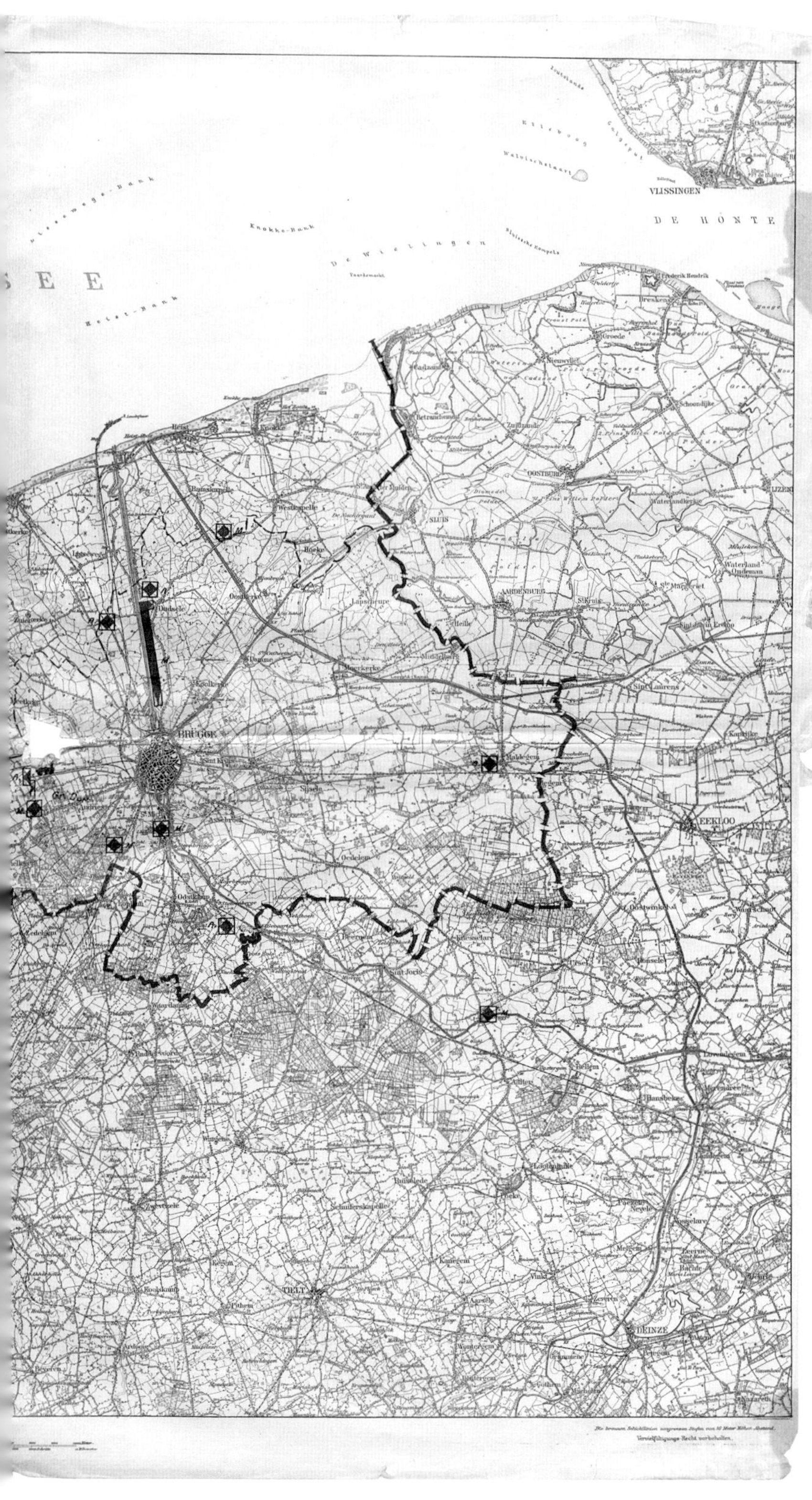

113 Munitions depots
in the *Marinegebiet*,
1 December 1917. Freiburg
im Breisgau, Bundesarchiv-
Militärarchiv.

'POOR LITTLE CHILDREN'

In the first months of 1918, British bombing of the *Marinegebiet* was relentless. Time-consuming repairs in the harbours had become impossible.[304] Anti-aircraft artillery was strengthened heavily, from 70 pieces in 1917 to 212 by the war's end. All around the city now stood four 88mm batteries (at the orphanage in Sint-Kruis; near the Zandwegemolen on Oude Oostendsesteenweg; in what is today the neighbourhood of Stokvelde, 2.5 kilometres south of the city proper; and along Hogeweg in Sint-Andries). In addition, there were two heavy barrage batteries of 155 mm: one six-howitzer battery at Assebroek that opened an intense drum-fire on the harbour at each air raid, and another at Rooigem château in Sint-Kruis.[305] These emplacements necessitated evacuations. The 275 boys and 124 girls of the orphanage at Sint-Kruis, for instance, were abruptly expelled. On 7 December 1917, at ten-thirty in the morning, the order came to leave for the station. Half an hour later, the *Feldpolizei* 'came to fetch the boys, they had to leave in their clogs and the clothes they stood up in, without being fed, it was a sad moment for all of us'. The buildings were taken over by the *Korps* to instruct new recruits.[306]

The *Marinekorps*' anti-aircraft defence forces encompassed fighter planes as well.[307] The locals' attitude towards this defence was ambivalent. They applauded when allied pilots shot down a German plane – but were furious about the lack of diligence of the *Marinekorps*' air force. 'The population seethes with anger,' wrote Walter Bossier on 15 August 1918. 'It is a disgrace. Those German pilots who do their little evening rounds over the city would do better to guard Bruges at night.'[308] Civilians felt even less protected after they were forbidden, from 22 May 1918, to seek shelter during night attacks in one of the large underground air-raid shelters built in October 1917. (The one underneath the Teachers' School in Sint-Jorisstraat had space for a thousand people, as had the one underneath the *Kommandantur* on Burg square; the one below the Priests' Seminary sat three hundred, the one underneath the Military Bakery on Sint-Clarastraat, two hundred.[309])

Although most of the Bruges air raids targeted the harbour, not the city,[310] there were many civilian (as well as military) victims, as mentioned earlier. And in more strategic locales, such as Zeebrugge, the violence was intense. One thirty-page diary kept by a nun who

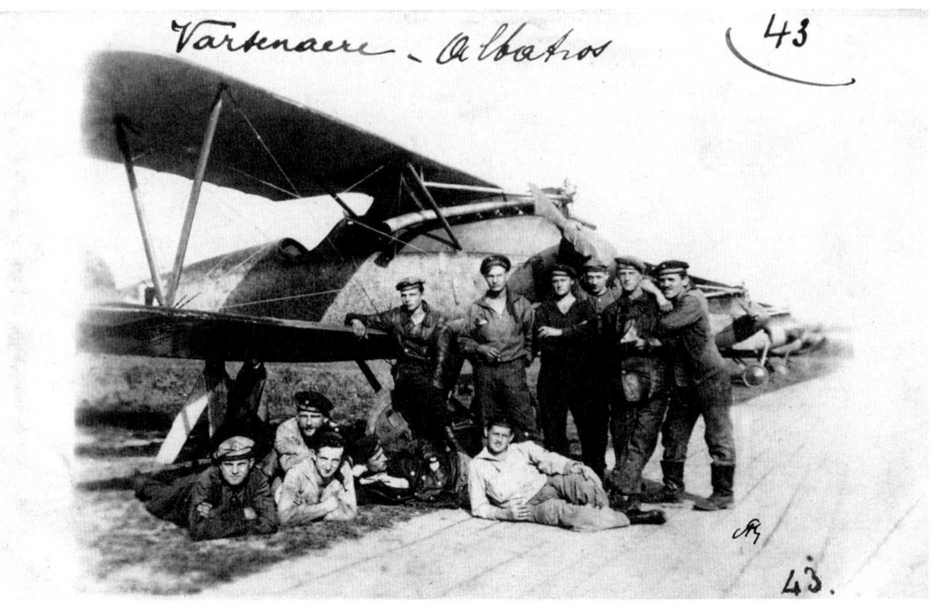

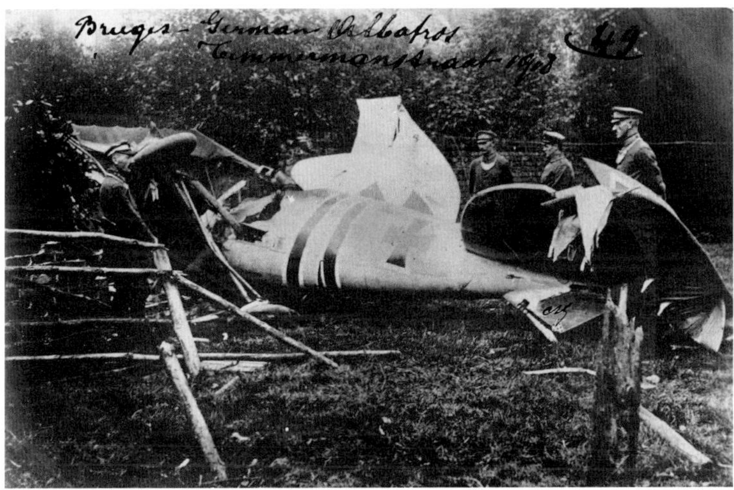

114 Albatros biplane
and men of the First
*Marine Landflieger-
Abteilung*, Jabbeke-
Snellegem, 1918. Photo
De Ghelder, Beeldbank
Brugge.

115 Downed Albatros
in Timmermansstraat,
1918. Photo De Ghelder,
Beeldbank Brugge.

taught in the heavily occupied area (the thousand troops stationed
there dwarfed the local population) gives a poignant description of
civilian suffering. In the evening of 8 May 1918, a few weeks after the
Zeebrugge raid, the church was hit, possibly by Flak fire. Six people
died. 'Shortly before eight,' the nun wrote, 'they start firing at air-
planes. A few children are in church for the *Salve*.... Suddenly, a ter-
rifying crash. "The church has been hit." Horrible, horrible sight, [116]
wailing, screaming and shouting; smoke and the scent of powder, oh,

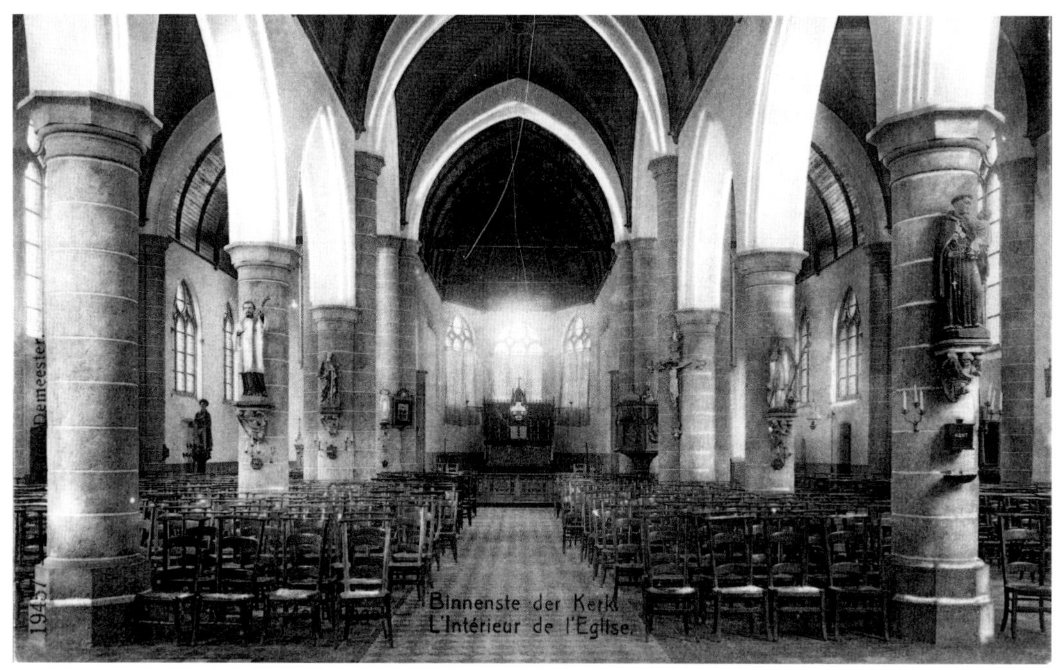

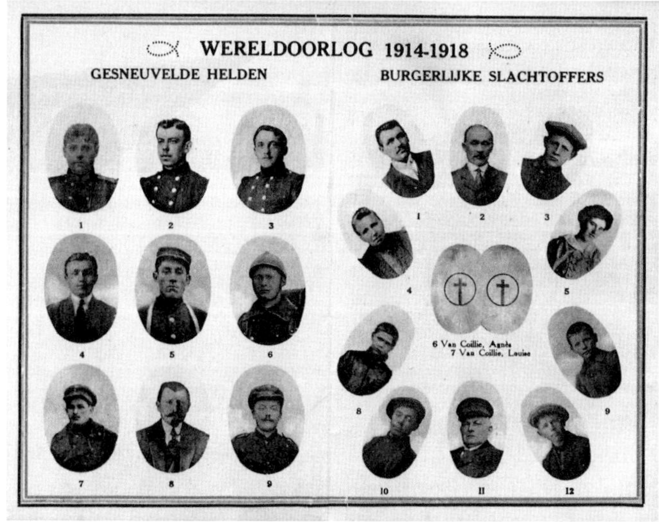

116 Saint Donatian's Church, Zeebrugge, 1910. Beeldbank Brugge.

117 Postwar commemorative card with the military and civilian victims of Zeebrugge. Stadsarchief Brugge.

no, never, never will this be forgotten, those images so deeply stamped in our hearts. Our dear little church in ruins, oh, I see them yet, the corpses of our dear children, so cheerful and friendly and laughing a few hours ago and now, now, utterly mutilated, unrecognizable. Two little sisters have been hit hand in hand, the eldest is horribly

117

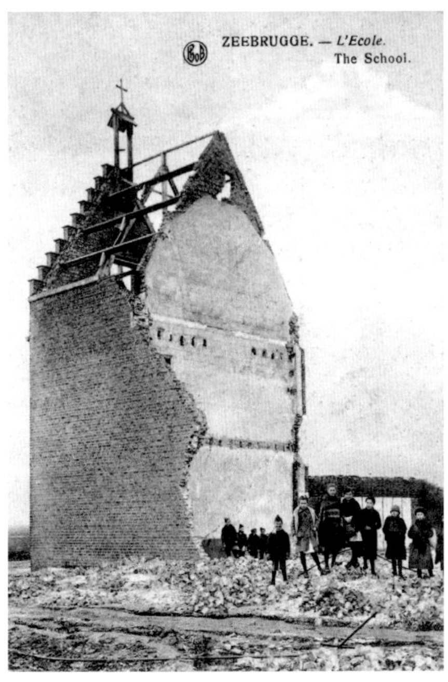

118 The ruins of the school at Zeebrugge, 1919. Beeldbank Brugge.

119 Excerpt from the diary of a Zeebrugge nun. In Flanders Fields Museum and Documentation Centre, Ypres.

mutilated …, the father comes crawling on his knees to the corpses of his fair girls and looks for scraps of flesh; then, finding nothing to cover his poor children with, he takes off his vest and puts it on the innocent little ones, victims of a blind fury. His little son, 11 years old, … though he knows everything, hides it from his mother, and though badly wounded himself in the head, eye, arms and legs, still manages to say, "Mother don't cry, Rosa and little Louise are wounded a little more badly and they are in the hospital"…' Later, on the same page of the diary, she pasted some earth taken from the children's graves at the Zeebrugge cemetery, with the caption 'Earth covering the little victims' – as if she, too, like the bereaved father was looking for something to cover the 'poor little children'.[311]

118

119

Aan het Vlaamsche Volk

De FRANSCHGEZINDEN en de WALEN van Brugge hebben in de laatste dagen het gerucht verspreid dat het gedaan was met de aktivistische volksvergaderingen. De belachelijkste onzin gaat met deze geruchten gepaard; zoo zeggen zij, onder meer andere flauwiteiten, nu eens, *dat het Legeropperkommando de vlaamsche volksvergaderingen te Brugge verboden heeft*; dan weer, *dat de Aktivisten geen volksvergaderingen meer durven beleggen uit vrees voor de koene houding van sommige tegenstrevers der aktivistische beweging.*

Praatjes! niets dan praatjes! Laster en leugen zijn steeds geweest en blijven nog de wapens der verraders van het Vlaamsche Volk. Binnen enkele dagen, aangezien de reissperre nu opgeheven is, zullen de volksvergaderingen opnieuw aangevat en voortgezet worden.

Wel hadden de belagers van het Vlaamsche Volk naar middelen uitgezien om te trachten de bijeenkomsten te storen en zelfs had de zoon van eene vroeger hooggeplaatste en in Brugge wel gekende personaliteit daarin het weinig benijdenswaardig voorbeeld gegeven, door op de eerste vergadering stinkballen te werpen. Wel werd de zoon van een pasteibakker uitgezonden om de aanplakbrieven, die de vergaderingen aankondigden, af te scheuren. Wel werden eenige betaalde schreeuwers — onder kommando van een paar brugsche nulliteiten — naar de volksvergaderingen gestuurd om door lawaai de rust te storen en door apengebaren de aandacht der toehoorders van de redenaars af te trekken.

Vergeefsche moeite! Ondanks deze Amerikaansche tegenpropaganda zijner vijanden, ondanks de onverschilligheid van hen, *die de kat uit den boom kijken* — en zij ontbreken te Brugge niet — komt het Vlaamsche Volk allengskens tot het besef dat **de Aktivisten de ware, de eenige vrienden zijn van de verdrukte Vlamingen;** van daar de talrijke opkomst op de volksvergaderingen en de volledige instemming met de besprokene punten van het aktivistisch programma.

Doch waar bleven de eigenlijke verdrukkers van het Vlaamsche Volk, die franschgezinde advokaten, dokters, ingenieurs, professors, enz., die aan de herbergtafel beweerden de redevoeringen der aktivistische sprekers zoo gemakkelijk te kunnen weerleggen?

Waar bleven ook die zoogezegde flaminganten van vóór den oorlog, die zouden verklaard hebben waarom zij in den nood hun Vlaamsche Volk in den steek laten?

VLAMINGEN !

Beoordeelt de houding van al deze lieden! Is hun stilzwijgen niet het treffendste bewijs dat zij niets kunnen afbreken van al hetgeen de aktivistische redenaars bekend maken aangaande **de verwaarloozing, de benadeeling en de verdrukking van het Vlaamsche Volk door al de achtereenvolgende en zich afwisselende klerikale en liberale, maar altijd verfranschte, belgische regeeringen?**

VLAMINGEN !

Tot hiertoe werdt gij, met uw eigen taal, ALS VREEMDELINGEN BEHANDELD in uw zoogezegd vaderland, het verfranschte Belgie. *Zelfs in het hart van uw Vlaanderen kondet gij niet de geringste bediening bekleeden:* noch tolbeambte, noch accijnsbediende, noch briefdrager, noch veldwachter, noch treinwachter, noch kaartjesknipper.

In zijn eigen land, **waar minstens 4 miljoen menschen geen enkel woord Fransch verstaan,** *moest de Vlaming Fransch kennen om een der kleinste plaatskens te bedienen, maar werden Waal en Franskiljon Ministers zonder een woord Vlaamsch te verstaan!*

Om in zijn eigen leger korporaal te worden moest de Vlaming kunnen « **parler français konter alle menschen** », *maar om generaal te worden moesten Waal en Franskiljon aan hunnen vlaamschen broeder slechts kunnen* « **de taal van den revolver laten hooren!** »

Vlaamsche Broeders !

Begrijpt gij eindelijk waarom Walen en Franskiljons het niet verkroppen kunnen dat de Aktivisten het Vlaamsche Volk op de hoogte brengen van dien ongehoorden toestand?

Overweegt dus goed waarom men beletten wil dat de Aktivisten, deze ware en eenige vrienden van het verdrukte Vlaamsche Volk, onder duizend andere feiten het volgende overal bekend maken:

MEANWHILE: FLEMISH POLICIES

Amidst escalating violence, the occupation regime continued its attempts to establish its authority by means of an ethnic strategy. Von Schröder adamantly championed radical Flemish measures. He received approval from on high: Ludendorff called him, in February 1918, the only man who saw clearly in the Flemish matter. In other words, a man who was as impatient as he was with those Germans who dared criticize rash Flemish policies. Those critics, quite correctly, thought it useless to create a group of collaborators ostracized by their fellow citizens; precipitous power policies would do nothing to anchor German authority.[312] Von Schröder by contrast advocated assertive action. On 19 January 1918, he had complained to Ludendorff about the lack of vision of the Flemish policies adopted by the civilian-military authorities of the Brussels Government General. They had adopted a step-by-step programme, when a grand gesture was needed: the immediate proclamation of an 'independent' Flanders. It was to take the form of a public and solemn declaration by the Council of Flanders itself, followed by a request on their part for German military protection for their new state. This, Von Schröder wrote, would enable Germany to keep a military hold on Flanders at war's end for the request would come from the Flemings themselves. He added that in order to facilitate the proclamation, the military police had to grant advantages to activists more systematically in the form of travel passes and permits of all kinds. If this exposed the activists to threats from the exiled Belgian authorities, that would only deepen alienation and strengthen the Germans' hand. At the same time, the freedom of movement of critics of activism should be restricted even more.[313] One month later, it had become quite obvious that only one camp had freedom of speech. On 18 February, the Bruges municipality assured the German Chancellor in an open letter that 'among the population here, only an insignificant minority wishes for the disappearance of unified Belgium; the population is practically unanimous in fervently wishing for the restoration of an independent and unified Belgium, where all national interests, including those of ethnic group (*stam*) and language, enjoy full freedom and rights.'[314] In response, Von Schröder forbade the city government to voice its opinion on 'general national matters' such as the matter of Flemish independence. 'Infractions to this command will be punished as severely as possible.'

The ban explicitly did not extend to Flemish public speech from non-official agents – in other words, to activist groups. They had the floor: propaganda on behalf of German–Flemish policies was permitted but protest was forbidden.[315]

The Admiral's collision-course strategy further explains why Bruges activism was a rather feeble affair (as Luc Schepens has observed). In spite of the *Kommandantur*'s efforts (which included punishment), only one activist paper appeared, and that only at war's end: the *Brugsch Dagblad* (Bruges Daily), of which only twenty issues saw the day. (The publisher faced trial after the war, but was pardoned because it was widely known he had acted out of destitution.[316]) Activist associational life did not thrive, with the exception of the Bruges section of the *Groeningerwacht* (Groeninger Guard, a reference to the 1302 Battle of the Golden Spurs), a youth militia tasked among other things with silencing hecklers at activist events. Yet activism did briefly gain wider appeal – in Bruges as elsewhere – with the arrival of five Flemish soldiers who had gone over to the German lines in May 1918. (After the war, radical Flemish militants would call these men 'the sublime defectors'.) Their highly staged appearances drew crowds: for the first time in years, the *Brugeois* saw Yser soldiers in the flesh. The Dominican novice Carlos Van Sante and the 28-year-old stretcher-bearer Vital Haesaert, a Redemptorist novice from Aartrijke near Bruges, gave charity lectures on behalf of Flemish prisoners of war in German camps.[317] On 8 September, at the Bruges City Theatre, the deserters performed a one-act drama named *Waarom?* (Why?) which staged the story of a Flemish soldier beaten to death by a Belgian officer who spoke only French. A mass of people came to see 'our Yser heroes' arrive at Bruges station – still dressed in their army uniform for greater effect. 'Our flag-wavers [*patriotards*] were furious today,' Walter Bossier noted gleefully.[318] The activist press praised the play as 'truly moving' and reported that, after the final scene, 'the long-restrained cries of indignation against the torturers' erupted, and 'thunderous applause sealed the performance'.[319] The fact that such an event could be staged in the middle of an otherwise quite silenced public culture, shows the extent to which the five men were enrolled in the German propaganda effort. Every week, they were summoned to Roubaix to report on events to Captain Staehle, liaison officer at the command staff of the Fourth Army (which was based in northern France during the Spring Offensive). Van Sante, for instance, reported a 'lecture in Bruges about 500 people – successful' on 1 September; Haesaert reported that on that same day, he had urged the Bruges Groeningerwacht to 'keep at it courageously'. The five men received payment; and they could intercede with Staehle for favours, such as one forced labourer's liberation from a *Zivil-Arbeiterbataillon*, or a travel permit for the Assebroek curate Robrecht De Smet. They were entrusted with – among other things – preservation matters: thus, on 4 September, Haesaert was invited to draw up a list of West Flemish monuments that had to be shielded from the German army's bronze requisitioning.[320]

The activists had no choice but to trust in a German victory – or at least in a lengthy German presence. On 7 August, Walter Bossier dismissed the events on the front with the remark 'I imagine that this whole kerfuffle will end around 1920 or so. Followed by a year's worth of negotiations, with the result: *statu quo ante!*'[321] On the allied side, too, for that matter, some feared the war would drag into 1920. Yet the day after Bossier's dismissive remark, 8 August 1918, proved to be the German army's 'black day' of the war (as Ludendorff was to call it later). An allied breakthrough near Amiens on that day would be followed by a slow but sure roll-back of German forces out of the occupied territories. On 28 September, Ludendorff informed Navy commander Admiral Scheer that the army was unable to hold on to Flanders and that the region had to be evacuated.[322] The day after, the Emperor agreed – Bulgaria had just capitulated – and instructed Von Schröder to start preparations to evacuate. In Bruges, 'the offensive is turning people's heads,' as Walter Bossier contemptuously wrote on 20 September; a week later, he noted how the *Brugeois* were crowding round the posters with war news.[323] A recital of Flemish songs took place in the City Theatre on 30 September, as a last attempt to put heart in the activist movement. But although the tickets were free, local activists and their families occupied as many prominent seats as possible and the *Marinekorps* censorship service sent people to man seats, the house remained mainly empty and 'the mood was low because of current events,' as Bossier wrote.[324] Three weeks later, he had fled to the Netherlands, as had many other activists.

EXPECTATIONS

121 On 8 October 1918, an anonymous letter reached the city government. Dated 'Bruges, September', it covered the city fathers in a volley of reproaches, indignantly unpunctuated:

> *You do nothing for the modest, honest middle classes who*
> *are perishing away ...*
> *You do not fight profiteering and exploitation ...*
> *You let yourselves be taken in by soldiers' wives who enjoy*
> *all kinds of allowances, make a lot of money, and misbehave.*
> *You allow the confectioners to bake sweet treats with the*
> *stolen flour that ought to serve the population's needs*
> *instead of the sweet tooth of the German officers and their*
> *girlfriends.*
> *At city hall and in the committees you hire a great many*
> *scoundrels, loafers and thieves as pen-pushers, but you refuse*
> *to hire decent people.*
> *Your fine police never catches the thieves.*
> *For four years you have fed the people on promises that the*
> *war will soon be over while we do not see an end to it ...*[325]

The anonymous letter expressed the bitterness generated by deepening misery well. But the complainant seems less representative of the citizenry's mindset when it came to expectations about the war. A majority of *Brugeois* had continued to place their trust in their eventual liberation, even if they were increasingly hoping against hope. People would discuss the military situation – not in pubs, which was too dangerous, but at each other's homes – and would always manage to find reasons for optimism. 'They would not believe a single word about German victories,' wrote Jos De Smet, who had experienced the occupation. 'Their optimism was unswerving. The Germans might conquer Romania in four months' time with its vast grain stocks and its oil fields [Bucharest fell on 6 December 1916. —*SdS*], but that meant nothing at all – whereas if the English advanced a hundred metres to reach Nonnebosschen near Ypres, that was [seen as] a great victory.' Up until war's end, the *Marinekorps*' commanders feared the effect of this 'unswerving optimism' on their own troops. In the last year of the war, the soldiers received 'patriotic instruction'

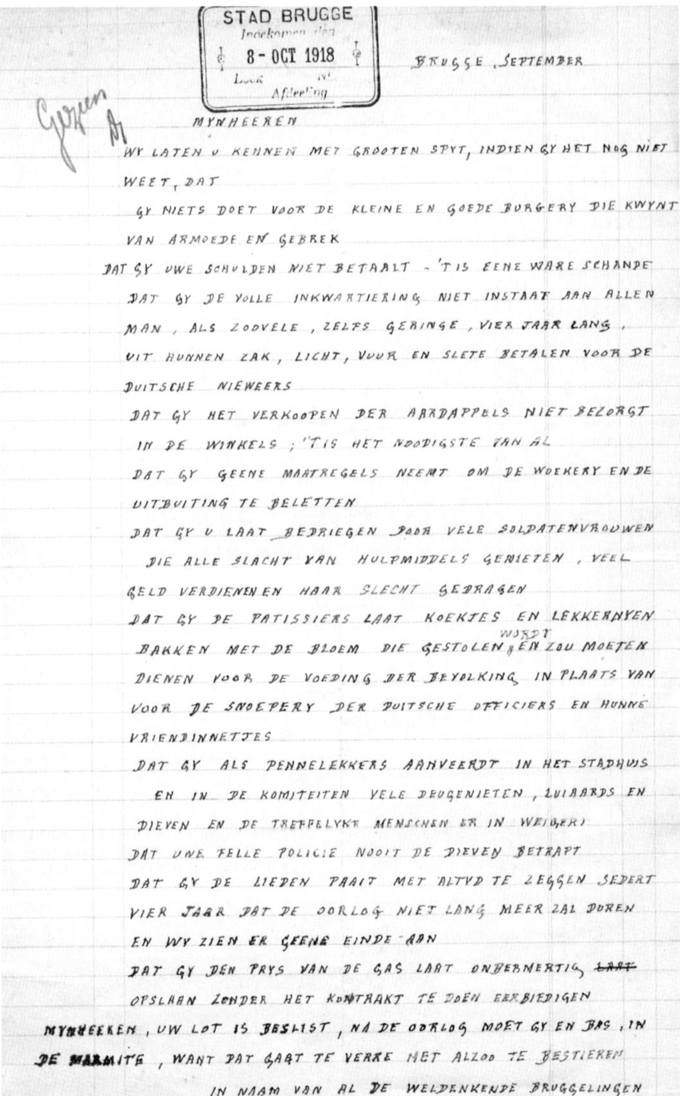

BRUGGE, SEPTEMBER

MYNHEEREN

WY LATEN U KENNEN MET GROOTEN SPYT, INDIEN GY HET NOG NIET WEET, DAT
GY NIETS DOET VOOR DE KLEINE EN GOEDE BURGERY DIE KWYNT VAN ARMOEDE EN GEBREK
DAT GY UWE SCHULDEN NIET BETAALT - 'TIS EENE WARE SCHANDE
DAT GY DE VOLLE INKWARTIERING NIET INSTAAT AAN ALLEN MAN, ALS ZOODVELE, ZELFS GERINGE, VIER JAAR LANG, UIT HUNNEN ZAK, LICHT, VUUR EN SLETE BETALEN VOOR DE DUITSCHE NIEWEERS
DAT GY HET VERKOOPEN DER AARDAPPELS NIET BEZORGT IN DE WINKELS ; 'TIS HET NOODIGSTE VAN AL
DAT GY GEENE MAATREGELS NEEMT OM DE WOEKERY EN DE UITBUITING TE BELETTEN
DAT GY U LAAT BEDRIEGEN DOOR VELE SOLDATENVROUWEN DIE ALLE SLACHT VAN HULPMIDDELS GENIETEN, VEEL GELD VERDIENEN EN HAAR SLECHT GEDRAGEN
DAT GY DE PATISSIERS LAAT KOEKJES EN LEKKERNYEN BAKKEN MET DE BLOEM DIE GESTOLEN WORDT EN ZOU MOETEN DIENEN VOOR DE VOEDING DER BEVOLKING IN PLAATS VAN VOOR DE SNOEPERY DER DUITSCHE OFFICIERS EN HUNNE VRIENDINNETJES
DAT GY ALS PENNELEKKERS AANVEERDT IN HET STADHUIS EN IN DE KOMITEITEN VELE DEUGENIETEN, LUIAARDS EN DIEVEN EN DE TREFFELYKE MENSCHEN ER IN WEIGERI
DAT UWE FELLE POLICIE NOOIT DE DIEVEN BETRAPT
DAT GY DE LIEDEN PAAIT MET ALTYD TE ZEGGEN SEDERT VIER JAAR DAT DE OORLOG NIET LANG MEER ZAL DUREN EN WY ZIEN ER GEENE EINDE AAN
DAT GY DEN PRYS VAN DE GAS LAAT ONBERMERTIG, LAAT OPSLAAN ZONDER HET KONTRAKT TE DOEN EERBIEDIGEN
MYNHEEREN, UW LOT IS BESLIST, NA DE OORLOG MOET GY EN BAS, IN DE MARMITE, WANT DAT GAAT TE VERRE MET ALZOO TE BESTIEREN
IN NAAM VAN AL DE WELDENKENDE BRUGGELINGEN

121 Anonymous letter to the city government, received 8 October 1918. Stadsarchief Brugge.

(*Vaterländischer Unterricht*) to strengthen their trust in victory.[326] *An Flanderns Küste* published triumphant poems: if Germany was doing so badly, then why had its armies penetrated so deeply into France? Wasn't Reims destroyed and Cologne intact? And was it *Britain* that was fighting such a fierce submarine war that *Germany* was losing its status as world power? So there.[327]

Seeing the *Marinekorps* resort to such rhetoric conversely reassured civilians that its power was temporary. They expressed their

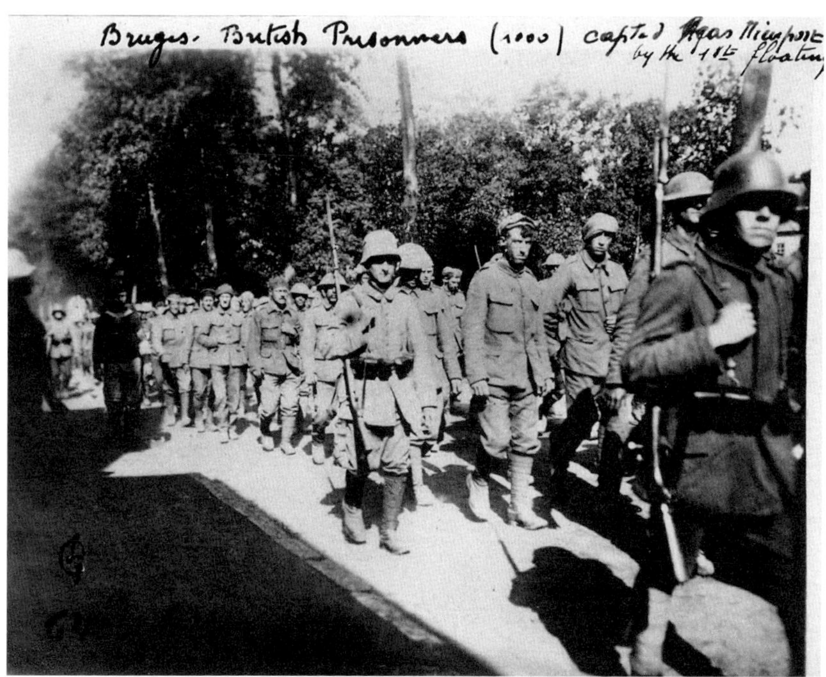

122 British prisoners of
war, Bruges, 10 April 1917.
Photo De Ghelder,
Beeldbank Brugge.

confidence through symbolic as well as concrete action. On 4 March 1918, all parishes were ordered to ring all the bells at five-thirty in the afternoon to mark the military parade that celebrated the victorious peace at Brest-Litovsk. 'We have heard the great bell toll, Flanders' victory bell,' exulted *An Flanderns Küste*. 'Its heavenly clangour sounds far across the land.... The people open their windows, they listen, dazed, and look at each other; they feel as if touched by the rustling wingbeat of the great world events. The burghers of Bruges today are, of course, no more than the lesser descendants of a great lineage, diminished and depleted under the weight of Roman chains. They hear the bells toll, but they do not know what it means; they barely grasp that the victory of their German motherland means *their* progress and freedom, too, provided they are willing to roll up their sleeves. Only the best among them realize this!'[328] And yet, only two Bruges parish priests had obeyed the order to sound their church bells.[329]

Symbolic forms of resistance obtained elsewhere, too. On 16 May, a poster warned that approaching the prisoners of war led through the streets of the city was severely forbidden. 'The accompanying guards have received stern orders to use their weapons – firearms included – in case the public fails to comply, or dares to demonstrate by acclaiming the prisoners or handing them things.... Those who violate this order, have only themselves to blame if they place their own lives or those of their fellow citizens at risk.'[330] No such incident happened in Bruges. (But violence erupted elsewhere: as late as 12 October 1918, near Charleroi, a girl of ten, Yvonne Vieslet, was shot dead by a guard during a demonstration of sympathy for French prisoners of war.) But the *Brugeois* continued to cheer on allied and Belgian prisoners. On 29 July and 12 August, posters announced punitive curfews. A popular rhyme marked the occasion: 'Because we shouted / Long live the Russians / We have to stay home at six.'[331] In the outer boroughs too, people showed sympathy. The village of Oostkamp was fined 5,000 marks because locals had given food to Italian prisoners of war who were held there: 'The people felt a lot of compassion for those poor starving wretches.'[332] These marks of support were a form of protest against the allegedly inevitable success of the Spring Offensive. The Germans too noted, to their considerable irritation, that the locals' confident mindset seemed impossible to eradicate. The Spring Offensive had dented the locals' creed that 'the allies will return and liberate us', but it remained the foundation of the 'war logic of the French-speakers [*fransquillons*]', wrote *An Flanderns Küste*, and it applauded the activist press that ridiculed this war logic. (It should be noted that this way of presenting things defined every civilian who maintained faith in the ultimate liberation as necessarily a 'French-speaker' – another example of how the occupation regime trained a linguistic lens on everything.[333]) The widespread feeling of confidence was expressed in jokes and verse – *'De keizer is een man / Die de oorlog niet winnen kan'* (The

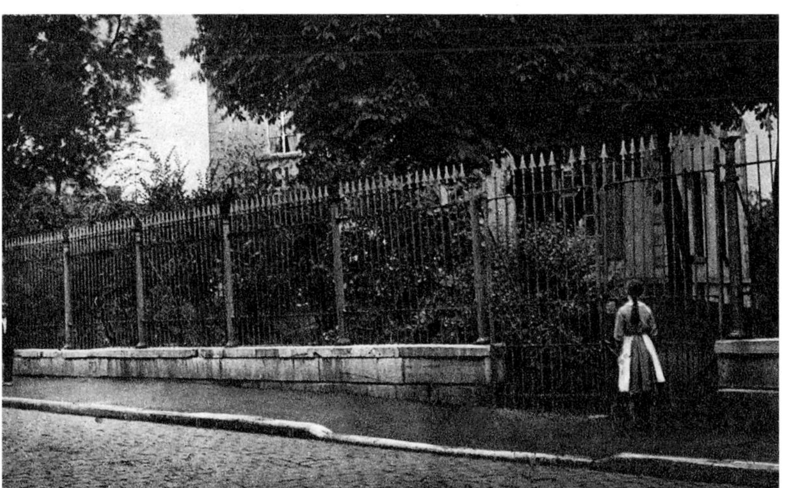

123 Postwar commemorative postcard showing the place where Yvonne Vieslet was shot. Zeebruggefonds, Beeldbank Brugge.

Emperor cannot win the war).[334] Even the forced labourers expressed their hopes in the 'Song of Those of Lapscheure' [where they were sent to work on the border defence —*SdS*]: 'Mother dear, do not be sad / For the war is not going to last.'[335]

Some actively contributed to liberation by spying for the allies. This form of resistance had suffered heavily from the great waves of arrests of 1915–16. Yet new networks emerged in 1917–18. In contrast to the Second World War, there were no large, politicized resistance movements. Resistance in First World War Bruges – as was the case across occupied Belgium – was based on networks of friends, acquaintances, relatives, neighbours and colleagues. Those ad-hoc associations that sometimes spanned hundreds of people gave the German counter-espionage services a great deal of work. One German analyst after the war testified to the density of intelligence in occupied Belgium: 'Enemy espionage covered the Belgian territories occupied by us with an extremely tight net, and each time we ripped apart some of its links, the holes were immediately filled in. For nowhere, at any time, it seems to me, have people spied more fanatically and with more of a spirit of sacrifice than precisely in Belgium.'[336]

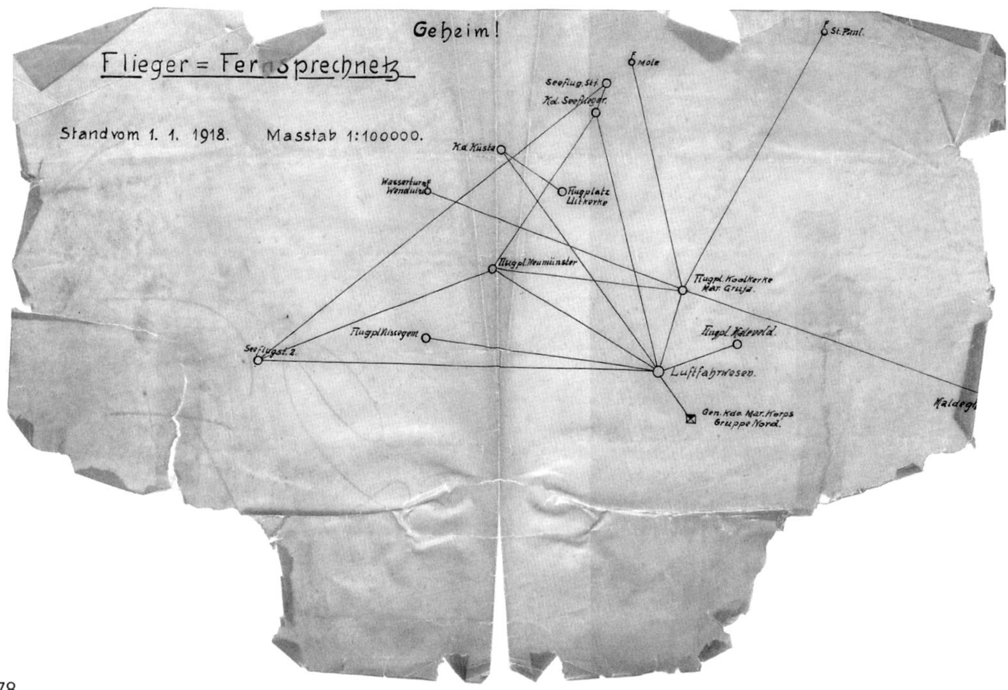

In Bruges, on 1 February 1918, yet another spy network was dismantled, done in by its courier: that of the Knapen family. Ulysse Knapen, a former lieutenant of the Third Lancers' Regiment, was arrested together with his wife Valentine Cauwe, his seventeen-year-old son Ulysse junior, and his youngest, Paul, who was almost sixteen. Another arrestee was Jean Muylle, a young priest who taught at Sint-Lodewijkscollege. (Several clerics operated in the network, such as the Xaverian Brother Berchmans, who would return to resistance action under the Nazi occupation.) Knapen and associates – a small Bruges network of eight agents – had since the late summer of 1917 collected information for British General Headquarters (specifically, Major Cecil Cameron's bureau) about the military installations at Ostend and Zeebrugge, which would prove to be of use when the April 1918 raid was planned, and about the defence works on the Flemish–Dutch border region as far as Eeklo.[337] The Knapen network was rooted in officer culture. Ulysse Knapen *père* and his brother Léon both served as officers in the proud and patriotic Third Lancers', a Bruges institution. The war would deepen regimental pride: after the stalwart defence near the hamlet of Orsmaal-Gussenhoven in between Sint-Truiden (Saint-Trond) and Tienen (Tirlemont), which cost Léon Knapen his life on 10 August 1914, the Third Lancers' took the device 'I stand firm … as at Orsmaal' (*Comme à Orsmael, je tiens*).[338] The wives of the Knapen brothers hailed from the prominent Bruges families Cauwe and Van Waefelghem. Their sons, who were educated at the prestigious Sint-Lodewijkscollege, followed similar paths. Léon's son Jean died in September 1914 in the fighting around Zemst,

125

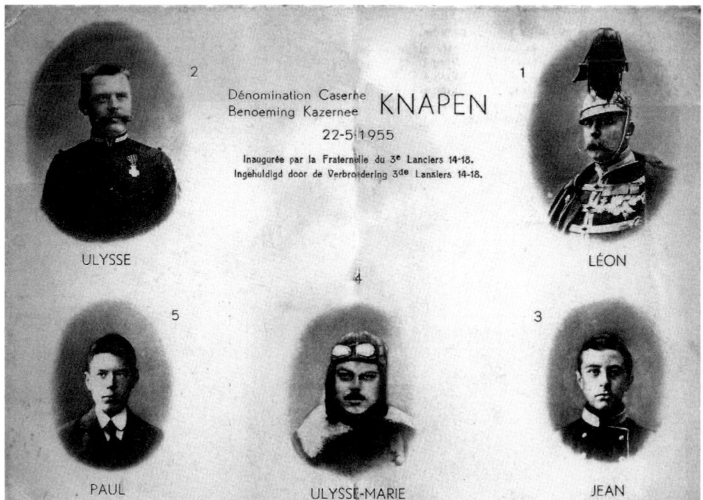

124 Sketch of telephone connections between the *Marine-gebiet* airfields, 1 January 1918. Freiburg im Breisgau, Bundesarchiv-Militärarchiv.

125 Postwar commemorative card honouring the Knapen family. Stadsarchief Brugge.

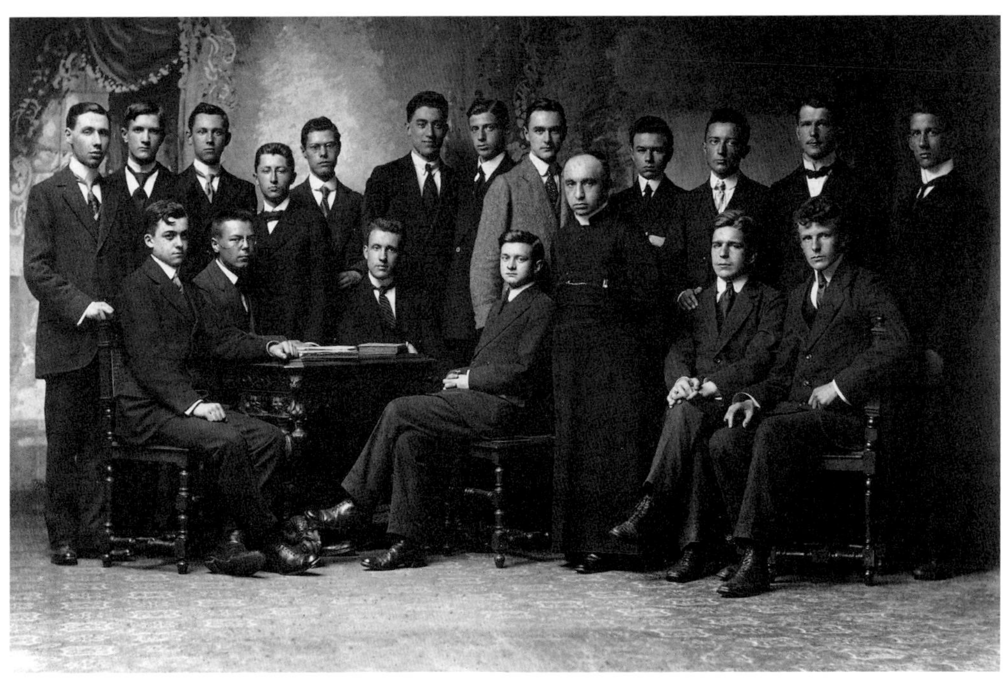

126 Graduating class, Sint-Lodewijkscollege, 1915–16.
Both Herman Bossier and Ulysse Knapen are among
the group. Archives of Sint-Lodewijkscollege,
Stadsarchief Brugge.

already a second lieutenant in the Lancers although he was only nineteen. When the Knapen spy network was dismantled, Ulysse Knapen *fils* was able to escape arrest to flee across the Dutch border; he volunteered for service with the Yser army and participated in the liberation offensive. (He became an aeroplane pilot after the war and died young in an accident in 1924.) Ulysse senior was condemned to death, but pardoned and taken to German prisons, as was his youngest son, Paul, who had received a sentence of a year and a half. (Valentine Cauwe stayed in Belgium, incarcerated until September 1918.) Young Paul would never return home: he died in January 1919, exhausted, in a hospital in Liège.[339] His former teacher at the *collège* hailed him in a poem: 'And the Lord handed the martyrs' crown / To this noble hero of sixteen' ('*Et le Seigneur tendit la palme du martyre / À ce noble héros, qui n'avait que seize ans*'). These verses well identify the culture in which the Knapens were steeped: that of the religious, patriotic French-speaking bourgeoisie. Under the occupation, the young brothers joined the very patriotic Elisabeth Circle: some twenty young men who enjoyed the 'adventurous thrill' of meeting in secret to share their thoughts and sing allied songs. (One of the members, Emmanuel De Neckere, would be executed as a member of the resistance during the Second World War.[340]) These young men were, so to speak, the counterparts of their contemporaries in *Opstanding*, the brothers Bossier and others (see above). The striking parallelism of both movements and both milieux deserves a closer look (which for reasons of space the present study cannot offer): both emerged out of the desire of well-educated young men of the Bruges bourgeoisie to find a role for themselves under the occupation; and, in both, priests played an important role as spiritual advisers.[341]

126

Equally striking is the width of the social range that separates two resistance circles: that of the Knapens and that of the brothers Mus, the sons of a Dudzele innkeeper who were living in Brussels: a tailor working for the *gendarmerie* (Pierre), a pianola salesman (Frans) and a *gendarme* (Gustaaf). The Mus brothers differed not only socially from the Knapens, but also culturally and politically. Frans Mus was a Socialist and a militant atheist: when his remains were solemnly reinterred in 1919, together with those of other executed patriots, his casket was honoured separately in a freethinkers' ceremony. Also, Frans Mus's patriotism went hand in hand with identifying fully as a Fleming: a German counter-espionage agent testified later that Mus, on the eve of his execution, took leave of his family by singing *De Vlaamse Leeuw* (The Lion of Flanders), a Flemish patriotic hymn. His wife attested that he had barely gone to school and knew no French.[342] This was probably no different for his elder brother Pierre.

Bruges resistance offers more examples of this broad social range. Some people came from the upwardly mobile skilled working class, such as Abel Rivière, a carpenter who had made it to draughtsman, although he had only had primary schooling. The Registry noted that he had 'insufficient' reading and writing skills, knew 'only Flemish', and died without leaving significant possessions.[343] Others came from the commercial lower middle class, like the newspaper-stall manager Anna De Beir, who later rose to hotel manager. As Luc Schepens has observed, the Bruges resistance people of the First World War belonged 'to all strata of the population: working-class people, bourgeois, retired career officers, clerics, men and women, students, and so on'.[344]

EXPLOITATION AND EXHAUSTION

The ever-spreading seizure of forced labourers, however, hit almost exclusively the working class. Back in 1917, the work cards and identity documents of high school students were occasionally withheld, which held out the menace of forced labour, but that mainly served to scare them into considering enrolment at Ghent university. But working-class men were massively rounded up and forced to work. The deportations had been halted in the Government General after a storm of international protest; but in the *Marinegebiet,* where – as in the entire *Etappe* – the all-military authorities could not care less about the objections raised by the Ministry of Foreign Affairs, the deportations went on until the very last days of the war. And they went together with a system of terror. In the summer of 1917, the razzias were relentless. Young men, especially, were captured.[345] One sixteen-year-old, Alfred De Jaegher from Assebroek, was first put to work in Moerkerke near the Dutch border, and after that in Varsenare, where he had to lay railway tracks. 'Underneath the tracks were discarded blocks from the glass-works. We had to take them apart with pickaxes. Because we did not work fast enough, a guard came and hit me on the cheek just like that. I was blown three metres further. He had big hands. I was close to tears.'[346] The municipality remonstrated with Von Buttlar that 'the labour measures taken by the German authorities have greatly upset our entire population, and the municipality have received vehement protests.... We consider it our stern duty to join our protest to that of our fellow citizens.... Standing helpless before these measures, we take the liberty to beseech you to please use your high position to intercede to end this situation.'[347] Their plea made no difference. Forced labour continued – at the *Hollandstellung* on the border, on the coastal defences, behind the front, and generally anywhere the bastion needed buttressing. Being forced to work at the front was especially hard 'for fathers who could not help thinking that they might be helping to kill their sons, who were defending the fatherland at less than an hour's distance', as the parish priest of Sint-Andries wrote after the war.[348] In Bruges, stories about the German military police's brutality were in circulation. One man had just been widowed with a large household of young children. Yet he was arrested in his bed. As he asked, in despair, who would take care of his children, the commander of the arrest squad told him it was up to the neighbours.[349] Apart from the *Zivil-Arbeiterbataillone* (ZAB), there were penal battalions, sent to work very close to the front in even more dangerous circumstances and under an even harsher regime.[350] Working-class women were menaced with forced labour as well, though things did not come to that. In March 1917, 'women and girls who are out of work and are willing to perform light or heavy tasks' were called to the *Kommandantur*, which, in April, started issuing threats to those who had not presented themselves. In this way, the *Marinekorps* was able to garner enough female 'volunteers'; no women were actually rounded up.[351] The Bruges harbour was the only one that employed women, as the *Marinekorps* archive shows; those of Ostend and Zeebrugge did not.[352]

Forced labourers were also set to work in the ever-more-heavily bombed La Brugeoise. The factory did not work for the *Marinekorps*, but was increasingly taken over by it. From December 1914, the *Korps* had started to requisition stocks and dismantle infrastructure. In April 1915, the main power station was seized. Through 1917, the *Marinekorps* confiscated the factory to house its light-railway and bridge repair workshops; a construction unit occupied almost all of the buildings and employed a part of the Brugeoise's workers. (After the war, these workers would be interrogated about their possible German sympathies.[353]) A munitions depot was housed there as well. In late May 1917, after a month of nightly bombings, it was hit by an aeroplane bomb and exploded – 'the flames shot up hundreds of metres'. Bombings and appropriations left the factory stripped of its equipment. After liberation, the managers found practically all infrastructure dismantled and gone: steel ovens, forges, rolling mills, planing-machines, gantries, the tools from the carpentry and the iron foundry, and so on.[354] The *Marinekorps*' appropriation also hit modest but indispensable items of daily life, such as mattresses, which were massively confiscated because the army needed the wool. The requisitioning drive of spring 1918 was extensive, as a long list of affected residences in the Bruges City Archives shows. Even sick people had to give up their mattresses. Only the long-time invalids could keep theirs.[355] As Valentin Degrande has observed in his study of Assebroek, the measure was all the more distressing as wool mattresses were very expensive items. People therefore went to great lengths to hide theirs – or, for a fee, other people's. One farmer was entrusted with an aristocratic family's bedding – twelve mattresses, no less – and managed to hide them underneath a hollowed-out haystack.[356]

RETREAT

At the same time, the German army's ever-more-extensive commandeering of goods proved its deepening penury. 'From 1917, the soldier's provisioning left a lot to be desired,' wrote Jos De Smet. 'It was surprising that there were so few cases of soldiers stealing from civilians, although they were so deprived. But the discipline in the German army was severe.' (De Smet may have underestimated burglaries of farmhouses, which had become rampant from the summer of 1917 at least in the Fourth Army *Etappe*, and involved German troops as well as Belgian gangs.[357]) Most of the dwindling German resources were set aside for the army, but it too started to feel the pinch. In 1917, Hindenburg let it be known that the army was consuming 70% of Germany's food and had to use this parsimoniously.[358] The *Marinekorps* files contain long lists of exhortations to frugality: the officers and men were told over and over to save carbide, coal, construction materials, even straw and cleaning cloths.[359] Front troops kept on selling their equipment – again, even including sandbags – to civilians; the ban was repeated once more on 16 August 1918.[360] Meanwhile, forged banknotes appeared that incited the *Marinekorps* troops to revolt and desert[361] – and the men's rations had been diminished yet again.[362] Commanders' coercive impulses deepened. Ludendorff asserted on 1 August 1918 that the troops themselves clamoured for capital punishment in cases of 'repeated cowardice before the enemy' and that there was no room for 'soft-heartedness'. Since Germany was outnumbered, it had to rely above all on discipline, including the men's internalized discipline ('*die Festigkeit der Manneszucht*'). A week later, he lamented that the enemy was all too aware of German war plans, because officers, especially young ones, were insufficiently discreet. In short, Ludendorff blamed everyone but himself, although his choices had put his army in this impossible situation.[363]

After August, the German armies continued to fight back fiercely, but the inevitability of their retreat was not lost on anyone, except possibly the activists, whose political choices predisposed them to wishful thinking. Bossier, for one, was unconvinced by the news about Belgian and British attacks near Houthulst and Passchendaele. 'What is that supposed to accomplish ...', he wrote on 29 September.[364] That day, a Sunday, Bruges received a high-ranking visitor: the bishop of Cologne celebrated Mass for the Catholic soldiers in the Jesuit church.[365] But on that same day, Von Schröder was ordered by the Emperor to evacuate the Flemish coast. He decided to send the lighter ships to Germany. (As a result, there would still be German destroyers stuck in Antwerp at the time of the Armistice.[366]) But before long, the order was to dismantle – and to destroy what could not be taken. Much was taken. Even the home for deaf-mute and blind children was stripped of its lead heating pipes, its cauldrons and 275 mattresses.[367] By 3 October, most of the movable goods had been carried off and the destructions started. The *Marinekorps* was disbanded on 6 October. The first division was sent to the Black Sea to man captured Russian warships; the second and third divisions were incorporated into the Fourth Army, still under Von Schröder's command. On 14 October, the remaining minelayers deposited a new minefield in front of the entrances to Zeebrugge. One day later, the harbour's sluices and installations were thoroughly demolished.[368] From 14 to 18 October, the troops used sea mines to blow up the power stations, the watertanks and the remaining machinery of La Brugeoise.[369] Less systematic examples of destruction occurred elsewhere: a furniture factory on Oude Gentweg was deliberately set on fire, as were two houses on Karel de Stoutelaan.[370] At twelve-thirty in the afternoon on 17 October, Von Schröder left Bruges in a car.[371] Early in the morning on 19 October, the last German troops left through Katelijnepoort.

The bastion had ceased to exist. It had demanded victims until the end. As late as 1 October, 'the able-bodied population of Bruges, ages 17 to 45' was called up 'on Thursday 3 October at 8 o'clock in the morning at the parade and drill ground at Sint-Kruis, in order to be taken to the *Etappe*. Hand luggage must be taken, and three days' provisions. Those who do not comply can expect heavy punishment.' Many people went into hiding. The measure was rescinded in Bruges.[372] But many men were taken in the environs. 'All the able-bodied men were rounded up and taken away at gunpoint like so much cattle,' wrote the priest of Sijsele.[373] The last-ditch deportation cost several men their lives.[374]

LIBERATION

When, after the panic that followed the 1 October summons, the danger proved past, all of Bruges was in the streets, just like in August 1914. No sooner had the last German troops left the city on 18–19 October than the first *Brugeois* from the Yser army left their units and entered town. On 19 October, around eleven o'clock, all the bells rang: the liberators were on their way from Maldegem. Burgomaster Visart once more donned his ceremonial sash.[375]

Two days later, the King and Queen drove into Bruges for a quick visit. They planned to remain incognito, but did not succeed. The Archives of the Royal Palace in Brussels contain an eyewitness testimony by a member of the King's small entourage. The lucid and witty little report paints the atmosphere of the reunion vividly: the devastated Yser landscape giving way to intact scenery further east; the unspeakable joy; but the tensions, too. At nine in the morning on 21 October 1918, the royal couple, with Crown Prince Leopold and a small staff, drove in two cars from De Panne (La Panne) across the – now silent – Yser lines. Villages and fields were nothing but ruins, the meadows were inundated, and the roads had been blown up. ('Military experts praise the German retreat as very efficient,' the report noted drily.) This picture of devastation was followed by the sight of unharmed villages, cheerfully bedecked with flags, the locals busily building triumphal arches for the royals' official entry (which would happen a few days later). The cars drove quickly past; unable to make out their passengers, people cheered anyway. Then: Bruges. The streets were full of people. All of a sudden, someone recognized the King. On central Markt square, the cars were mobbed by a wildly cheering multitude. The royals made their way to City Hall, practically borne aloft by the crowd – 'the cries, the tears of all of those people, impossible to describe!' At City Hall, Albert and Elisabeth spoke at length with the members of the city government, with the bishop and with several prominents. 'They have interesting things to say,' the report noted. 'They tell the truth without exaggeration – the upper-class Germans are impossible, contemptuous, mendacious, ruthless – [but] it seems the rank-and-file soldiers are better educated than ours – they are actually, some whisper, nice men – the commanders by contrast are odious – they conspired with [local] scum which they defended against burghers of the city – it had become

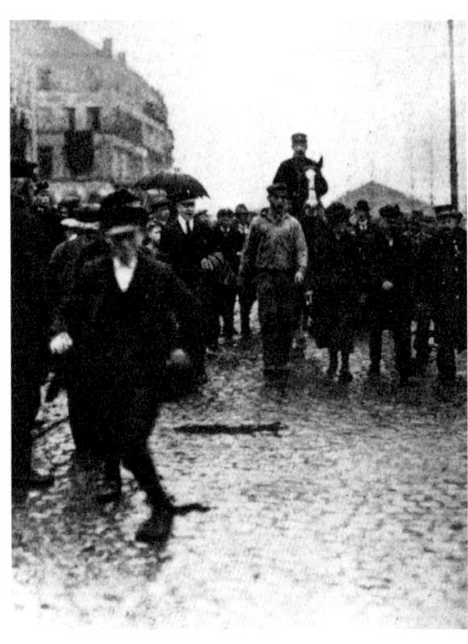

127 Liberation scene, 't Zand, Bruges, 19 October 1918. Beeldbank Brugge.

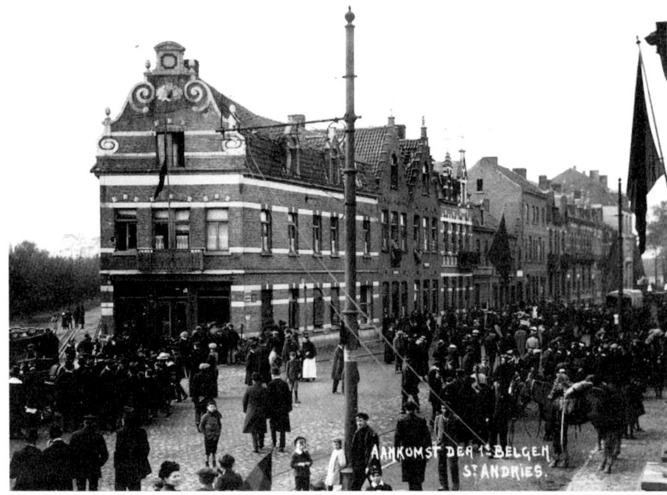

128 Liberation scene, corner of Torhoutsesteenweg and Gistelsesteenweg, Sint-Andries, 18 October 1918. Beeldbank Brugge.

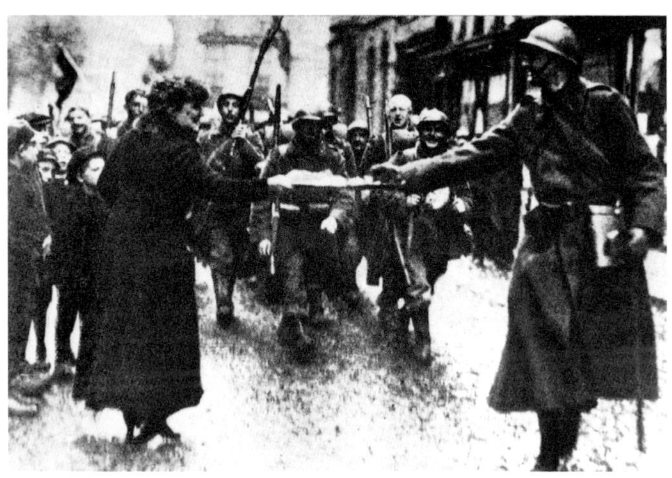

129 The entry of the Belgian army on 19 October 1918. Photo taken in Steenstraat. Beeldbank Brugge.

impossible to reprimand thieving and snitching cooks, because they now had the support of the *Kommandantur* (imagine what a dream position for a cook to be in: to have Hindenburg for a champion!)' Clearly, in some cases, mistrust between masters and servants had grafted itself onto the power dynamics of military occupation, and vice versa.[376]

Though it offered but a snapshot, the little report already demonstrated the extent to which the prewar social hierarchies of Bruges were beyond recasting. As they were in all of Belgium. But it was precisely in Bruges that the electoral monopoly of the prewar Belgian elites was broken – to be precise, in Baron van Caloen's neo-Gothic château at Loppem, where the King took up temporary residence the

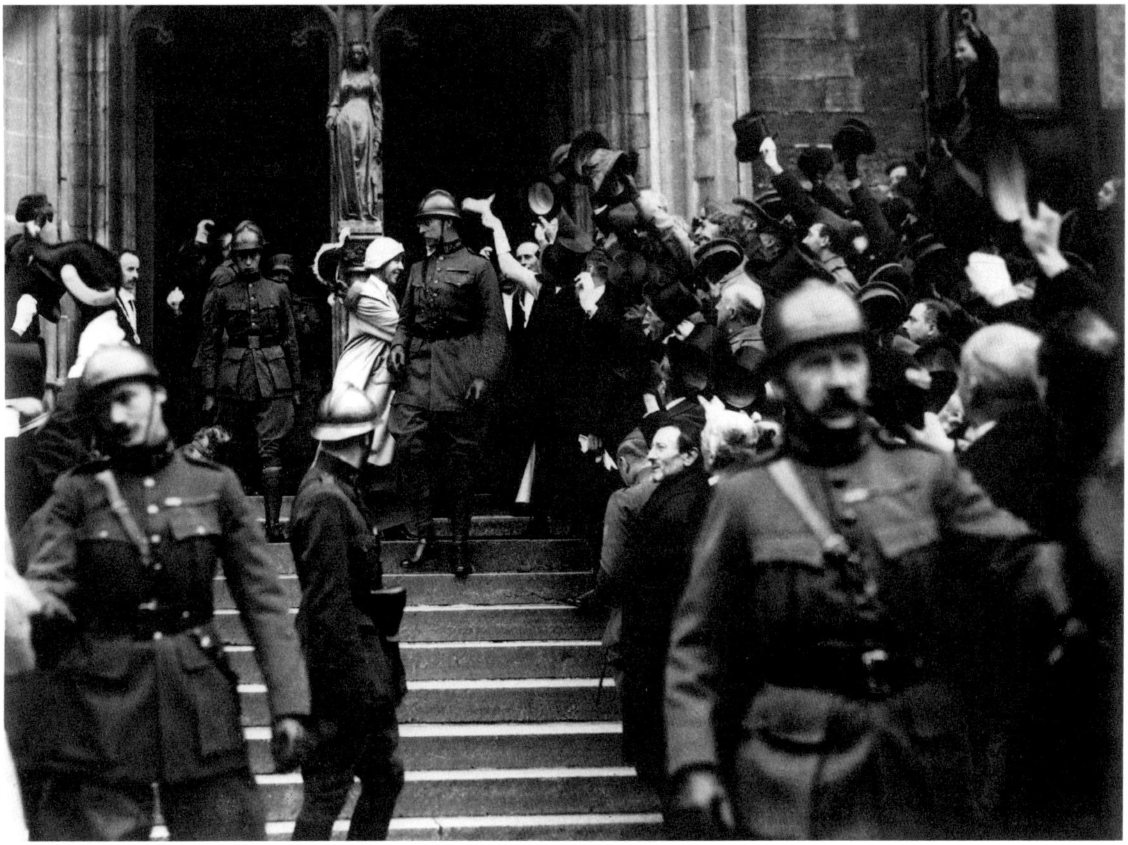

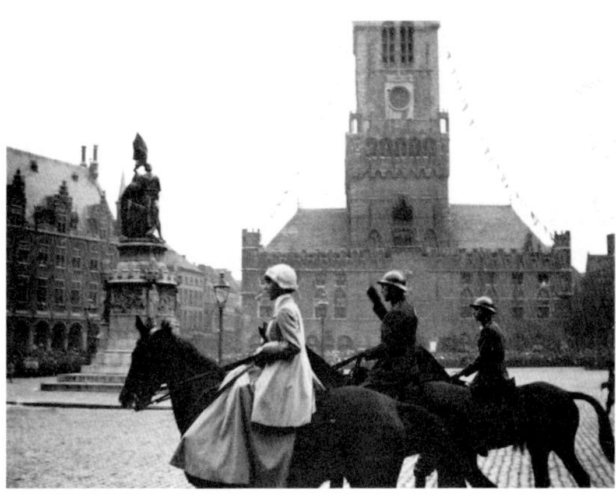

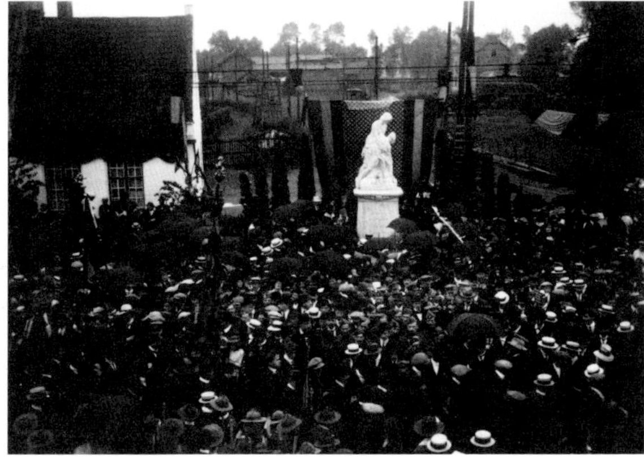

130 25 October 1918: King Albert and Queen Elisabeth leaving the Provincial Court on the Markt. Beeldbank Brugge.

131 25 October 1918: Albert, Elisabeth and Crown Prince Leopold on the Markt. Beeldbank Brugge.

132 Inauguration of the 1914–18 War Monument at Assebroek, 27 July 1919. Photo Watteyne, Beeldbank Brugge.

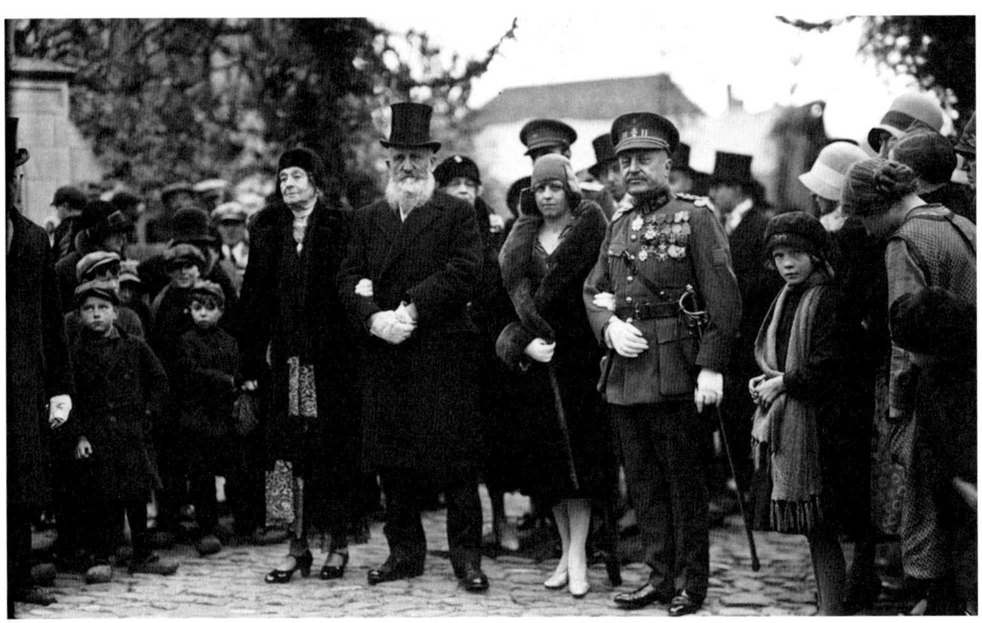

133 Prewar hierarchies in the interwar years: photo
taken at the wedding of Jean de Schietere de Lophem
and Cécile Robyns de Schneidauer, 5 November 1929.
Beeldbank Brugge.

day after his not-exactly-incognito visit to the city. There, from Armistice Day onwards, he received visitors from the occupied country, who laboriously made their way north-west against the steady stream of retreating German troops. At Loppem, the monarch and his guests unanimously buried the prewar electoral system that had so privileged the propertied, and announced the one-man-one-vote system. The war, of course, had rendered any alternative unthinkable: who could begrudge equal rights to Yser soldiers? Still, conservatives, especially conservative Catholics, protested what they called the Loppem 'coup'. For all that, the choices made, under occupation, by establishment figures in local governments had contributed to this shift. The choice to tackle the horrible misery not by means of sheer charity but by structural arrangements (unemployment benefits, redistributive requisitioning), however insufficient those arrangements had turned out to be, strengthened the idea that there was such a thing as social rights. Whether those principles could be maintained after the war, when it was no longer necessary to uphold a patriotic front against an invader, was another matter.

132-33

Overleaf
134 Bruges funeral procession for Charles Fryatt,
6 July 1919. Fryatt's remains were exhumed and transferred to London
for a ceremony at St Paul's Cathedral. Beeldbank Brugge.

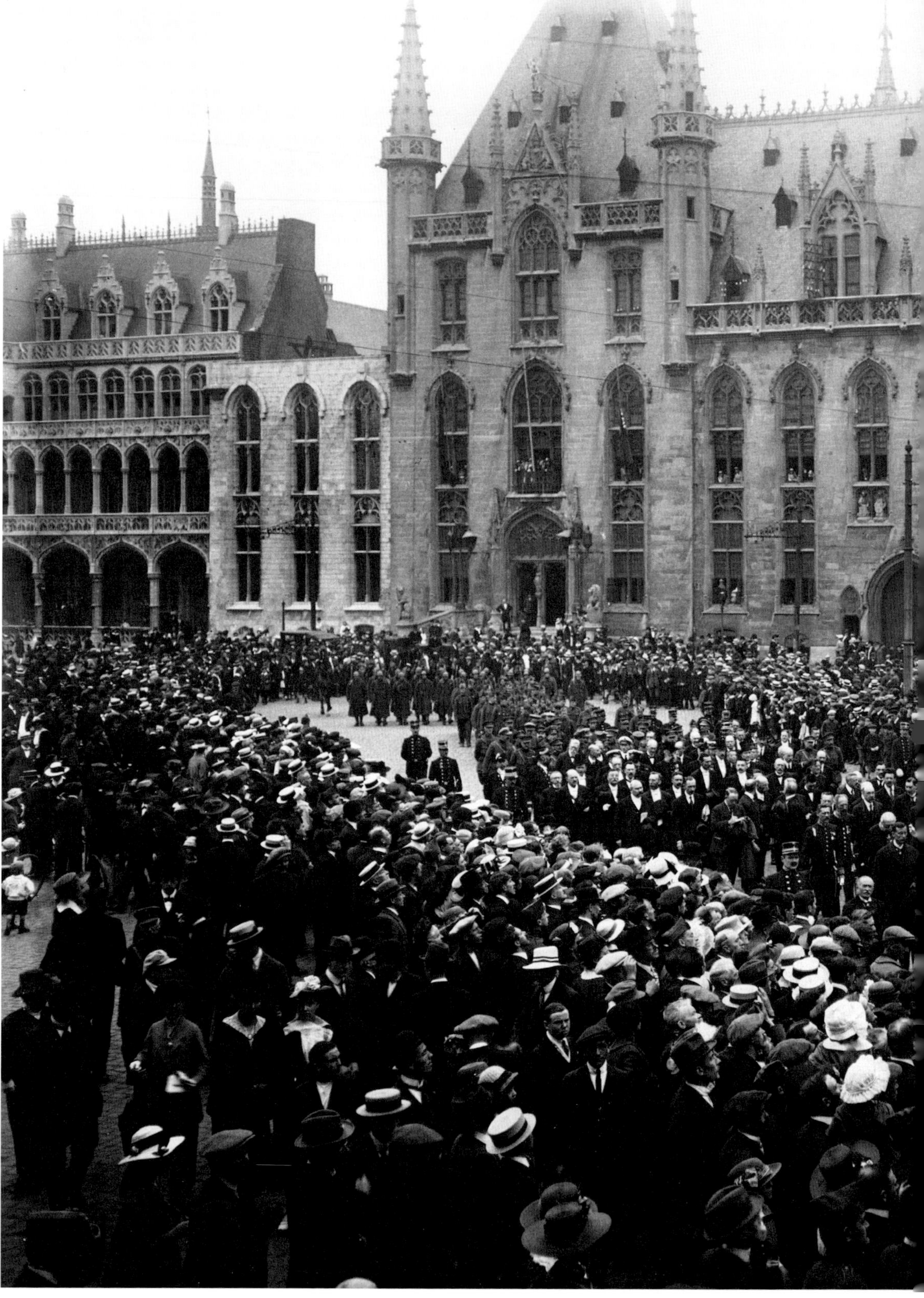

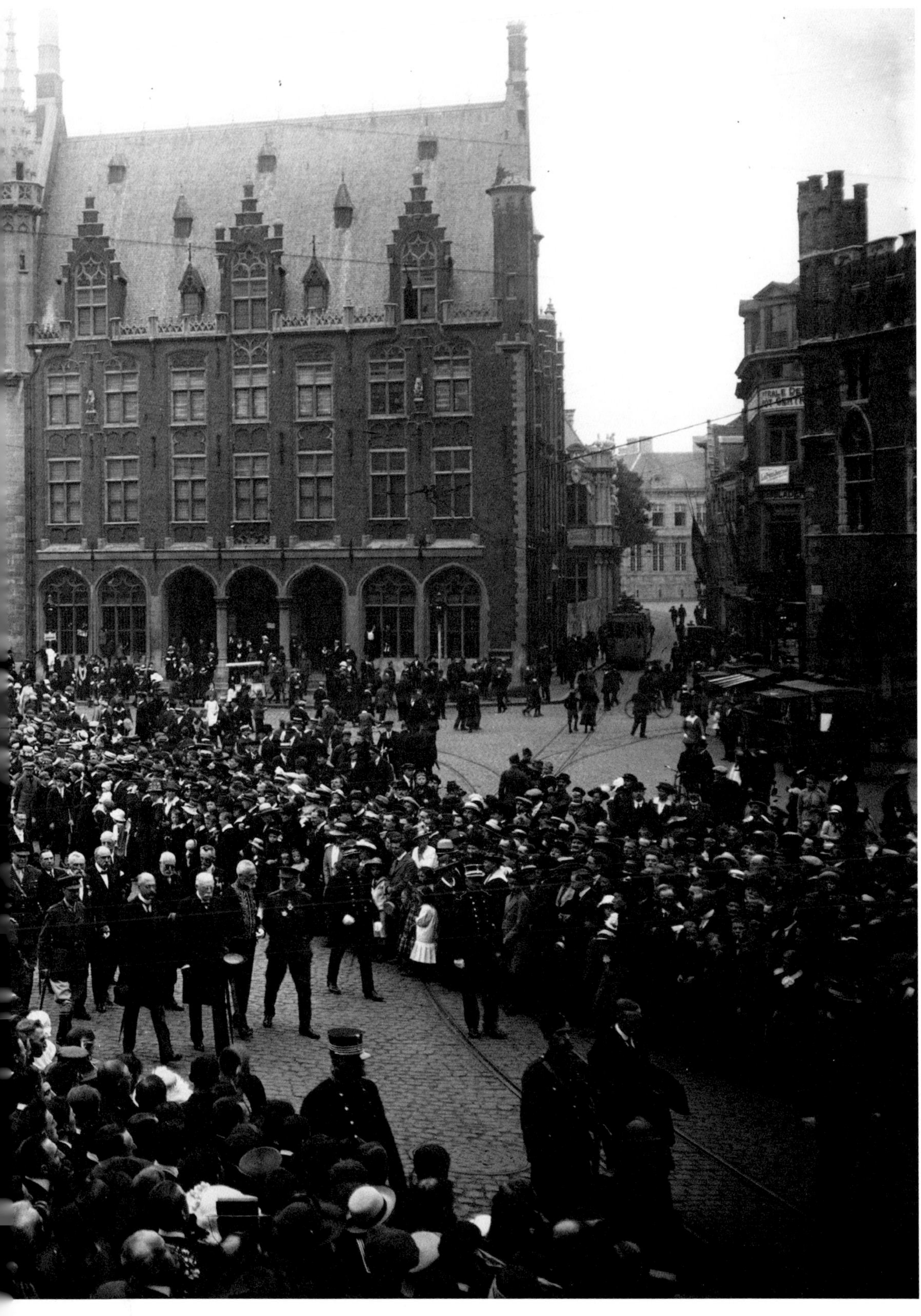

Epilogue

The Bruges region's transformation into a *Marinegebiet* in 1914–18 left a long and grim shadow. At war's end, the German Fleet's hubris burst forth one last time in an outrageous plan known by critics afterwards as the 'Admirals' Mutiny': a plan for a gigantic naval battle – a kind of *Götterdämmerung* that was mainly meant to scupper the new democratic government's designs for the peace. As the historian Sebastian Haffner has stressed, this was the actual mutiny – not the ensuing revolt by the soldiers, which was not a mutiny at all since it aimed to support the legal government.[377] The imperial elites' abysmal mistrust of democratic reforms expressed itself in cruel schemes to crush the sailors' revolt. These schemes allotted a crucial role to Von Schröder. Nicknamed *'Der Löwe von Flandern'* (The Lion of Flanders), he personified to many the military man's love of brash action (the much-lauded quality of *Schneidigkeit*). The Fleet commanders considered giving Von Schröder the command of a hardened brigade that could march on rebellious Kiel, where he would take the post of military governor. The Emperor, informed of this plan on 5 November, declared himself to be 'in absolute agreement'. The moderate new Chancellor Max von Baden, however, sharply protested this insane order. The danger of bloody escalation was acute, for Von Schröder was, in the Chancellor's words, 'too much of a nationalist' – i.e., overly set on defending the interests of the German army (or what he considered to be the interests of the German army) with all means at his disposal. Von Baden's cabinet wholeheartedly agreed. The Catholic Karl Trimborn at the Ministry of the Interior called Von Schröder an 'autocrat who rules through violence', and others, too, thought him the worst possible choice to administer Kiel.[378] And that was the end of the plan. But that it had emerged to begin with, is indicative of the vengeful paranoia that had gripped part of Germany's military elite.

No similar divide opened up in formerly occupied Belgium, where most of the citizenry had continued to await liberation and few had entertained essential doubts regarding the country's cause. Nevertheless, the liberation was a disappointment. As was the case all over Europe, even in 'victorious' countries, the postwar could not but fall short of the exacerbated, exasperated hopes of wartime. That liberation would resolve all, was too tall an order to fulfil. To this were added the small cruelties inherent in the attempt to recast what many considered to be a natural order of things. One example may illustrate this. In Bruges, dozens of young women who had made a living as prostitutes during the war tried for years afterwards to be stricken off the prostitution register and to be released from the compulsory medical exam. Their efforts seem usually to have been in vain. One young woman who had plans to marry wrote to the burgomaster in 1921: 'I confess I slipped during the German occupation but there were many such victims. But now I beg you in your all-powerful kindness to free me from this *examination*, also Sir, does the law realize that I have been behaving well for years ...' It was clear that she was no longer a prostitute. And yet her request was denied, for she was already living with the man she planned to marry, and so the authorities complacently classified her as 'of very lax morals'.[379] This young woman's example stems from a widely different sphere of action and from the opposite end of the social spectrum to Admiral Von Schröder's last stand. And yet it, too, sheds light on the brutal legacy of the Bruges bastion.

Notes

Abbreviations

ADM Archiv Deutscher Marinebund e.V., Laboe.
ADVN Archief en Documentatiecentrum van het Vlaams Nationalisme, Antwerp.
AML Archives & Musée de la Littérature, Brussels.
ARA Rijksarchief, Brussels.
BAB Archief van het Bisdom, Bruges.
BA-MA Freiburg im Breisgau, Bundesarchiv–Militärarchiv.
HIA Hoover Institution Archives, Stanford, California.
MAA Aartsbisschoppelijk Archief, Mechelen.
PBD Provinciale Bibliotheek en Documentatiecentrum, Bruges.
SAB Stadsarchief Brugge.

1 Sophie Anseeuw, Isabelle Debie, Charlotte Forrier and Katelijne Vertongen, *Brugse verhalen.*

2 Thanks to Jan D'hondt, Noël Geirnaert and Patrick Verbeke for commenting on earlier versions of this book. Any remaining mistakes are the author's.

3 Herwig, *Luxury Fleet*; Karau, *Wielding the Dagger*, ch. 1–2; Ryheul, *Marinekorps.*

4 This included the borough of Sint-Pieters-op-den-dijk, as well as parts of Koolkerke, Dudzele, Uitkerke, Lissewege and Heist. Information for this and the following paragraphs from D'hondt, 'Brugge op de drempel' and Schepens, 'Brugge bezet', except where otherwise indicated.

5 De Visser.

6 Ibid., 35.

7 Eekhoud, *Escal-Vigor*; Lucien, *Eekhoud le rauque*, 124, 144–146.

8 For all preceding quotations and for the description of the trial, see Detemmerman, 'Le Procès', and De Vuyst, 'Nawoord', *Escal-Vigor*, op. cit. NB: All translations of quotes are the present author's.

9 AML, Brussels, Georges Eekhoud: Diary, ML 2954 notebook 13, fol. 13 (30 January 1915).

10 Rodenbach, *Bruges-la-Morte.*

11 Lezard, 'A Brief Glimpse'; see also Alan Hollinghurst's introduction to the new English translation of *Bruges-la-Morte* (by Mike Mitchell and Will Stone), London: Dedalus, 2008. See also Mosley, *Rodenbach.*

12 Lanoye, 'Dode stad'.

13 Mallarmé to Rodenbach, June 1892, cited in Berg, 'Lecture'.

14 Elsen and Jamison, *Rodin's Art*, passim.

15 Wright, *Literature*, 369.

16 Butler, *Rodin*, 344.

17 Quotes and description in Van Houtryve, 'Het gedenkteken Georges Rodenbach'.

18 Sabbe, *De nood der Bariseele's.*

19 Schepens, 51–52.

20 1 August 1914; cited in Schepens, 27.

21 A good description by the Flemish writer Ernest Claes: *Ik was student,* 464.

22 BA-MA Freiburg, RM 120/160, questionnaire Edmond van Mark, 18 November 1914.

23 Devleeshouwer, *Les Belges*, 72 n. 2; cf. De Mûelenaere, 'An Uphill Battle'.

24 Schepens, 16.

25 De Brassinne, *Bruges*, 10–11.

26 Schepens, 27–28.

27 BAB, c/546, parish report Damme, fol. 2.

28 Horne, 'Public Opinion', 280; Audoin-Rouzeau and Prochasson, *Sortir*, 13.

29 Streuvels, *In Oorlogstijd* (16 August 1914), 66.

30 SAB, Visart de Bocarmé Papers, diary Nathalie Van den Steen de Jehay, entry for Tuesday, 4 August 1914.

31 8 August 1914; quoted in Schepens, 31.

32 In the Dutch newspaper *NRC*, 7 August 1914 (which received this information from the Antwerp paper *Het Handelsblad van Antwerpen*).

33 Schepens, 34.

34 De Brassinne, *Bruges* (about elite volunteers); BA-MA Freiburg, RM 120/160, questionnaire Edmond van Mark, 18 November 1914; SAB, Politie-archief, Inlichtingen 1914–1919, VII b 242, letter from Oscar Peeters, 21 August 1914. The city administration sent him the address he requested.

35 SAB, Politie-archief, Inlichtingen 1914–1919, VII b 242.

36 'Soldaten-vergelding [Soldiers' allowances]', poster of 19 August 1914, signed Amédée Visart. SAB, Modern Archief, I. Algemeen Bestuur, Aanplakbrieven.

37 ARA, Commission d'enquête, file 92, session of 28 August 1914, and report by F. Lenfant, Antwerp, 22 August 1914, 1. See also Commission d'enquête, *Rapports sur les attentats*, vol. 1, 317 and 330, as well as a report by a war correspondent of the Dutch paper *De Tijd*: Mokveld, *Overweldiging*.

38 Schepens, 31.

39 Manuscript text of the poster, 20 August 1914, SAB, Modern Archief, I. Algemeen Bestuur, Aanplakbrieven.

40 21 August 1914: De Brassinne, 17.

41 BAB, c/460, Report Zusters Kindsheid Maria, fol. 1.

42 Fritz Roderburg to Maria Robinson, Averbode, 25 August 1914; Eduard Roderburg to Maria Robinson, Averbode, 28 August 1914. She received the letters in good order and expressed her anxiety to a relative: Maria Robinson to Maria Sträter, Bruges, 2 September 1914. Maria Robinson's correspondence shows that she continued to receive news from the devastated area in the following weeks. All correspondence, Martin Baker, York, private collection. After the war, Fritz Roderburg moved to Bruges to live with his sister and brother-in-law. He created stained-glass windows, including those of the church of Sint-Katarina in Assebroek (cf. A. Lebbe, *Met Fritz Roderburg van Sint-Pieters naar Sint-Katharina*, unpublished master's thesis, Bruges 2011).

43 Horne and Kramer, *Atrocities*.

44 BAB, c/546, report Sint-Andries, fol. 2.

45 De Brassinne, 23.

46 Schepens, 38.

47 De Brassinne, 31.

48 Herman Bossier diary, quoted in Schepens, 39–40.

49 BAB, c 545/1, Duclos, folder 1 (1914), fol. 1.

50 De Brassinne, 33–34.

51 BAB, c 545/1, Duclos, folder 1 (1914), fol. 4.

52 The taking of Bruges is described in De Brassinne, 35–43, and by Canon Duclos (BAB, c 545/1, Duclos, folder 1), on the basis of the eyewitness report of alderman Ryelandt. See also Schepens, 42–44. The most complete recent overview is Patrick Verbeke, 'De inname'. All data in this paragraph from these sources and scholarship except where otherwise indicated.

53 Schepens, 118.

54 De Schaepdrijver, *We who are*, 77–78, 175–77.

55 Poster in three languages signed Von Beseler, n.d. [14 October 1914]; SAB, Modern Archief, I. Algemeen Bestuur, Aanplakbrieven.

56 Duménil, 'De la guerre de mouvement', 62.

57 Fortescue, *At the Front*, 211–12. Granville Roland Fortescue was a war correspondent for the London *Daily Telegraph*.

58 Cited in Verbeke, 'De inname'.

59 Schepens, 61.

60 Commission d'enquête, *Rapports sur les attentats*, vol. 1, 318, 331.

61 Ibid., 60, 303, 388.

62 MAA, Parochieverslagen 1914–1918, Deanery of Beauvechain, parish of Nethen, unsigned report, n.d. (probably 1915), fol. 5.

63 Commission d'enquête, *Rapports sur les attentats*, vol. 2, 268, 308, 309, 311,

328, 338; on the massacre at Esen, 332–35, 344–48. See also BAB, c/546, parish report Esen.

64 Michaël Amara, 'L'exode … de 1914', *Cahiers d'Histoire du Temps Présent* 15 (2005), 47–64, 51.

65 Trilingual poster signed Von Kramsta, 14 November 1914; SAB, Modern Archief, I. Algemeen Bestuur, Aanplakbrieven.

66 Schepens, 44–48, 132.

67 BA-MA, Freiburg, RM 104/236, Von Schröder memorandum, 27 November 1914.

68 20 February 1915; Karau, 20.

69 This paragraph and the next are indebted to the analysis in Wilhelm Deist, 'Strategy'.

70 The extreme right-wing author Werner Beumelburg in *Ypern 1914* (1926), quoted in Goebel, *The Great War and Medieval Memory*, 203–04. Beumelburg incidentally had not experienced First Ypres.

71 About the 'Langemark myth', see among others Hüppauf, 'Schlachtenmythen', 45–58.

72 Herwig, *Luxury Fleet*, 148, 163, 167.

73 Karau, 243–44.

74 Karau, 16–17.

75 Karau, 11–13.

76 Herwig, *Luxury Fleet*, 158–63.

77 Karau, 27.

78 Ryheul, *Marinekorps*, 1996, 31; same figure in Keukeleire, 'De geschiedenis van de Brugse haven', 95.

79 Poster, 27 October 1914, signed Freiher [sic] von Rössing, Kommandeur der Matrosen-Artillerie-Brigade, Zeebrugge; SAB, Modern Archief, I. Algemeen Bestuur, Aanplakbrieven.

80 After this, Schröder was sent for a short rest in the Bruges suburb of Assebroek (where, once more, he was delighted with his landlady's care) before being deployed close to the front again, to Leffinge near Middelkerke. Before long, he suffered an arm wound serious enough to be invalided home to Germany. He survived both world wars. ADM, Feldpost Rudolf Schröder: letter of 3 January 1915; two postcards of 23 February 1915; letter of 5 March 1915; Diary. Also Marius Hirschfeld, *Von der Begeisterung*.

81 Karau, 28–35; Herwig, *Luxury Fleet*, 169. Also Patrick Verbeke, 'De kust-batterijen', in id., *Leven in een bezette stad*, and Ryheul, 'Duitse kust-batterijen'.

82 Karau, 41–48.

83 Schmidt-Supprian, *The Antwerp Question*, 171–72. This dissertation also highlights the importance of the inland waterways for the German occupation regime in Belgium.

84 Stoker, *Britain*, 114.

85 Karau, 49.

86 Halpern, 296.

87 Haffner, *Zeven doodzonden*, 68.

88 Halpern, 297–98.

89 See Karau, 53, for an overview of tonnage sunk.

90 Gatzke, *Germany's Drive*; evacuations, 114.

91 Von Schröder to Von Tirpitz and Emperor Wilhelm II, 31 March 1915, BA-MA Freiburg, RM 3/5639; cited in Karau, 95.

92 Schepens, 250, 258–59; see also De Smet, 37.

93 BA-MA Freiburg, RM 121 I/192, Befohl N. 47, 28 October 1917; Schepens, 250.

94 On the predilection for 'natural' themes in German memorial culture, see Mosse, *Fallen Soldiers*.

95 SAB, Modern Archief, I. Algemeen Bestuur, Aanplakbrieven.

96 Schepens, 148, 154; about the beaches and the electric fence, Erwin Mahieu, 'De toegankelijkheid en de rol van het strand tijdens WOI'.

97 Schepens, 113 (estimate for Bruges proper, not including outer boroughs such as Assebroek).

98 BA-MA Freiburg, RM 120/161, documents 1–9 April 1916, and letters from Urbain Puyenbroeck, 15 and 31 December 1914. Urbain Puyenbroeck does not figure on the lists of the war dead; he presumably survived the war.

99 ARA, Services Patriotiques papers, P83, testimony by Madeleine de Roo.

100 Schepens, 192.

101 AML, Brussels, Georges Eekhoud: Diary, ML 2954 notebook 15, fol. 65.

102 Schepens, 119.

103 Schepens, 83.

104 'Bekanntmachung/Bericht' signed Von Schröder, 17 December 1915; SAB,

105 Modern Archief, I. Algemeen Bestuur, Aanplakbrieven; see also Schepens, 123.

105 BA-MA Freiburg, RM 104/225, report from the *Kaiserliche Werft Brügge* to the docks section at the *Reichsmarineamt* in Berlin, 19 February 1915.

106 Schepens, 85.

107 SAB, box XIII B, 15, 'Oorlog 14–18, Duitsche Bezetting: doden van duiven, vragen schadevergoeding', folder 'Callaert'.

108 *De Stadsbode*, 49 (13 February 1918), 54 (2 March 1918), 55 (6 March 1918), 56 (9 March 1918), p. 2.

109 'Hulp aan werklozen', poster, 10 March 1915; SAB, Modern Archief, I. Algemeen Bestuur, Aanplakbrieven; see also Schepens, 80.

110 Poster issued by the committees 'Hulp aan Noodlijdenden' (Help to the Needy) and 'Hulp aan Werklozen' (Help to the Jobless), signed Visart et al., 27 November 1915; SAB, Modern Archief, I. Algemeen Bestuur, Aanplakbrieven.

111 Report from late July 1916; Amara and Roland, *Lancken*, 217.

112 ADM, Feldpost Schröder, 2 December 1914, 20 January 1915.

113 Desmedt and Maes, *Toen de Duitschers*, 116.

114 BA-MA Freiburg, RM 120/160, Chaplain Kaschke to *Generalkommando*, Blankenberge, 6 February 1915; declaration by *Matrose* Krings and Lieutenant [Sponer?], Bruges, 11 February 1915; Kaschke to *Generalkommando*, 17–18 February 1915; Von Buttlar to *Marinekorps* command, 11 February 1915; *Polizeirat* Groppengiesser to *Marinekorps* command, 4 March 1915.

115 Poster signed Albrecht von Württemberg, 15 October 1915; SAB, Modern Archief, I. Algemeen Bestuur, Aanplakbrieven.

116 Red posters signed Von Schröder, 4 December 1914 and 17 September 1915: SAB, Modern Archief, I. Algemeen Bestuur, Aanplakbrieven. See also Anonymous [Ryelandt], *De terecht-stellingen*, and Schepens, 198.

117 Van der Fraenen, passim (about the *Marinegebiet*, esp. 147–52).

118 Visart speech in: Stad Brugge, *Gemeenteblad 1915–1918*, 107–08.

119 BA-MA Freiburg, RM 120/161, list of spies apprehended by the *Marinekorps Feldpolizei* from November 1914, 5 December 1916; Jeanne De Beir [sic], *In the Eagle's Claws*, Bruges, self-published, n.d. [1928] about her wartime travels, map on p. 65; on her pardon, 112, 156. German-controlled press: 'Uit Brugge: de verzoenende kracht van het graf', *De Gazet van Brussel*, 10 January 1916, p. 5. Von Jagow's letter was first noticed by De Weerdt, *De vrouwen*, 184–89. See also Schepens, 200, 252. NB: There is some confusion among historians about which military intelligence service employed De Beir, but it was definitely the French service: she received instructions from Colonel Jean Wallner of the Grand Quartier Général.

120 Schepens, 133 and passim.

121 De Beir, *Eagle's Claws*, 89–90.

122 Schepens, 263, cf. 280–81.

123 Mercier, *Vaderlandsliefde*, 34–35.

124 De Schaepdrijver, 'L'Europe occupée', 135–42.

125 Aubert, 24–27.

126 Information provided by Gerrit Vanden Bosch, chief archivist at the Archdiocesan Archives, Mechelen; with sincere thanks.

127 Schepens, 256–59.

128 Karau, 63–71; cf. Chickering, 91–92; Halpern, 328.

129 In turn cited by the Dutch *NRC* (*Nieuwe Rotterdamsche Courant*), 23 June 1916.

130 Karau, 73–74.

131 'Der aufgebrachte englische Dampfer "Brussels" nach der Ankunft in Flandern', *An Flanderns Küste*, 15 July 1916, p. 71.

132 Anonymous [Ryelandt], *De terecht-stellingen*.

133 Hankel, *Die Leipziger Prozesse*, 442–51; about Brand Whitlock's request, 448 n. 169.

134 Halpern, 296. More details in Hurd, *The Merchant Navy*, Part 2, Chapter 15, 307–36.

135 BA-MA Freiburg, RM 120/161, Admiralty staff, section Antwerp, to *Marine-*

korps, 12 October 1916, with marginalia.

136 SAB, box R XIII B, 16, 'terugkeer vluchtelingen – schending volkerenrecht', folder 'Volkenrecht – Violations'. (In 1919 Bruges attempted to have Groppengiesser tried for crimes against international law.)

137 Burnier would eventually be fired by counter-intelligence; he then went to work for one of the food *Zentralen* which seized the Belgian harvests on behalf of the German army. ARA, Services Patriotiques papers, P 196, reports Fritz Ball, n.d. (but 18 December 1918); report 2 pp. 9–10. (Jan Van der Fraenen was the first historian to discover this source. He sent me a copy, for which I am most grateful.)

138 Andries Van den Abeele, 'Het oorlogs-dagboek van brouwer Leon De Meulemeester (deel 1)', *Brugs Ommeland*, 2013, 3–31, n. 38.

139 BA-MA Freiburg, RM 120/161, 30 October 1915 message from the *Generalstab des Feldheeres*, bearing annotations by the command staff of the German Fourth Army dating from 7 December 1915.

140 Van Nuffel, *De Duitschers*, 145–46.

141 On Pierre Mus and German counter-espionage, see the relevant chapters in Van der Fraenen.

142 Anonymous [Ryelandt], *De terecht-stellingen*.

143 Van der Fraenen, 263; on the last letters of condemned spies in First World War Belgium in general, Debruyne en Van Ypersele, *Je serai fusillé*.

144 Van der Fraenen, 284–89. The song was *De Vlaamse Leeuw* (The Lion of Flanders). Frans Mus's embittered widow was later to play a very ambiguous role: ibid., 295–306, 317–25, 425–32.

145 Anonymous [Ryelandt], *De terecht-stellingen*; cf. copy of the minutes of a city council meeting, SAB, XIa 118, Vaderlandsche Betoogingen 1919, I.

146 Schepens, 202.

147 PBD, De Meulemeester Papers, 656 AD 1, Leon De Meulemeester diary, 23 September 1916.

148 Gille et al., *Cinquante mois*, part II, 310–11 (22 September 1916).

149 BA-MA Freiburg, RM 120/161, stencilled internal communiqué, 28 August 1916, signed Reinicke.

150 Schepens, 68–71.

151 HIA, *Frank Angell Papers*, box 3, typescript 'The Belgians Under the German Occupation', n.d. (written at the end of 1916 and lightly revised in December 1918), Chapter V, 105–06.

152 Jan D'hondt, 'Een kantwerksters-vakbond'.

153 BAB, C/546, parish report Sint-Andries, fol. 30.

154 Communiqué in BAB, C/545/1, Duclos, 1916 notes; Schepens, 78.

155 Schepens, 152–53; regarding coal, De Smet, 51.

156 Degrande, *Assebroek*, chapter 'Tewerkstelling en Gedwongen Arbeid'.

157 BA-MA Freiburg, RM 104/225, Werft Brügge B-nr. 20035/W to Marine administration at Berlin, 6 February 1915. This document once more demonstrates the importance of German subcontractors in constructing the Flemish coastal defences.

158 Correspondence, postwar medals and unpublished family history, all in the private archive of Martin Baker, York; with sincere gratitude. For a general view of the smuggling-out of skilled workers, see Amara, 'L'exfiltration'.

159 BA-MA Freiburg, RM 120 I/875, message of 14 February 1916.

160 BA-MA Freiburg, RM 104/234, note from Brückenbau Flender Act-Ges. Geschäftsstelle Brügge, 19 January 1918. Brückenbau Flender AG, founded in 1901 in Düsseldorf, was one of the most important bridge construction firms of Europe. From 1917, it was also active in shipbuilding.

161 BA-MA Freiburg, RM 120/161, report by Groppengiesser, 11 April 1916.

162 Karau, 93.

163 BA-MA Freiburg, RM 104/237, Ostend to *Marinekorps*, 24 July 1916 ('*Ganz geheim!*').

164 BA-MA Freiburg, RM 120/161, Bruges, 7 July 1916: message from the *Kommando des Torpedo- und Minenwesens des Marinekorps*.

165 The lists were divided up into categories: 'farmers', 'skilled workers', women aged 14 to 40, and so on. On these lists, and more in general on deportations as well as 'voluntary' labour in the Belgian *Etappe* and in the *Marinegebiet*, see especially Thiel, *Menschenbassin*, 123–36.

166 BA-MA Freiburg, RM 104/237, *Kaiserliche Werft Ostend*, report from 29 September 1916.

167 Text communicated internally in: Bruges municipal bulletin, secret meeting of 10 October 1916; cited in Schepens, 254, see also 347 n. 19.

168 3 October 1916, SAB, Modern Archief, I. Algemeen Bestuur, Aanplakbrieven.

169 21 October 1916; SAB, Modern Archief, I. Algemeen Bestuur, Aanplakbrieven; cf. Schepens, 254.

170 Passelecq, *Déportation et travail forcé*, 110–11, see also 106; for the *Etappe* in general, 329–46, 401.

171 24 October 1916; SAB, Modern Archief, I. Algemeen Bestuur, Aanplakbrieven.

172 BAB, c/546, parish report Oostkamp.

173 BAB, c/546, parish report Sijsele.

174 Hans, *De Groote Oorlog*, Part 2, 1007 (Instalment 62).

175 Commission d'enquête, *Rapports sur les déportations*, 210–19.

176 Schramme described his experience in a memoir: Schramme, *Au bagne de Sedan*. The fate of Vanhulle is also documented here.

177 Schepens, 153.

178 About the *Zivil-Arbeiterbataillone* (ZAB) and the even harsher penal battalions, Thiel, *Menschenbassin*, 127 ff.

179 Thys, *Ein Landsturmmann*.

180 ADM, Rudolf Schröder Diary.

181 BA-MA Freiburg, RM 121 I/875, communiqués of 26 January and 4 February 1916.

182 De Schaepdrijver, 'That Theory of Races'.

183 BA-MA Freiburg, RM 120/244 (Befehle und Verordnungen), 11 October 1916, *Marinekorps* general command to all units, signed Von Schröder.

184 BA-MA Freiburg, RM 120/161, communiqué from the *Marinekorps* general command, 23 August 1916.

185 Karau, 82–84.

186 Becker, *1917*.

187 Herwig, 'Total Rhetoric'. See also the chapter 'U-Boot war: playing *va banque*', in Herwig, *The First World War*, 309–17.

188 BA-MA Freiburg, RM 104/237, communiqué by Scheer, 31 January 1917.

189 Karau, 124.

190 Schepens, 148–50.

191 BAB, c/545/1, Duclos folder 1917.

192 BAB, c/460 Report by the Congregation of the Sisters of the Childhood of Mary, fol. 2.

193 William Humphrey Page, 'Bruges under the Yoke'. Humphrey Page (1848–1925), a Catholic convert and former high-ranking colonial official posted in India and Tasmania, among other places, had moved to Bruges a few years before the war. When he died there in 1925, his funeral Mass at Saint Walburga was attended by all of the Bruges *beau monde*. The grand mansion on Sint-Jorisstraat now houses the *Brugsch Handelsblad*.

194 Karau, 129–31; Halpern, 296.

195 Herwig, 'Total Rhetoric'; Karau, 130–33.

196 Fortescue, 222.

197 BA-MA Freiburg, RM 120/160, internal report, 13 January 1915.

198 SAB, German postcard, n.d. [late 1914 or 1915], Berlin, Gustav Liersch.

199 Janssens de Bisthoven, 'De beveiliging' (with thanks to Patrick Verbeke for this reference). For a general view of the *Kunstschutz* endeavour, which encompassed all of the occupied areas, see Kott, *Préserver*.

200 Fortescue, 222.

201 De Smet, 39.

202 Cited in Verbeke, *Leven in een bezette stad*.

203 Such as the bombing of Scarborough in December 1914, which killed over a hundred civilians. Herwig, *Luxury Fleet*, 150–51.

204 On anti-aircraft artillery, Karau, 32 (1915), De Smet, 40 (1916) and Karau, 141–42 (1917), as well as Ryheul, *Marinekorps* (2010) and Verbeke, *Leven in een bezette stad*.

205 In the eponymous collection: Bewsher, *The Bombing of Bruges*. Bewsher (b. 1894) survived the war and became

a war correspondent, reporting, among other things, on the Spanish Civil War. (With thanks to Jan D'hondt.)

206 Schepens, 138: death notices, 139.

207 AML, Brussels, Georges Eekhoud: diary, ML 2954 notebook 16, fol. 319.

208 Reprinted in the New Zealand paper *The Press*, 4 January 1919, 12, with the headline 'Hun Tyranny in Bruges'.

209 BAB, c/460, Report of the Congregation of the Sisters of the Childhood of Mary, fol. 5. The orphanage in question was the Sacred Heart Home for Orphans and Abandoned Children.

210 On the little Southern Canal (*Zuidervaartje*) to be precise, as is evident from the aerial photos now at the Royal Museum of the Army and Military History in Brussels. (With sincere thanks to Patrick Verbeke for helping me interpret these images.)

211 SAB, box XIII B 15, 'Oorlog 14–18, Duitsche Bezetting', folder 'Bommen – aangerichte schade', police report of 7 February 1917.

212 Humphrey Page, 'Hun Tyranny'.

213 Schepens, 256–57.

214 Josephine Robinson (the sister of harbour-master William Robinson, who had been expelled from Bruges and was now living in Sluis across the border, see above) to Paul Sträter, Bruges, 14 February 1917. Josephine Robinson lived in Moerstraat (no. 36) together with her mother. Her sister-in-law Maria had moved to the Netherlands as well. Martin Baker (York), private archive. See also Schepens, 120, 138; Keukeleire, 'De geschiedenis van de Brugse haven'.

215 'Lijst der aanvallen met aanduiding der doden en gekwetsten', SAB, box 35, 'Oorlog 1914–1918', folder 'Vlieger-aanvallen'.

216 BAB, c/546, parish report Sint-Andries, fol. 8.

217 The tally from the outer boroughs reads as follows: Assebroek (4), Sint-Andries (4), Sint-Kruis (8) and Sint-Michiels (8). De Smet, 39–40. A chronological overview of the bombings in Jan Rotsaert, 'Brugge onder de oorlog 1914–1918'. Wounded: Schepens, 138.

218 Mentioned in Herman Bossier's diary of 7 September 1917: Schepens, 139.

219 Schepens, 137.

220 'Walburga-Kirche in Brügge, durch englische Fliegerbomben schwer beschädigt', *Aus Grosser Zeit* 24 (1918); cf. Schepens, 141. The picture also appeared in a brochure distributed by the occupation regime, *Door Vlaanderen Heen! Geïllustreerd bijblad* [Across Flanders! Illustrated Supplement] (Brussels and Berlin 1918) on the theme 'The Attack of the English so-called Fighters For Right, Civilization and Freedom on the Flemish Cities Bruges, Kortrijk and Ostend. Allies?'

221 Sophie De Schaepdrijver, 'Death from the Air', *In Flanders Fields Magazine*, July 2009.

222 Schepens, 138. The pun was a current one: the young teacher Raymond Brulez (about whom, see also below) noted its use in occupied Blankenberge. Brulez, *Het Pakt*, 319.

223 Schepens, 138.

224 Eekhoud, ML 2954/18, fol. 19 (25 April 1918).

225 Loveling, 7 February 1915.

226 Brulez, *Het Pakt*, 370–71 and passim.

227 In his opening speech to German officials on 20 October 1916: Walther von Dyck, 'Die Umwandlung der Universität Gent in eine flämische Hochschule: einleitender Vortrag zur feierlichen Übergabe und Eröffnung der Universität', *Deutsche Revue: Eine Monatsschrift* 42, 1–2 (January 1917), 77–89, quote 89.

228 De Smet, 100.

229 In the next year, one more student from Bruges joined. Schepens, 177 and 344 n. In contrast to *Opstanding*, the Flemish militant association *De Van Maerlant's Zonen*, which was based not in the Catholic college but at the Atheneum, kept aloof from politics during the occupation: Podevijn, 'De Van Maerlant's Zonen'.

230 Prior and Wilson, *Passchendaele*, 134–38.

231 Karau, 151 (on Operation *Strandfest*), also 156, 162; Prior and Wilson, *Passchendaele*, 69–70; Termote, *Oorlog onder water*, 215; Verbeke, *Leven in een bezette stad*. About *Strandfest*

– a play on words on the terms *Strand* (beach) and *Handfest* (solid), as well as a triumphant reference to a feast (*Fest*) – see the retrospective, jubilant article 'Erinnerungen an das Strandfest', signed '*Gefreiter* [Corporal] Höseler', *An Flanderns Küste* 56 (1 July 1918), 448.

232 Ludendorff on 1 November 1917, cited in Karau, 157; see also 164–65.

233 Herwig, 'Total Rhetoric', Herwig, *The First World War*; Karau, 165–66.

234 BAB, c/546, Assebroek, parish report Assebroek-O.L.V., signed Ad. Vandewoude, n.d. [1919]; see also the next report in this file, concerning the theft.

235 Schepens, 123–24. On gangs, see also the recent article by Pieter Leloup et al., 'Banditry'.

236 BAB, c/546, parish report Sijsele: here, too, German soldiers were suspected.

237 Schepens, 86; on the Second World War, 107.

238 Schepens, 70–72; De Smet, 73–74.

239 Schepens, 66–70.

240 At least, grown men's clogs. Poster of 18 December 1917 entitled 'Kloefen – Inbeslagneming', SAB, Modern Archief, I. Algemeen Bestuur, Aanplakbrieven.

241 Schepens, 70. On fisheries in the *Marinegebiet* itself, cf. Brecht Demasure, 'Visserij en de Eerste Wereldoorlog'.

242 *De Stadsbode*, 28 November 1917.

243 Angell, *The Belgians*.

244 Schepens, 73.

245 Josephine Robinson to Paul Sträter, Bruges, 14 February 1917, 25 March 1917, 18 November 1917; Martin Baker (York), private archive.

246 Schepens, 133.

247 Ibid.

248 De Smet, 51; Schepens, 150.

249 SAB, box R XIII B Z 1 XIV 'Oorlog – Duitsche Bezetting en Opeischingen 1914–18', three folders 'Stoven'.

250 Ibid.

251 Schepens, 72; see also SAB, box R XIII B Z 1 XIV 'Oorlog – Duitsche Bezetting en Opeischingen 1914–18', folder 'Stoven'; city government to *Kommandantur*, 9 May 1917.

252 *De Stadsbode*, 15 September 1917, 3.

253 Schepens, 83.

254 Ibid., 81.

255 Bundesarchiv Berlin-Lichterfelde, Nachlass Von Dyck, file 29, statement of 23 January 1916, fol. 51.

256 Faingnaert, *Verraad*, 532.

257 SAB, box R XIII B, 16, 'terugkeer vluchtelingen – schending volkerenrecht'. Folder 'Oorlog. Zelfstandigheid van Vlaanderen'.

258 Schepens, 175–76.

259 Angell, *The Belgians*.

260 W. Erich Spaethe, 'Flandrischer Bilderbogen', *An Flanderns Küste* 31 (1 June 1917), 242.

261 AML, Brussels, Georges Eekhoud: diary, ML 2954 notebook 13, fols. 13–14 (30 January 1915).

262 Schepens, 127.

263 Termote, *Oorlog onder water*, 127–52, see also 214. A total of 3,226 German submarine sailors (both those of the Flemish flotilla and of the submarine bases in Germany) died at sea. This figure does not include the missing. Herwig, *The First World War*, 317.

264 De Smet, 96. A secret instruction from the War Ministry urged thrift in the use of uniforms; even clothing bearing indelible stains had to be reused. BA-MA Freiburg, RM 120/244, *Kriegsministerium*, 6 December 1916 ('*Geheim!*').

265 Hirschfeld, *Sittengeschichte*.

266 SAB, VII b 277: Ontucht 1910–1923. Police report about a café in Beenhouwerstraat 5, written on 16 July 1919. Cited in Vande Voorde, *Prostitutie te Brugge*, 193.

267 BAB, c/546, parish report Koolkerke, fol. 2.

268 Von Buttlar to city government, 22 July 1915, cited in Vande Voorde, *Prostitutie te Brugge*, 71.

269 BA-MA Freiburg, RM 120/244, Von Schröder communiqué of 8 June 1917.

270 Vande Voorde, *Prostitutie te Brugge*, 188–93.

271 BAB, c/546, parish report Sint-Andries, fols. 24 and 34.

272 Hirschfeld, *Sittengeschichte*, 261–62 (Dr Fürth), 302 (*Maschine-Reparatur*); Schepens, 126–27.

273 BA-MA Freiburg, RM 120/244, communiqué by the *Marinekorps* general staff signed Berlet, 8 October 1917.

274 Fiedler (drawings) and Sartorius (text), 'Verwandlungskünste einer belgischen Jungfrau', *An Flanderns Küste* 34 (1 August 1917), 268–70.

275 Hirschfeld, *Sittengeschichte*, 268.

276 BA-MA Freiburg 120/244, *Korpstagesbefehl* of 13 January 1917, signed by Berlet, head of the *Marinekorps* general staff. The order referred to an earlier command by Von Schröder on 6 June 1916. It was repeated later, cf. ibid., *Geheim-Anlage zur Korpstagesbefehl* of 20 March 1918.

277 SAB, box Burgerlijke Stand 'ST' Oorlogsslachtoffers, *Kommandantur* to city government, 6 September 1918.

278 BA-MA Freiburg, RM 120/244, communiqué by the *Marinekorps* general staff, 19 October 1917, signed Von Krosigk.

279 BA-MA Freiburg, RM 121 I/875, *Kommandantur* order of 7 December 1915.

280 Hirschfeld, *Sittengeschichte*, 279.

281 Schepens, 128–29; list 341.

282 BA-MA Freiburg, RM 104/237, Von Schröder communiqué ('*Geheim!*'), also referring to an earlier 'secret instruction' of 26 August 1915. Mistrust remained lively, as evidenced by RM 120/244, communiqué by the *Marinekorps* general staff, 9 March 1918. Tension was high elsewhere in occupied Belgium, too. A mutiny by Alsatian troops in the instruction camp at Beverlo (Limburg) was even reported on in the French and British press; after this, all troops from Alsace and Lorraine stationed in Belgium were under permanent guard. Kramer, '*Wackes at war*', 118–19.

283 BA-MA Freiburg, RM 120/244, confidential memorandum from the *Kriegsministerium* with regard to defectors, 9 February 1917. Jewish Germans for their part were suspected of shirking service, which led to the infamous *Judenzählung* (the tallying of Jewish troops), ordered by War Minister Wild von Hohenborn in October 1916.

284 As evidenced from a document in BA-MA Freiburg, RM 104/237: the Bruges docks let it be known on 6 April 1917, in answer to a 20 February query, that the technical services there did not employ 'naturalized Germans originally hailing from enemy lands'.

285 BA-MA Freiburg, RM 104/237, reports from the Bruges docks (25 October 1916) and the ones in Ostend (19 October 1916). This was the fifth German war loan.

286 BA-MA Freiburg, RM 120/244, 'Werbetätigkeit für die kommende Kriegsanleihe', secret communiqué from Fourth Army headquarters, signed Von Hammerstein, 19 February 1917.

287 BA-MA Freiburg, RM 120/244, *Geheim-Befehl* to all *Marinekorps* commanders, including at company level, 6 January 1917. (An additional list shows that hundreds of copies of the instruction were distributed.) See also Ulrich, *Die Augenzeugen*, 70.

288 BA-MA Freiburg, RM 104/238, 10 September 1917 (with a list of twenty sailors). The inspection followed a communiqué of 7 September that warned of USPD disturbance and listed the papers that were banned: RM 120/244, Generalkommando Marinekorps, '*Geheim!*'

289 BA-MA Freiburg, RM 104/238, 19 October 1917. About the necessity to combat the distribution of such texts, see also a secret communiqué by Von Schröder, 29 December 1917: BA-MA Freiburg, RM 102/222.

290 About the circumstances of this execution, Herwig, *The First World War*, 365.

291 Bekanntmachung/Bericht, 12 June 1917, signed 'The Commander'. SAB, Modern Archief, I. Algemeen Bestuur, Aanplakbrieven.

292 'Zeven karikaturen van René De Pauw uit de periode 1918–1920', *Jaarboek Musea Brugge* 1985–1986; see also Schepens, 251–52.

293 'Deutschlands Arbeiter- und Soldatenrat', article signed 'Offz. S.', *An Flanderns Küste* 42 (1 December 1917), 1.

294 BA-MA Freiburg, RM 104/234, *Kommandaturbefehl* 173 Anl. 5, 31 January 1918.

295 Poster dated 27 January 1918; repeat of a poster from 21 December 1917. SAB, Modern Archief, I. Algemeen Bestuur, Aanplakbrieven.

296 Ludendorff formally forbade this on 10 July 1917: BA-MA Freiburg, RM 104/237.

297 BA-MA Freiburg, RM 104/222, communiqué by Sixt von Armin, 29 January 1918; 'packed like mules', De Smet, 99. See also 'Fahrplan der Urlauber-Schnellzüge', BA-MA Freiburg, RM 120/244.

298 Karau, 185.

299 Haffner, *Zeven Doodzonden*, 99–102. On Brest-Litovsk and on Ludendorff's 'megalomania' in the East, Herwig, *The First World War*, 371–74; on the German Spring Offensive, ibid., chapter 10, 'Operation *Michael*: the "last card"', 381–417.

300 And so they requested ever more men, including expert submarine repairmen, to Von Schröder's chagrin: BA-MA Freiburg, RM 120/244, 'U-Boots-facharbeiter', communiqué by Von Schröder, 17 April 1918.

301 Karau, 187; 193–96; 226–27.

302 The poem looked back on the July 1917 *Operation Strandfest* (see above). 'Die 3. Marine-Division zu ihrem einjährigen Bestehen. – 3. Juni 1918', poem written by a reserve lieutenant of the marine infantry named Hanschke, *An Flanderns Küste* 56 (1 July 1918), 446 (*italics SdS*).

303 Karau, 199–219; Kendall, *Zeebrugge*; Termote, *Oorlog onder water*, 215.

304 As Von Schröder reported in May 1918 with particular reference to Bruges harbour; he requested, among other things, for his forces to be equipped with captured Russian anti-aircraft guns. BA-MA Freiburg, RM 104/222, Von Schröder to Admiralty, 17 May 1918. For a general view, Karau, 188.

305 De Smet, 40; Karau, 221; Verbeke, *Leven in een bezette stad*. The Bundesarchiv-Militärarchiv at Freiburg has serial documents documenting the 1918 actions of the *Flakgruppe Brügge*: RM 121/822 (January–June 1918); RM 121/23 (July–September 1918).

306 BAB, c/460, Report of the Congregation of the Sisters of the Childhood of Mary, fol. 6.

307 From 1916: Karau, 32.

308 Schepens, 139.

309 Schepens, 140. Already in 1915, *Ortskommandant* Von Buttlar had forbidden the *Brugeois* to use the shelters along the streets, unless they received express permission, which the *Kommandantur* tended to withhold. SAB, box R XIII B, 16, 'terugkeer vluchtelingen – schending volkerenrecht', folder 'Volkenrecht – Violations'.

310 Schepens, 139.

311 The Zeebrugge nun's diary is in the collections of the In Flanders Fields Documentation Centre at Ypres. It is cited in Kendall, *The Zeebrugge raid*. With sincere thanks to Dominiek Dendooven of In Flanders Fields.

312 The internal tensions concerning the German *Flamenpolitik* are thoroughly analysed in Winfried Dolderer, *Deutscher Imperialismus*.

313 Von Schröder to Ludendorff, 19 January 1918, cited in Rudiger, *Flamenpolitik*, 286–89.

314 Schepens, 255.

315 SAB, box R XIII B, 16, 'terugkeer vluchtelingen – schending volkerenrecht', folder 'Oorlog. Zelfstandigheid van Vlaanderen'. The bans dated from 15 and 18 February 1918.

316 Schepens, 192.

317 Monballyu, *Deserteurs*.

318 Schepens, 179.

319 Report of a meeting and theatre performance in Kortrijk in the activist magazine *Ons Land*, 11 August 1918.

320 'Verslagen der besprekingen met den heer Hauptmann Staehle', consulted by the present author in 2004 in the private archive of Carlos Van Louwe, Koksijde; now in ADVN, Antwerp. See also Monballyu, *Deserteurs*.

321 Schepens, 300.

322 Karau, 229.

323 Schepens, 300.

324 Ibid., 179.

325 SAB, box VIIa 75 bis.

326 BA-MA Freiburg, RM 120/244, Ludendorff communiqué of 15 September 1917; De Smet, 94. Cf. Pöhlmann, 'Vaterländischer Unterricht'.

³²⁷ 'Aisne oder Havel?', *An Flanderns Küste* 59 (15 August 1918), 465 – signed 'Officier S.'

³²⁸ 'Die Siegesglocke von Flandern läutet', *An Flanderns Küste* 49 (15 March 1918), 385.

³²⁹ The parishes of Sint-Anna and Sint-Magdalena; Schepens, 259.

³³⁰ Bekanntmachung/Bericht, signed 'The Commander', Bruges, 16 May 1918; SAB, Modern Archief, I. Algemeen Bestuur, Aanplakbrieven.

³³¹ SAB, Modern Archief, I. Algemeen Bestuur, Aanplakbrieven; De Smet, 35; Schepens, 259.

³³² BAB, c/546, parish report Oostkamp, fol. 3.

³³³ Ludwig Brinner, 'Kriegslogik der Franskiljons', *An Flanderns Küste* 58 (1 August 1918), 458.

³³⁴ De Smet, 37.

³³⁵ Brulez, *Mijn Woningen*, 311, 323–25; Degrande, *Assebroek*, chapter 'Tewerkstelling en gedwongen arbeid'; Schepens, 264.

³³⁶ Felger, 'Das Netz über Belgien'.

³³⁷ Debie et al., 'Spionage in de familie', *Brugse verhalen*, 89–91; Schepens, 201 02; and, especially, ARA, Services Patriotiques Papers, file 33, service Jean Julien (Julien was a cousin of Ulysse Knapen senior and had invited him to work for Cameron); the latter information generously provided by Dr Emmanuel Debruyne (Université Catholique de Louvain), with thanks.

³³⁸ Huygelier, *De slag bij Orsmaal-Gussenhoven*.

³³⁹ Commission d'enquête, *Rapports sur les déportations*, 574–78, eyewitness testimony on Paul Knapen. (This report erroneously has him dying in November 1918; he died two months later, as the Bruges Registry shows.)

³⁴⁰ Poem and quote in a commemorative article: 'J.G.', 'Heerlijke militaire plechtigheid te Brugge: hulde aan de nagedachtenis van de familie Knapen', *Burgerwelzijn* 105, no. 21 (27 May 1955), 1, 9.

³⁴¹ In the club *Opstanding*, these were the Assebroekse curate Robrecht De Smet and the priest De Rie (Schepens, 177, 344); in the *Cercle Élisabeth*, the chaplains Stanislas Van Houtryve and Rodolphe Hoornaert played a similar role (Schepens, 286–87). On the important role of the Bruges upper bourgeoisie and aristocracy in resistance during the Second World War, see Schepens, 216.

³⁴² ARA, Services Patriotiques Papers, P196, Fritz Ball reports, n.d. (18 December 1918); report 1 pp. 44–47.

³⁴³ SAB, box Burgerlijke Stand 'ST' Oorlogsslachtoffers; 'Tafel van Inlichtingen', form registering Rivière's death.

³⁴⁴ Schepens, 202.

³⁴⁵ Schepens, 148, 153.

³⁴⁶ Degrande, *Assebroek*, chapter 'Tewerkstelling en gedwongen arbeid'.

³⁴⁷ Bruges municipal bulletin, meeting of 31 August 1917, cited in Schepens, 255.

³⁴⁸ BAB, c/546, parish report Sint-Andries, fol. 35.

³⁴⁹ Humphrey Page, 'Bruges'.

³⁵⁰ Thiel, *Menschenbassin*, 127 ff.

³⁵¹ Schepens, 153 (23 March and 11 April); De Smet 80–81.

³⁵² See, for instance, the *Tätigkeitsbericht* for the Bruges docks of August 1918 in BA-MA Freiburg, RM 104/222.

³⁵³ Degrande, *Assebroek*, chapter 'Tewerkstelling en gedwongen arbeid'.

³⁵⁴ Commission d'enquête, part III, *Rapport sur les mesures ... industrie*, vol. 1, 197–98; pictures of the dismantled factory-halls, vol. 2, 56–60. See also Karau, 220. Testimony about the fire by Hector Hoornaert, the priest of the Béguinage: *Ce que c'est qu'un béguinage*, 99–102.

³⁵⁵ SAB, box XIII B 15, 'Oorlog 14–18, Duitsche Bezetting: doden van duiven, vragen schadevergoeding', folder documenting the seizure of wool mattresses.

³⁵⁶ Degrande, *Assebroek*, chapter 'vorderingen en opeisingen'.

³⁵⁷ De Smet, 98; burglaries by German troops, Van Nuffel, *De Duitschers*, 200–203; Belgian gangs, Leloup et al., 'Banditry'.

³⁵⁸ BA-MA Freiburg, RM 120/244, communiqué of 23 March 1917.

³⁵⁹ BA-MA Freiburg, RM 120/564, orders from 1916, 1917 and 1918. The Coal Ministry had announced by the summer of 1917 that 'The coal situation

is very dire.' BA-MA Freiburg, RM 104/237, message from the *Kriegsministerium*, 13 August 1917.

360 Schepens, 81.

361 BA-MA Freiburg, RM 120/244, 'Kassensache', communiqué by the *Marinekorps* general staff, signed Berlet, 16 April 1918.

362 BA-MA Freiburg, RM 120/244, communiqué by the *Marinekorps* general staff, signed Berlet, 9 July 1918 (*'Streng geheim!'*).

363 BA-MA Freiburg, RM 120/244, 'Aufrechterhaltung der Manneszucht in der Armee', communiqué by Ludendorff, 1 August 1918; 'Geheimhaltung', communiqué by Ludendorff, 10 August 1918.

364 Schepens, 300.

365 De Smet, 105.

366 Schmidt-Supprian, 171–72.

367 BAB, c/460, Report by the Congregation of the Sisters of the Childhood of Mary, fol. 2.

368 Karau, 231.

369 Commission d'enquête, part III, *Rapport sur les mesures ... industrie*, vol. 1, 197–98.

370 Schepens, 147.

371 Ibid., 302.

372 SAB, Modern Archief, I. Algemeen Bestuur, Aanplakbrieven; Schepens, 153.

373 BAB, c/546, parish report Sijsele.

374 Commission d'enquête, *Rapports sur les déportations*, 210–19; on, for instance, Blankenberge, see Brulez, *Het Pakt*, 321–29.

375 Schepens, 302.

376 Brussels, Royal Palace Archives, King Albert's Cabinet Papers, 1909–14 and 1919–34, section 'Secours accordés, dons', subheading 'Guerre 1914–1918', file 432: unsigned eyewitness report, dated De Panne, 21 October 1918.

377 Haffner, *Die deutsche Revolution*, 59–69.

378 Dähnhardt, *Revolution in Kiel*, 107–08.

379 SAB, VII b 277 (Politie – Ontucht, 1910–1923), request by Marie Bremeersch, 21 January 1921.

Bibliography

UNPUBLISHED PRIMARY SOURCES

**Bruges, City Archives
(Stadsarchief Brugge, SAB)**
Politie-archief, box Inlichtingen 1914–1919,
VII B 242.
Box XIII B 15, Oorlog 14–18, Duitsche
Bezetting: doden van duiven, vragen
schadevergoeding.
Box R XIII B, 16, Terugkeer vluchtelingen –
schending volkerenrecht.
Box XIa 118, Vaderlandsche Betoogingen
1919 I.
Box 35, Oorlog 1914–1918.
Box VII B 277, Politie – Ontucht, 1910–1923.
Box VII A 75 bis Oorlog allerhande.
Box Burgerlijke Stand 'ST' Oorlogs-
slachtoffers.
Visart de Bocarmé Papers.

**Bruges, Episcopal Archives
(Brugge, Archief van het Bisdom, BAB)**
c/546: 1919 parish reports on the war.
c/460: 1919 religious communities' and
charitable institutions' reports on
the war.
c/545/1: war notes by Canon A. Duclos,
five folders.

**Bruges, Provincial Library
and Documentation Centre
(Brugge, Provinciale Bibliotheek
en Documentatiecentrum, PBD)**
De Meulemeester Papers, 656 AD 1, Leon
Demeulemeester Diary.

**Brussels State Archives (Algemeen
Rijksarchief, ARA)**
Commission d'Enquête sur les Violations
Papers.
Services Patriotiques Papers.

**Brussels, Archives et Musée de
la Littérature (AML)**
Georges Eekhoud: Diary, ML 2954.

**Freiburg im Breisgau, Bundesarchiv-
Militärarchiv (BA-MA)**
RM 104/222 (Ganz-Geheim-Akten Dezember
1914–August 1918).
RM 104/225 (Berichte über die Tätigkeit der
Werft Brugge, November 1914–April 1915).
RM 104/234 (Allgemeine Geheime
Angelegenheiten).
RM 104/236 (Werft Brügge – Allgemeine
Geheim-Angelegenheiten).
RM 104/237 (Allgemeine Geheime
Angelegenheiten Juni 1916–September
1917).
RM 104/238 (Allgemeine Geheime
Angelegenheiten).
RM 120/244 (Befehle und Verordnungen).
RM 120/160 (Spionage).
RM 120/161 (Spionage).
RM 120/504 (Verordnungen).
RM 121 I/875 (Kommandantur Brügge).
RM 121 I/192 (Kommandantur Brügge
Befehle).

**Archiv Deutscher Marinebund e.V.,
Laboe (ADM)**
*With thanks to Jann Witt and Marius
Hirschfeld.*
Feldpost Archives: Rudolf Schröder
correspondence and diary.

**Mechelen, Archepiscopal Archives
(Mechelen, Aartsbisschoppelijk Archief,
MAA)**
1919 parish reports on the war.

**Hoover Institution Archives, Stanford,
California (HIA)**
Frank Angell Papers.

PUBLISHED PRIMARY SOURCES

Anonymous [Louis Ryelandt], *De terecht-stellingen te Brugge onder de Duitsche bezetting door een ooggetuige* [Bruges n.d.].

Paul Bewsher, *The Bombing of Bruges*, London and New York: Hodder & Stoughton, 1919.

Bruges: Stad Brugge,
– *Gemeenteblad 1914*;
– *Gemeenteblad 1915–1918*.

Raymond Brulez, *Mijn Woningen*, Book Two: *Het Pakt der Triumviren* [1950], Amsterdam: Meulenhoff, 1986.

Ernest Claes, *Ik was student* [1957], in *Claes Omnibus Drie*, Antwerp and Utrecht: Standaard, 1967.

Commission d'enquête sur les violations des règles du droit des gens, des lois et des coutumes de la guerre, ed., *Rapports et documents d'enquête*:
– 1: *Rapports sur les attentats commis par les troupes allemandes pendant l'invasion et l'occupation de la Belgique*, 2 vols. (Brussels and Liège 1922)
– 2: *Rapports sur les déportations des ouvriers belges et sur les traitements infligés aux prisonniers de guerre et aux prisonniers civils belges* (Brussels and Liège 1923)
– 3: *Rapport sur les mesures prises par les allemands à l'égard de l'industrie belge pendant l'occupation*, 2 vols. (Brussels and Liège 1921)
– 4: *Rapport sur les mesures législatives, judiciaires, administratives et politiques prises par les Allemands pendant l'occupation - Rapport d'ensemble et conclusions* (Brussels and Liège 1923).

René-H. De Brassinne, *Bruges sous les barbares. 1467 jours de tyrannie prussienne*, Bruges: Charles Beyaert, 1918.

Georges Eekhoud, *Escal-Vigor*, translated and annotated by Katelijne de Vuyst, Utrecht: IJzer, 2014.

Friedrich Felger, 'Das Netz über Belgien', in Paul von Lettow-Vorbeck, ed., *Die Weltkriegsspionage*, Munich: J. Moser, 1931, 440–54.

Granville Roland Fortescue, *At the Front with Three Armies: My Adventures in the Great War*, London: Melrose, n.d.

Louis Gille, Alphonse Ooms and Paul Delandsheere, *Cinquante mois d'occupation allemande*, Brussels: Albert Dewit, 1919, 4 vols.

Abraham Hans, *De Groote Oorlog*, Antwerp: Lode Opdebeek, 1920, 2 vols.

Hector Hoornaert, *Ce que c'est qu'un béguinage*, Rijsel and Brussels: Desclée-De Brouwer, 1921.

Hermann Jacobsen, *Trutzig und treu! Kämpfe unserer Marine an Flanderns Küste im Weltkriege, Mit Bildern und Karten*, Berlin and Leipzig: B. Behrs Verlag/ Friedrich Feddersen, 1935.

Virginie Loveling, *In oorlogsnood. Oorlogsdagboek 1914–1918*. Text-critical edition by Bert Van Raemdonck, ed., KANTL/UGent, 2005, online at http://lib.ugent.be/fulltxt/RUG01/000/924/065/BIB-G-025872_2005_0001_AC.pdf.

Désiré-Joseph Mercier, *Vaderlandsliefde en standvastige lijdzaamheid*, Amsterdam: Lenfring, 1915.

Lambertus Mokveld, *De overweldiging van België. Ervaringen, als Nederlandsch journalist opgedaan, tijdens een viermaandelijksch verblijf bij de Duitsche troepen in België*, Rotterdam: W.L. & J. Brusse, 1916.

Georges Rodenbach, *Bruges-la-Morte*, Brussels: Labor, 1999.

Rudiger (pseudonym of Flemish veteran Armand Wullus, 1893–1969), *Flamenpolitik. Suprême espoir allemand de domination en Belgique. D'après des documents de la 'Section politique' du Gouvernement général du Grand quartier général allemand et de la IVe Armée allemande*, Brussels: Rossel, 1921.

Maurits Sabbe, *De nood der Bariseele's*, Bussum: C.A.J. Van Dishoeck, 1912.

Joseph Schramme, *Au bagne de Sedan du 20 novembre 1917 au 21 mars 1918: contribution à l'histoire du régime allemand en pays occupé*, Bruges: Desclée-De Brouwer, 1919.

Stijn Streuvels, *In Oorlogstijd: het uitgegeven en het onuitgegeven oorlogsdagboek 1914–1918*, Luc Schepens, ed., Bruges/Nijmegen: Orion/Gottmer, 1979.

Walter Thys, *Ein Landsturmmann im Himmel. Flandern und der Erste Weltkrieg in den Briefen von Herman Nohl an seine Frau*, Leipzig: Leipziger Universitätsverlag, 2005.

Andries Van den Abeele, 'Het oorlogsdagboek van brouwer Leon De Meulemeester', *Brugs Ommeland* 2013/1, 3–31 (part 1); 2013/2, 67–90 (part 2); 2013/3, 163–195 (part 3); 2013/4, 211–231 (part 4); 2014/1, 45–58 (part 5).

Georges Edward Wright, ed., *Literature*, vol. IV, London: The Times, 1899, 369.

NEWSPAPERS AND PERIODICALS

An Flanderns Küste, 1917–18.
Burgerwelzijn, 1914.
Nieuwe Rotterdamsche Courant (NRC), 1914.
De Stadsbode, 1917–18.

SCHOLARSHIP

Michaël Amara, 'L'exfiltration des ouvriers belges, au confluent de la guerre clandestine et de la mobilisation industrielle alliée', in Robert Vandenbussche, ed., *La résistance en France et en Belgique occupées (1914–1918)*, Lille: Institut de Recherches Historiques du Septentrion, 2012, 63–76.

Michaël Amara and Hubert Roland, eds., *Gouverner en Belgique occupée. Oscar von der Lancken-Wakenitz – Rapports d'activité 1915–1918. Édition critique*, Brussels: P.I.E.-Peter Lang, 2004.

Sophie Anseeuw, Isabelle Debie, Charlotte Forrier and Katelijne Vertongen, *Brugse verhalen uit de Groote Oorlog: inspiratiebundel voor leerkrachten*, https://bezoekers.brugge.be/schoolbundel.

Roger Aubert, *Les deux premiers grands conflits du Cardinal Mercier avec les autorités allemandes d'occupation*, Leuven: Erasmuscollege/Peeters, 1998.

Stéphane Audoin-Rouzeau and Christophe Prochasson, eds., *Sortir de la Grande Guerre: le monde et l'après-1918*, Paris: Tallandier, 2010.

Jean-Jacques Becker, *1917 en Europe: L'année impossible*, Paris and Brussels: Complexe, 1997.

Christian Berg, 'Lecture' [1986], reprinted as postscript to Georges Rodenbach, *Bruges-la-Morte*, Brussels: Labor, 1999, 107–71.

Roger Bruynseraede, *'Kriegslazarette' in Brugge*, unpublished study, 2003 (Stadsarchief Brugge, call number Br.1743bis).

Ruth Butler, *Rodin: The Shape of Genius*, New Haven and London: Yale University Press, 1993.

Roger Chickering, *Imperial Germany and the Great War, 1914–1918*, Cambridge University Press, 2000.

Dirk Dähnhardt, *Revolution in Kiel. Der Übergang vom Kaiserreich zur Weimarer Republik*. Neumünster: Karl Wachholtz Verlag, 1978.

Emmanuel Debruyne and Laurence van Ypersele, *Je serai fusillé demain. Les dernières lettres des patriotes belges et français fusillés par l'occupant. 1914–1918*, Brussels: Racine, 2011.

Valentin Degrande, *Assebroek 1914–1918. Het leven zoals het was tijdens vier jaar Duitse bezetting*, 2nd revised edition, Assebroek: Degrande, 2014.

Wilhelm Deist, 'Strategy and Unlimited Warfare in Germany: Moltke, Falkenhayn, and Ludendorff', in Roger Chickering and Stig Förster, eds., *Great War, Total War: Combat and Mobilization on the Western Front, 1914–1918*, Washington, DC/ Cambridge: GHI/Cambridge University Press, 2000, 265–80.

Brecht Demasure, 'Visserij en de Eerste Wereldoorlog: Den oarienk eeft uus gered', *De Grote Rede* 36 (2013), special issue *De Groote Oorlog en de Zee*, 90–96.

Nel De Mûelenaere, 'An Uphill Battle: Campaigning for the Militarization of Belgium, 1870–1914', *Journal of Belgian History* XLII/4 (2012), 144–79.

Sophie De Schaepdrijver, *'We who are so Cosmopolitan': The War Diary of Constance Graeffe, 1914–1915*, Brussels: State Archives, 2008.

Sophie De Schaepdrijver, 'L'Europe occupée en 1915: entre violence et exploitation', in John Horne, ed., *Vers la guerre totale: le tournant de 1914–1915*, Paris: Tallandier, 2010, 121–52.

Sophie De Schaepdrijver, '"That Theory of Races": Henri Pirenne on the Unfinished Business of the Great War', *Belgisch Tijdschrift voor Nieuwste Geschiedenis* XLI/3–4 (2011), 533–52.

Marcel Desmedt and Ronny Maes, *Toen de Duitschers binnen het dorp kwamen … Snelleghem 1914–1918*, Aartrijke: Decock, 1994.

Jos De Smet, *Brugge onder de oorlog 1914–1918*, Bruges: Vereniging van Officieel Gediplomeerde Gidsen, 1955.

Jacques Detemmerman, 'Le Procès d'Escal-Vigor', *Revue de l'Université de Bruxelles*, special issue *Le naturalisme et les lettres françaises de Belgique*, 1984, nos. 4–5, 150–63.

J. De Visser, *Geschiedenis van 'La Brugeoise' van 1850 tot 1940*, unpublished study, 1986 (Stadsarchief Brugge, call number B.Mon. 3/105).

Robert Devleeshouwer, *Les Belges et le danger de guerre 1910–1914*, Leuven: Nauwelaerts, 1958.

Denise de Weerdt, *De vrouwen van de Eerste Wereldoorlog*, Gent: Stichting Mens en Kultuur, n.d. [1990].

Willy P. Dezutter, 'Zeven karikaturen van René De Pauw uit de periode 1918–1920', *Jaarboek van de Stedelijke Musea, 1985–1986*, Bruges 1987, 79–91.

Jan D'hondt, 'Brugge op de drempel van de twintigste eeuw, 1900–1918', in Noël Geirnaert, ed., *Brugge door de lens, 1900–1918: foto's en fotografen*, Bruges: Marc Van de Wiele, 1993, 9–19.

Winfried Dolderer, *Deutscher Imperialismus und belgischer Nationalitätenkonflikt: Die Rezeption der Flamenfrage in der deutschen Öffentlichkeit und deutsch-flämische Kontakte 1890–1920*, Melsungen: Verlag Kasseler Forschungen zur Zeitgeschichte, 1989.

Anne Duménil, 'De la guerre de mouvement à la guerre de positions: les combattants allemands', in John Horne, ed., *Vers la guerre totale: le tournant de 1914–1915*, 53–76.

Albert E. Elsen and Rosalyn Franklin Jamison, *Rodin's Art: The Rodin Collection of Iris & B. Gerald Cantor Center of Visual Arts at Stanford University*, Oxford University Press, 2003.

Arthur Faingnaert, *Verraad of zelfverdediging? Bijdragen tot de geschiedenis van den strijd voor de zelfstandigheid van Vlaanderen tijdens den oorlog van 1914–1918*, Kapellen: De Noorderklok, 1933.

Hans Gatzke, *Germany's Drive to the West: A Study of Germany's Western War Aims during the First World War*, Baltimore: Johns Hopkins Press, 1950.

Stefan Goebel, *The Great War and Medieval Memory. War, Remembrance and Medievalism in Britain and Germany, 1914–1940*, Cambridge University Press, 2007.

Sebastian Haffner, *De zeven doodzonden van Duitsland tijdens de Eerste Wereldoorlog*, Amsterdam: Mets & Schilt, 2002. (German original, *Die sieben Todsünden des Deutschen Reiches im Ersten Weltkrieg*, revised and expanded version of the 1964 edition, Lübbe: Bergisch Gladbach 2001.)

Sebastian Haffner, *Die deutsche Revolution 1918/19*, Cologne: Anaconda, 2008.

Paul G. Halpern, *A Naval History of World War I*, London: Routledge, 1995.

Gerd Hankel, *Die Leipziger Prozesse: Deutsche Kriegsverbrechen und ihre strafrechtliche Verfolgung nach dem Ersten Weltkrieg*, Hamburg: Hamburger Edition, 2003.

Holger H. Herwig, *'Luxury Fleet': The Imperial German Navy, 1888–1918*, London: Allen & Unwin, 1980.

Holger H. Herwig, *The First World War: Germany and Austria-Hungary 1914–1918* [1997], 2nd edition, London: Bloomsbury Academic, 2014.

Holger H. Herwig, 'Total Rhetoric, Limited War: Germany's U-Boat Campaign, 1917–1918', in Roger Chickering and Stig Förster, eds., *Great War, Total War: Combat and Mobilization on the Western Front*, Cambridge University Press, 2000, 189–206.

Magnus Hirschfeld, *Sittengeschichte des Ersten Weltkrieges*, 2nd edition, Hanau: Müller & Kiepenhauder, n.d. (original edition: *Sittengeschichte des Weltkrieges*, 1929, 2 vols.).

Marius Hirschfeld, *Von der Begeisterung zur konkreten Kriegserfahrung – Studien zu Feldpost und Tagebuch eines bürgerlichen Kriegsfreiwilligen 1914–1915*. Unpublished Master's Thesis (Magisterarbeit Geschichtswissenschaft), Universität Trier, April 2014.

John Horne, 'Public Opinion and Politics', in id., ed., *A Companion to World War I*, London: Wiley-Blackwell, 2010.

John Horne and Alan Kramer, *German Atrocities 1914: A History of Denial*, New Haven/London: Yale University Press, 2001.

Bernd Hüppauf, 'Schlachtenmythen und die Konstruktion des "Neuen Menschen"', in Gerhard Hirschfeld, Gerd Krumeich and Irina Renz, eds., *"Keiner fühlt sich hier mehr als Mensch …". Erlebnis und Wirkung des Ersten Weltkriegs*, Essen: Klartext, 1993, 43–86.

Archibald Hurd, *The Merchant Navy*, London: John Murray, 1921–29, 2 vols.

Jeroen Huygelier, *De slag bij Orsmaal-Gussenhoven (10 augustus 1914). Het 3de regiment Lansiers en de 2. Kavallerie Division (28 juli – 10 augustus 1914)*, Linter: Gemeentebestuur, 1989.

Aquilin Janssens de Bisthoven,
'De beveiliging van het Brugse kunstbezit
tijdens de oorlog 1914–1918', *Handelingen
van het Genootschap voor Geschiedenis
gesticht onder de benaming Société
d'Emulation te Brugge. Driemaandelijks
Tijdschrift voor de Studie van Geschiedenis
en Oudheden van Vlaanderen* cxi:1/2 (1974),
56–103.

Mark D. Karau, *'Wielding the Dagger': the
MarineKorps Flandern and the German War
Effort, 1914–1918*, Westport (CT) and London:
Praeger, 2003.

Paul Kendall, *The Zeebrugge raid 1918:
'The Finest Feat of Arms'*, Spellmount:
The History Press, 2008.

Alfred Keukeleire, 'De geschiedenis van
de Brugse haven tijdens WO I en haar
herstel tijdens de jaren 1917–1920', *Brugs
Ommeland*, 1978, 78–98.

Christina Kott, *Préserver l'art de l'ennemi?
Le patrimoine artistique en Belgique et en
France occupées, 1914–1918*, Brussels, Bern
and Frankfurt: P.I.E.-Peter Lang, 2006.

Alan Kramer, *'Wackes at war*: Alsace-
Lorraine and the failure of German
national mobilization, 1914–1918', in John
Horne, ed., *State, Society and Mobilization
in Europe during the First World War*,
Cambridge University Press, 1997, 105–122.

Tom Lanoye, 'Dode stad, verbannen
auteur', http://www.lanoye.be/tom/txt/
dode-stad-verbannen-auteur, accessed 10
May 2014. Text also available in French in
the programme notes of the Paris Opéra
Bastille's 2009 staging of Erich Wolfgang
Korngold's opera *Tote Stadt.*

Pieter Leloup, Xavier Rousseaux and Antoon
Vrints, 'Banditry in occupied and liberated
Belgium, 1914–21. Social practices and state
reactions', *Social History* 39:1 (2014), 83–105.

Nicholas Lezard, 'A Brief Glimpse of
Bruges', *The Guardian*, 4 January 2008.

Mirande Lucien, *Eekhoud le rauque*,
Villeneuve d'Ascq: Presses Universitaires du
Septentrion, 1999.

Erwin Mahieu, 'De toegankelijkheid en de
rol van het strand tijdens WO I', *De Grote
Rede* 36 (2013), special issue *De Groote
Oorlog en de Zee*, 75–81.

Jos Monballyu, *Deserteurs voor de Vlaamse
Zaak: Over de Vlaamsgezinde militairen
die naar de vijand overliepen*, Bruges:
De Klaproos, 2012.

Philip Mosley, ed., *Georges Rodenbach:
Critical Essays*, Vancouver: Fairleigh
Dickinson University Press, 1996.

Georges Mosse, *Fallen Soldiers: Reshaping
the Memory of the World Wars*, New York:
Oxford University Press, 1990.

Fernand Passelecq, *Déportation et travail
forcé des ouvriers et de la population civile
de la Belgique occupée (1916–1918)*, New
Haven and Paris: Yale University Press and
Presses Universitaires de France, 1928.

Robert Podevijn, 'De Van Maerlant's
Zonen', in Eduard Trips, *Mijlpalen uit de
geschiedenis van het Koninklijk Atheneum
Brugge*, Bruges: Herrebout, 1987, 20–23.

Markus Pöhlmann, 'Vaterländischer
Unterricht', in Gerhard Hirschfeld, Gerd
Krumeich and Irina Renz, *Enzyklopädie
Erster Weltkrieg*, 2nd edition, Paderborn:
Schöningh, 2004.

Robin Prior and Trevor Wilson,
Passchendaele: The Untold Story,
New Haven and London: Yale University
Press [1996], 2002.

Jan Rotsaert, 'Brugge onder de oorlog
1914–1918: een uitknipsel', *Brugs Ommeland*,
1979, 159–205.

Johan Ryheul, *Marinekorps Flandern: de
Vlaamse kust en het hinterland tijdens de
Eerste Wereldoorlog*, Erembodegem: Flying
Pencil, 2010; revised edition of *Marinekorps
Flandern, 1914–1918*, Aartrijke: Decock, 1996.

Johan Ryheul, 'Duitse kustbatterijen in Vlaanderen', http://www.forumeerstewereldoorlog.nl/wiki/index.php/Duitse_kustbatterijen_in_Vlaanderen; accessed 2 February 2014.

Luc Schepens, *Brugge bezet 1914/1918 – 1940/1944: het leven in een stad tijdens twee wereldoorlogen*, Tielt: Lannoo, 1985.

Christoph Schmidt-Supprian, *The Antwerp Question: the Significance of the Port City of Antwerp for Germany during the First World War*, unpublished Ph.D. dissertation, Trinity College Dublin, 2005.

Donald Stoker, *Britain, France and the Naval Arms Trade in the Baltic, 1919–1939: Grand Strategy and Failure*, London: Routledge, 2003.

Tomas Termote, *Oorlog onder water: Unterseebootsflottille Flandern 1914–1918*, Leuven: Davidsfonds, 2014.

Jens Thiel, *'Menschenbassin Belgien'. Anwerbung, Deportation und Zwangsarbeit im Ersten Weltkrieg*, Essen: Klartext, 2007.

Volker Ullrich, *Die Nervöse Großmacht 1871–1918: Aufstieg und Untergang des deutschen Kaiserreichs*, Frankfurt: Fischer, 2004.

Bernd Ulrich, *Die Augenzeugen. Deutsche Feldpostbriefe in Kriegs- und Nachkriegszeit 1914–1933*, Essen: Klartext, 1997.

Jan Van der Fraenen, *Voor den kop geschoten: executies van Belgische spionnen door de Duitse bezetter (1914–1918)*, Roeselare: Roularta, 2009.

Vania Vande Voorde, *Prostitutie te Brugge tijdens de Eerste en de Tweede Wereldoorlog*, unpublished licentiate thesis, Universiteit Gent, 2006–07 (supervisor Gita Deneckere).

Marcel Van Houtryve, 'Hoe het gedenkteken Georges Rodenbach niet te Brugge kwam', in Fernand Bonneure et al., *Het stille Brugge: 100 jaar Bruges-la-Morte*, Bruges: Stichting Kunstboek, 1992, 41–61.

Petrus Van Nuffel, *De Duitschers in Aalst*, Aalst: De Vooruitgang, 1921.

Patrick Verbeke, *Leven in een bezette stad: Brugge 1914–1918*, unpublished study, Bruges 2012.

Patrick Verbeke, 'De inname van Brugge op woensdag 14 oktober 1914', *Handelingen van het Genootschap voor Geschiedenis te Brugge* 151:1 (2014), 157–94.

B R U
G G E

2014-18
The Great War Centenary

met de steun van
toerisme vlaanderen

west-vlaanderen
de gedreven provincie

GoneWest

dS De Standaard

COBRA.be

Klara

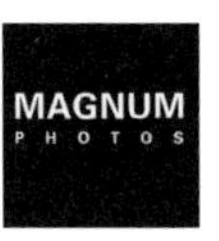

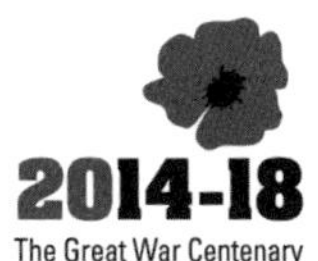

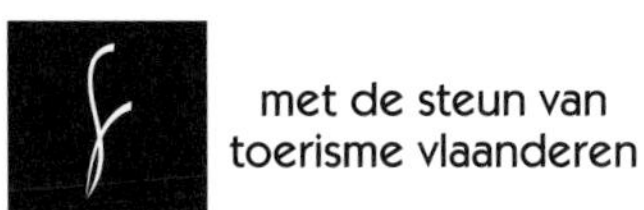

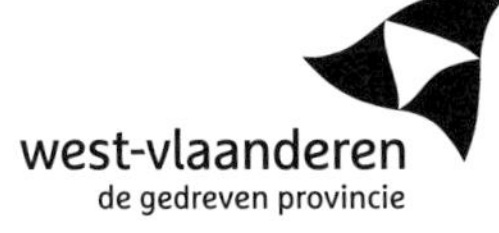

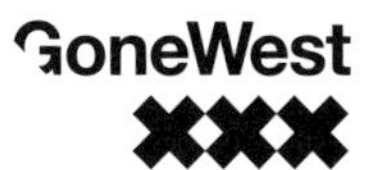

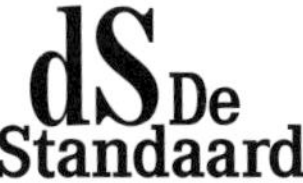

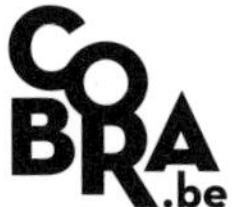

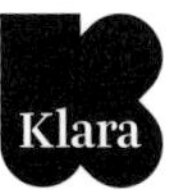

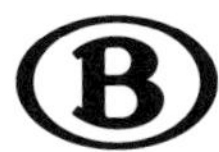